Nippon所蔵

日本庶民美食

全書音檔線上聽
所藏系列介紹

NO.13

Nippon所藏 日本庶民美食

PART. 1 卷頭特輯：有故事的庶民美食

PART. 2 全國庶民美食 味自慢

PART. 3 美食東西擂台

PART. 1

卷頭特輯：有故事的庶民美食

何謂庶民美食？

日本料理的歷史上，代表貴族、武士、與寺社等統治階層的本膳、會席、懷石，與精進料理等，一直具有代表性的地位。但隨著民主化及多元化的發展，國民開始躍升爲歷史舞台的主角，代表國民的「庶民美食」，也成爲日本料理中令人矚目的一環。「庶民美食」，顧名思義，就是出現在絕大多數的平民百姓日常生活中的美食。本書想以「庶民」的角度，以「庶民」能接受的敘事口吻，向各位說說庶民美食的二三事。

「鄉土料理」與「B級美食」

一般而言，庶民美食的內容可包括「鄉土料理」與「B級美食」。鄉土料理名符其實指著道地家鄉菜，常出現在各家餐桌上的，對大部分人而言可說是「媽媽的味道」。

而B級美食這個詞誕生於1985年左右，指具有地域性、價格親民、食材唾手可得、既美味又簡單的料理，且能代表地區傳統美食，如同台灣在地小吃的概念。然而，後來B級美食一詞漸漸演變爲指稱某業者、或某家店，而有些脫離最初「傳統、地區性」的意涵。不過，便宜簡單又美味的特色，依舊爲其魅力所在。

無論何者，均是能緊扣住每個日本人的心和胃，勾起腦海中故鄉味道的存在。近年來，縣民性一詞被廣泛用在說明日本各地人們的相異性。各地獨有的庶民美食，自然也是論述各地縣民性時不可或缺的部分。接下來，讓我們爲各位讀者端出一道道庶民美食，邊吃邊聊吧。

壹

鄉土料理二三事

鄉土料理必須是能代表某地的獨特味道。理所當然地，是無法割捨在地食材而成立的。在地飄香數百年，每一代在地人的共同記憶中，也絕對找的到鄉土料理的一席之地。「在地食材」及「共同記憶」，正是鄉土料理的最基本的元素。

その一

「郷《きょう》土《ど》料《りょう》理《り》百《ひゃく》選《せん》」

01

地域《ちいき》を代表《だいひょう》するグルメはあまりに多《おお》い。そこで、日本《にほん》の農林《のうりん》水産省《すいさんしょう》は人気投票《にんきとうひょう》などにより、特《とく》に地域性《ちいきせい》の強《つよ》い約百品《やくひゃくしな》の郷土《きょうど》料理《りょうり》「農山漁村《のうさんぎょそん》の郷土《きょうど》料理《りょうり》百《ひゃく》選《せん》」を選定《せんてい》。その後《ご》は、**旅先**《たびさき》[1]でそれらの料理《りょうり》を食《た》べなければ、その土地《とち》を**訪れ**《おとず》[2]たことにはならないと感《かん》じるようになった。各地《かくち》の駅前《えきまえ》の居酒屋《いざかや》や食堂《しょくどう》のメニューにも郷土《きょうど》料理《りょうり》は**ほぼ必**《かなら》**ず**[3]あり、料理《りょうり》を通《つう》じて旅先《たびさき》のことを知《し》ることが以前《いぜん》より容《よう》易《い》になった。

郷土《きょうど》料理《りょうり》はその地域《ちいき》を最《もっと》も代《だい》表《ひょう》する伝統的《でんとうてき》な美食《びしょく》であるため、そこに現地《げんち》の歴史《れきし》や地理的《ちりてき》特徴《とくちょう》、地元住民《じもとじゅうみん》の**気質**《きしつ》[4]や思《おも》いが表《あらわ》れているのは当然《とうぜん》だ。例《たと》えば、秋鮭《あきざけ》で有名《ゆうめい》な北海道《ほっかいどう》からは石狩鍋《いしかりなべ》が、京都《きょうと》からはこの街《まち》と同《おな》じくらい古《ふる》い歴史《れきし》を持《も》つ京漬《きょうつけ》物《もの》が選定《せんてい》されている。また、秋《あき》田《た》のきりたんぽ鍋《なべ》は一見極《いっけんきわ》めてシンプルな一品《いっぴん》だが、その質素《しっそ》な美《び》を**堪能**《たんのう》[5]できれば、秋田人《あきたじん》と親友《しんゆう》になれるだろう。

之一：「鄉土料理百選」

代表在地的美味眞是百百款。爲此，日本農林水產省舉辦「農山漁村鄉土料理百選」票選活動，由官方認定出最具地方鄉土代表性的一百項鄉土料理，從此，到日本各地旅遊時，沒有趁機品嘗一下當地的鄉土料理，似乎就不算到過該地。各地車站前的居酒屋或食堂的菜單，也一定少不了鄉土料理，讓過往的旅人更輕易地用味覺認識該地。

鄉土料理既然是在地傳統美食中最具代表性的一道，自然也很能說明當地歷史及地理特徵，或反映出在地人的氣質及民情。例如以秋鮭聞名的北海道，一定會選出鮭魚相關料理（石狩鍋）。與京都的歷史幾乎一樣久遠的京漬物，一定也會因而被選出。秋田的米棒鍋看似簡單到極點，但能在仔細咀嚼後領悟出質樸之美者，想必能和秋田人當上好朋友吧。

單字

1. **旅先**《たびさき》：去旅行、觀光的地方。
2. **訪**《おとず》**れる**：拜訪某個場所或某個人。
3. **ほぼ必ず**：幾乎、十之八九。
4. **気質**《きしつ》：人物特有的天性、特質、行動模式。
5. **質素**《しっそ》：質樸無華的。
6. **堪能**《たんのう》：充分地品味、享受。

句型

●**～ことにはならない**：**不能當作～、不能算作～、稱不上～**

動詞｛普通形｝　ことにはならない

例句：

何《なに》も行動《こうどう》しないでただ同情《どうじょう》するだけでは、彼《かれ》らを救《すく》うことにはならない。

不採取任何行動而只是同情，並無法拯救他們。

その二

旅先《たびさき》で最初《さいしょ》に出会《であ》う本場《ほんば》の味《あじ》——駅弁《えきべん》

02

駅弁《えきべん》とは電車《でんしゃ》の中《なか》で食《た》べる弁当《べんとう》のこと。まだ自由《じゆう》に国内《こくない》を移動《いどう》できなかった時代《じだい》から、お土産《みやげ》にもらったある地域特有《ちいきとくゆう》の食《た》べ物《もの》を味《あじ》わうと、まるでその土地《とち》のエッセンスを吸収《きゅうしゅう》し、その地《ち》を旅《たび》してきたかのような思《おも》いを抱《いだ》いてきた日本人《にほんじん》は、駅弁《えきべん》からも同《おな》じ感覚《かんかく》を味《あじ》わう。その土地《とち》でゆっくりできない旅人《たびびと》に、せめて電車《でんしゃ》の中《なか》で地元《じもと》の美《び》味《み》を満喫《まんきつ》してもらう。それが現《げん》代《だい》の駅弁《えきべん》の原点《げんてん》なのかもしれない。

そのため、駅弁《えきべん》は郷土料理《きょうどりょうり》ほど地域性《ちいきせい》が強《つよ》くないかもしれないが、地元食材《じもとしょくざい》を使用《しよう》するというこだわりはある。例《たと》えば、山《やま》形県《がたけん》米沢市《よねざわし》の名物《めいぶつ》である米沢牛《よねざわぎゅう》のような高級食材《こうきゅうしょくざい》を丸《まる》ごと使用《しよう》するわけにはいかないが、そぼろにしてご飯《はん》の上《うえ》に敷《し》き詰《つ》めれば、駅弁《えきべん》らしさが損《そこ》なわれることもない。そして、電車《でんしゃ》の中《なか》で米沢牛《よねざわぎゅう》を食《た》べて満腹《まんぷく》になった後《あと》は、米沢《よねざわ》を旅《たび》してきたと自分《じぶん》を納得《なっとく》させることもできる。

之二：旅人踏入當地所品嘗的第一味——駅弁

駅弁就是搭乘火車時吃的鐵道便當。日本人自古總有個浪漫的想像。在那個多數人無法隨意南來北往的年代中，若有幸享用某地獨有的伴手禮，宛如吸收了該地的精華，甚至能達到親臨該地那般的效果。這種想像，也體現在駅弁這樣的火車便餐裡，爲那些只能匆匆過站，無法在當地稍事停留的旅人，提供一個在車上也能享用在地美味的機會。這或許就是現代駅弁誕生的原點。

所以，駅弁或許不具鄉土料理那般的高度代表性，卻一定堅持使用在地食材。米澤牛是山形縣米澤市的名物，如此的高檔貨不大可能整塊地現身，但以絞肉形式鋪滿白飯，就與駅弁這個身分毫不衝突了。旅客在火車上塡飽了肚子也吃到了米澤牛，能說服自己是到過米澤啦。

句型

●～かのようだ： 彷彿～一般（但實際情況並非如此）

動詞・い形容詞｛普通形｝　かのようだ

な形容詞・名詞｛＋である｝　かのようだ

＊本文後接名詞，故形態爲「かのような」。若放句尾則爲「かのようだ」，後接動詞則爲「かのように」。

例句：

あの二人《ふたり》は親子《おやこ》であるかのようだが、実《じつ》は兄弟《きょうだい》だ。

那兩人看起來像是父子，但其實是兄弟。

その三

関東大震災《かんとうだいしんさい》の炊《た》き出《だ》しから生《う》まれた料理《りょうり》——釜《かま》めし

03

日本《にほん》では古《ふる》くから、栗《くり》や松茸《まつたけ》、竹《たけ》の子《こ》、魚介類《ぎょかいるい》などを米《こめ》と一緒《いっしょ》に炊《た》き込《こ》んだ炊《た》き込《こ》みご飯《はん》が食《しょく》されてきた。使用《しよう》される大《おお》きな釜《かま》も陶《とう》器《き》のものから鉄製《てっせい》に変《か》わっていった。同《おな》じ釜《かま》で炊《た》かれたご飯《はん》を食《た》べることは、苦楽《くらく》を共《とも》にする関係《かんけい》にあることを象徴《しょうちょう》し、だからこそ日《に》本語《ほんご》には「同《おな》じ釜《かま》の飯《めし》を食《く》う」という諺《ことわざ》がある。

関東大震災《かんとうだいしんさい》の時《とき》、大《おお》きな釜《かま》で炊《た》いたご飯《はん》が**炊《た》き出《だ》し**[1]として**振《ふ》る舞《ま》わ**[2]れていた。それをヒントに、浅草《あさくさ》のある炊《た》き込《こ》みご飯屋《はんや》の女将《おかみ》が一人用《ひとりよう》の小《ちい》さな釜《かま》のまま供《きょう》するようになり、こうして釜飯《かまめし》という下町《したまち》グルメが誕生《たんじょう》した。

その店《みせ》「元祖釜《がんそかま》めし春《はる》」は今《いま》も浅草《あさくさ》で営業《えいぎょう》を続《つづ》けている。注文《ちゅうもん》してから出《で》てくるまで二《に》、三十分《さんじゅっぷん》かかるが、釜《かま》の蓋《ふた》を開《あ》けた瞬間《しゅんかん》、一《いっ》見《けん》シンプルながらも様々《さまざま》な香《かお》りと伝統《でんとう》が詰《つ》まったこの**地場《じば》**[3]料理《りょうり》に目《め》を**見《み》張《は》ら**[4]ない者《もの》はいない。

之三：因関東大震災而生的生存料理——「鍋飯」

日本人很早就開始把栗子、松茸、竹筍、魚蝦貝類等，與米一起炊煮做成炊飯。做炊飯要用大鍋，工具從陶器進化到鐵鍋。而一起吃釜裡的炊飯，則象徵大家同甘共苦一條心，也催生了日文「同吃一鍋飯」這句諺語。

關東大震災時，有人爲救濟災民煮大鍋飯免費招待。用大鐵鍋煮飯的景象，讓當時在淺草賣炊飯的女主人得到靈感。她將大鐵鍋改成一人用的小鐵鍋，米煮成熟飯後連鍋帶飯地上菜，鍋飯這樣的下町美食自此誕生。

女主人當年的店，『元祖釜めし春』迄今仍在淺草營業。點上一鍋炊飯，雖然得花二三十分鐘才能上桌，但打開鍋蓋的瞬間，食材多層次的香味混著濃厚的歷史底蘊，讓人對這看似簡單的在地料理寡目相看。

單字

1. **炊《た》き出《だ》し**：災難時免費提供給大衆的料理，或以孤兒、流浪漢、失業者等窮困者爲對象提供的料理。
2. **振《ふ》る舞《ま》う**：以食物款待。
3. **地場《じば》**：當地。
4. **目《め》を見《み》張《は》る**：因驚訝、驚艷、生氣、感動等情緒而張大眼睛的樣子。形容強烈的情緒反應。

その四

日本人《にほんじん》の思《おも》い出《で》の味《あじ》——学校給食《がっこうきゅうしょく》

04

日本《にほん》の小中学校《しょうちゅうがっこう》などで提供《ていきょう》される給食《きゅうしょく》の歴史《れきし》は古《ふる》い。まだお米《こめ》と味噌《みそ》が主食《しゅしょく》だった時代《じだい》に給食《きゅうしょく》に登場《とうじょう》したパンや牛乳《ぎゅうにゅう》という「西洋《せいよう》の味《あじ》」は、日本人《にほんじん》の記憶《きおく》にかけがえのない思《おも》い出《で》として刻《きざ》まれている。カレーやミートソースをかけて食《た》べる「ソフト麺《めん》」も懐《なつ》かしい味《あじ》の一《ひと》つ。こうしたシンプルな定番《ていばん》メニューに日本人《にほんじん》は胃《い》も心《こころ》も**鷲掴《わしづか》み**[1]にされたのだ。これらのメニューはあまりに**味気《あじけ》ない**[2]ので給食《きゅうしょく》から追放《ついほう》するなどと首相《しゅしょう》や大臣《だいじん》が言《い》おうものなら、国民《こくみん》の怒《いか》りを買《か》って自《みずか》らが政権《せいけん》から追放《ついほう》されるだろう。

学校給食《がっこうきゅうしょく》は当初《とうしょ》、セントラルキッチンで調理済《ちょうりず》みの冷凍食品《れいとうしょくひん》を使用《しよう》することが多《おお》かった。画一的《かくいってき》なメニューで児童《じどう》らがあまり食《た》べたがらず、配送《はいそう》コストが**かさむ**[3]という問題《もんだい》もあった。そこで、できる限《かぎ》り地元産《じもとさん》の食材《しょくざい》を使用《しよう》して、残食《ざんしょく》率《りつ》とコストを下《さ》げようということになった。また、給食《きゅうしょく》は食育《しょくいく》の役割《やくわり》も担《にな》うべきとの考《かんが》えもあった。こうして、郷土《きょうど》愛《あい》を大切《たいせつ》にする思《おも》いから、各地《かくち》特有《とくゆう》の食材《しょくざい》が給食《きゅうしょく》に登場《とうじょう》するようになった。山口《やまぐち》県《けん》と長崎県《ながさきけん》の給食《きゅうしょく》ではなんとトラフグ入《い》りのスープが出《で》てくる。北海道《ほっかいどう》では最《もっと》も代表的《だいひょうてき》な食材《しょくざい》のとうもろこしとバターが「道産子《どさんこ》」たちのお盆《ぼん》に並《なら》ぶ。富山県《とやまけん》では旬《しゅん》のズワイガニを丸《まる》ごと一匹《いっぴき》茹《ゆ》でたものが出《だ》され、日本《にほん》で最《もっと》も豪華《ごうか》な給食《きゅうしょく》メニューといえる。もちろん、贅沢《ぜいたく》を**ひけらかす**[4]ためではなく、「地元《じもと》」を代表《だいひょう》するものは何《なに》かを子供《こども》たちに教《おし》え、郷土《きょうど》に対《たい》する誇《ほこ》りを育《はぐく》む狙《ねら》いがそこにはある。

歳《とし》をとると子供《こども》の頃《ころ》のことを忘《わす》れてしまうのは日本人《にほんじん》も同《おな》じだが、子《こ》や孫《まご》が

給食《きゅうしょく》を美味《おい》しそうに食《た》べている姿《すがた》や、その香《かお》りに触《ふ》れただけで往時《おうじ》の思《おも》い出《で》が記憶《きおく》の奥底《おくそこ》から**蘇《よみがえ》っ**[5]てくるというのは、日本人《にほんじん》にしか味《あじ》わえない幸《しあわ》せの一《ひと》つなのかもしれない。

之四：日本國民的兒食記憶——營養午餐

日本中小學提供營養午餐的歷史悠久。在那個仍是以米飯及味噌構成基本味覺的年代，營養午餐居然就出現了麵包和牛奶這樣的「西洋味」，也在每個日本人的記憶深處中勾勒出無法取代的童年記憶。麵包和牛奶之外，還有一種沾上咖哩或肉醬食用的「軟麵」。這些看似再簡單不過的食材，卻是營養午餐的「定番」，牢牢抓住每一個日本人心和胃。若那天有位首相或大臣嫌這幾樣太過平淡而想將之從菜單上趕出去，恐怕他自己會先被日本人轟下台吧。

早期營養午餐的配菜，有很多是來自中央廚房生產的冷凍食品。劃一的菜色導致學童的食用意願偏低外，也增加了運輸上的成本。於是，日本人將營養午餐的內容盡可能以地方生產的食材呈現，期望能同時降低剩菜率及成本。更進一步，日本人認爲營養午餐不能只是塡飽肚子，而是應負有食育之責。所以講究鄉土愛的日本人，理所當然地將各地特有的食材融入營養午餐的菜單中。山口縣及長崎縣學童餐盤裡的附湯，居然是有放虎河豚的。玉米及奶油，做爲北海道最具代表性的食材，當然也會出現在每個「道產子」的餐盤上。最豪華的菜單出現在盛產松葉蟹的富山縣。產季時，餐盤上居然看得到一隻完整的水煮松葉蟹。如此奢華的學校營養午餐，不是要從小教導炫富，而是要從小就提醒著日本人，什麼才是能代表「在地」的自豪和榮耀。

很久後的某一天，遙遠的兒時記憶已不復存在。但當看到或聞到孫子正在享用的營養午餐時，卻能立刻牽動味蕾，進而勾起記憶深處的某個人事物。或許這就是身爲日本人所能獨享的幸福之一吧。

單字

1. **鷲掴《わしづか》み**：原指老鷹捕捉獵物時張大爪子兇悍抓住的樣子。在此後接被動形，比喻在毫無防備的狀況下、心被擄獲，意即相當喜歡。
2. **味気《あじけ》ない**：過於普通、毫無魅力的。
3. **かさむ**：某樣東西的體積或份量、數量大增，到了造成負擔的程度。
4. **ひけらかす**：自滿、炫耀。
5. **蘇《よみがえ》る**：甦醒、重新升起。

豆《まめ》知《ち》識《しき》

カレーの良《よ》きお供《とも》——「福神漬《ふくじんづ》け」、「ラッキョウ」、「紅生姜《べにしょうが》」

05

日本《にほん》のカレーライスには当初《とうしょ》、外国《がいこく》の習《しゅう》慣《かん》に倣《なら》って「チャツネ」というペースト状《じょう》の調味料《ちょうみりょう》が添《そ》えられていたが、ある時《とき》、乗客《じょうきゃく》にカレーライスを提供《ていきょう》していた客船《きゃくせん》がチャツネを切《き》らし、福神《ふくじん》漬《づ》けで代用《だいよう》したところ、大好評《だいこうひょう》となり、それから福神漬《ふくじんづ》けをカレーに添《そ》える習《しゅう》慣《かん》が日本全国《にほんぜんこく》に広《ひろ》がっていったそうだ。

福神漬《ふくじんづ》けはダイコン、ナス、カブ、ウリ、レンコン、シソ、ナタマメの七《なな》種《しゅ》の野菜《やさい》を漬《つ》けたもの。当時《とうじ》は高級漬物《こうきゅうつけもの》だったので、ラッキョウの漬《つけ》物《もの》や紅生姜《べにしょうが》で代用《だいよう》する人《ひと》もいた。ラッキョウの漬物《つけもの》は戦前《せんぜん》に帝国《ていこく》ホテルが列車食堂《れっしゃしょくどう》でカレーライスに添《そ》えたのが最初《さいしょ》らしく、すぐに評判《ひょうばん》になった。ただ、日本人《にほんじん》に「カレーに最《もっと》も合《あ》う漬物《つけもの》は何《なに》か」と尋《たず》ねた調査《ちょうさ》によると、福神漬《ふくじんづ》けの回答割《かいとうわり》合《あい》は六十八《ろくじゅうはち》%、ラッキョウは三十二《さんじゅうに》%で、カレーの「名脇役《めいわきやく》」の地位《ちい》を確立《かくりつ》しているのは福神漬《ふくじんづ》けのようだ。

咖哩飯好朋友——「福神漬」、「辣韮」、「紅生薑」

早期咖哩飯承襲外國的作法，用一種稱爲「チャツネ」的膏狀調味料佐飯。據說某次郵輪上提供的咖哩飯，因用完了チャツネ情急之下以福神漬替代，沒想到大受好評，從此逐漸拓展到全日本。

福神漬是以白蘿蔔、茄子、大頭菜、瓜類、蓮藕、紫蘇、刀豆等七種蔬菜醃漬而成，屬於高級醃漬品。但如此高級品豈是人人都能消費得起？所以也有人以辣韮或紅生薑等酸甜的醃漬品代替。戰前，帝國飯店的列車食堂所販賣的咖哩飯，據說是最早以辣韮搭配，一推出便廣受日本人喜愛。不過後來曾有一項調查詢問日本人，與咖哩最搭的醃漬品爲何？結果，福神漬與辣韮呈現六十八：三十二的比例，福神漬穩坐咖哩飯「名脇役」之地位。

註「チャツネ」：是英文 chutney 變成的外來語，譯爲「印度酸辣醬」。以蔬菜水果及香料熬煮成膏狀，口味多樣可以或甜或鹹或辣。包括咖哩在內的印度料理常搭配此醬，除開胃的功能外還可以降低咖哩的強烈口味所帶來的不適。日本人最早學習咖哩時，也將此物一併學回。但終究不大習慣，所以後來以福神漬等醃漬品取代。

貳

B級美食最夯的道都府縣大搜查

「B 級」這樣的名稱，容易讓人誤解爲粗製濫造的地方小吃。其實要強調的是，無需餐廳名廚的刀工廚藝，也不致肥了肚子瘦了荷包。正因人人會做，某地域的每間店會呈現些許差異。以迄今奪冠最多次的富士宮炒麵爲例，構成要件是一定以豬油拌炒並佐以紅薑絲。但兩者的比例卻是每家店的商業機密，造就出多樣化味覺組合的可能性，正是 B 級美食能帶給饕客的驚喜。

日本「goo ランキング」網站曾舉辦票選活動，按域別找出網友心目中 B 級美食的排序。依 2019 年票選結果，分別由大阪府、北海道、長崎縣拿下前三名。順著這份排名，讓我們先來瞭解這三個地區飲食特色，再聽聽人氣美食背後的人事物吧！

NO. 1

大阪府《おおさかふ》

06

【食文化《しょくぶんか》】「粉物《こなもの》」マニア?! 大阪《おおさか》庶民《しょみん》の食文化《しょくぶんか》

大阪人《おおさかじん》は古《ふる》くから小麦粉《こむぎこ》と縁《えん》が深《ふか》い。大阪《おおさか》はかつて「天下《てんか》の台所《だいどころ》」と呼《よ》ばれ、良質《りょうしつ》の昆布《こんぶ》が入手《にゅうしゅ》しやすかった上《うえ》、水《みず》が軟水《なんすい》のため、**手軽《てがる》**[1]に良質《りょうしつ》の鰹《かつお》だしをとることができた。加《くわ》えて、小麦《こむぎ》の産《さん》地《ち》の讃岐《さぬき》（現在《げんざい》の香川県《かがわけん》）に近《ちか》かったことから、うどんも自然《しぜん》と大阪人《おおさかじん》の好《この》むところとなり、粉物《こなもの》が大阪《おおさか》の食文化《しょくぶんか》に**根付《ねづ》い**[2]ていった。

日本《にほん》では明治時代《めいじじだい》に洋食《ようしょく》ブームが起《お》きたが、高価《こうか》な牛鍋《ぎゅうなべ》や豚《とん》カツが庶民《しょみん》の日常食《にちじょうしょく》になるはずはなかった。そんな中《なか》、大阪人《おおさかじん》の多《おお》くは小麦粉《こむぎこ》を水《みず》で溶《と》いた生地《きじ》を薄《うす》く焼《や》き、そこに細《こま》かく切《き》った野菜《やさい》を重《かさ》ねる自分《じぶん》たちの「洋食《ようしょく》」を作《つく》った。「一銭洋食《いっせんようしょく》」と呼《よ》ばれたこの安価《あんか》な美食《びしょく》は、庶民《しょみん》の洋食《ようしょく》への憧《あこが》れを**満《み》たし**[3]てくれる存在《そんざい》となり、昭和時代《しょうわじだい》には現在《げんざい》のお好《この》み焼《や》きへと進化《しんか》した。

お好《この》み焼《や》きの誕生《たんじょう》は、日本人《にほんじん》が盲目《もうもく》的《てき》に洋食《ようしょく》を追《お》い求《もと》めることをやめ、土《ど》着化《ちゃくか》させるようになったことを意味《いみ》する。古《ふる》くから発展《はってん》してきた粉物文化《こなものぶんか》の最高峰《さいこうほう》ともされるお好《この》み焼《や》きは、B級《きゅう》グルメの人気投票《にんきとうひょう》でほぼ必《かなら》ず上位《じょうい》に入《はい》る。ただ、そんなお好《この》み焼《や》きも当初《とうしょ》は高級料理《こうきゅうりょうり》だった。大衆食《たいしゅうしょく》になったのは、戦後日本《せんごにほん》が豊《ゆた》かになってからのことだ。

「お好《この》み焼《や》き」の「お好《この》み」は、自《じ》分《ぶん》の好《す》きな食材《しょくざい》を入《い》れるという意味《いみ》で解釈《かいしゃく》されているが、こんな面白《おもしろ》い説《せつ》もある。昔《むかし》の男女《だんじょ》は甘味処《あまみどころ》のような場所《ばしょ》でデートをしていて、男《おとこ》がデザートやアイスだけをご馳走《ちそう》していては格好《かっこう》が悪《わる》いということで、大阪焼《おおさかや》きのような洋食焼《ようしょくや》きがメニューに登場《とうじょう》するようになった。その後《ご》、二人《ふたり》っきりになりたかったあるカップルが、目《め》の前《まえ》で調理《ちょうり》をする店員《てんいん》を邪魔《じゃま》に思《おも》い、自分《じぶん》たちで好《す》きな食材《しょくざい》を入《い》れて好《す》きなように作《つく》るといったそうだ。それからお好《この》み焼《や》きと呼《よ》ばれるようになったという。

【食文化】「粉物」控？！

大阪人自古就與麵粉有緣，素有「天下的廚房」之譽，容易取得優質昆布，水質屬於「軟水」，能輕易地做出優質柴魚高湯。加上鄰近讚岐（香川縣）這個小麥產地，原料充足，うどん也就順理成章贏得大阪人的青睞，粉物文化順勢定著於大阪飲食文化中。

明治時代開始，日本人在飲食上瘋狂追求洋味。牛鍋，炸豬排因價格昂貴，自然不會成爲庶民百姓的日常。爲求變通，許多大阪人以熟悉的麵粉做成薄燒餅皮，搭配切絲蔬菜做出他們心目中的「洋食」。這種明治時代被稱爲「一錢洋食」的廉價美食，滿足了不少庶民百姓對洋食的美好想像。並在昭和時期逐漸發展成現在的お好み焼き。

お好み焼き的出現，說明日本人不再盲目地追求西洋味，而是將洋風食物在地化。お好み焼き也標誌著自古就發達的粉物文化發展至最高峰，因爲無數次的B級美食的票選活動結果，お好み焼き幾乎都名列前茅。不過，お好み焼き一開始是以高價料理的姿態登場，戰後日本變得富庶，お好み焼き也才化身庶民美食。

お好み焼き中有個「好」字。一般認爲「お好み」是個人偏好的意思，喜歡什麼就放。不過有個說法十分有趣。早年男女約會是在類似冰果室的地方。男方請客若只點甜點冰品會讓女方觀感不佳，所以冰果室的菜單中也出現了像是大阪燒這類的洋食燒。男女約會卿卿我我，到桌服務做餅的店員宛如電燈泡，所以情侶表示會放自己喜好的食材，以自己喜好的方式製作，就不麻煩店員你囉。久而久之，這道料理，就被俗稱爲「お好み焼き」。

單字

1. **手軽《てがる》**：不費功夫的、簡易的。
2. **根付《ねづ》く**：某樣新的事物開始生根定著。 3. **満《み》たす**：滿足某個條件。

句型

●～はずはない： 絕不可能～

動詞・い形容詞｛普通形｝　はずはない

名詞＋の／である・な形容詞＋な／である　はずはない

*義同「はずがない」

例句：

こんな理屈《りくつ》でみんなに納得《なっとく》してもらうはずはない。　這種歪理大家不可能會接受的。

子育《こそだ》てしながら仕事《しごと》をしていくことは簡単《かんたん》なはずがない。　一邊育兒一邊工作絕不可能是簡單的。

單字

1. **ふとした**：偶然的、意想不到的。
2. **あっさり**：清爽、單純的（味道或口感）。
3. **ほのか**：隱約的。

【買《か》わなきゃ損《そん》】 07

5《ご》5《ご》1《いち》蓬莱《ほうらい》の肉《にく》まんと創業者《そうぎょうしゃ》の羅邦強氏《らほうきょうし》

「5《ご》5《ご》1《いち》蓬莱《ほうらい》」は一日十五万個《いちにちじゅうごまんこ》も売《う》り上《あ》げる豚《ぶた》まん店《てん》。創業者《そうぎょうしゃ》の羅邦強氏《らほうきょうし》は台湾《たいわん》の嘉義出身《かぎしゅっしん》だ。戦後直後《せんごちょくご》に開《ひら》いた「蓬莱食堂《ほうらいしょくどう》」で豚《ぶた》まんを販売《はんばい》したところ、予想外《よそうがい》のブームになった。その後《ご》、羅氏《らし》が**ふとした**[1]ヒントから本店《ほんてん》の電話番号《でんわばんごう》の下三桁《しもさんけた》を「蓬莱《ほうらい》」の前《まえ》に付《つ》けた「5《ご》5《ご》1《いち》蓬莱《ほうらい》」の名称《めいしょう》を考案《こうあん》した。

5《ご》5《ご》1《いち》蓬莱《ほうらい》の豚《ぶた》まんはネギではなく大阪泉州産《おおさかせんしゅうさん》タマネギを油《あぶら》で炒《いた》めずそのまま豚《ぶた》ミンチに混《ま》ぜている。こうすることで餡《あん》が十分《じゅうぶん》な水分《すいぶん》を含《ふく》み、シャキシャキとした食感《しょっかん》も出《だ》せるからだ。また、日本人《にほんじん》の舌《した》に合《あ》うよう、餡《あん》は塩《しお》やこしょう、醤油《しょうゆ》だけでの**あっさり**[2]とした味付《あじつ》けで、豚肉《ぶたにく》とタマネギの香《かお》りと甘《あま》みが隠《かく》れないようにという配慮《はいりょ》がある。生地《きじ》は**ほのか**[3]な甘《あま》みが出《で》るよう砂《さ》糖水《とうみず》が加《くわ》えられている。さらに、常《つね》に最高《さいこう》の状態《じょうたい》の生地《きじ》で提供《ていきょう》できるよう、店舗《てんぽ》はセントラルキッチンから車《くるま》で二《に》時間半以内《じかんはんいない》のエリアにしか出店《しゅってん》しない。

【必買】551蓬萊肉包與創始者羅邦強

「551蓬萊」是間創下日售15萬顆的包子店，創辦人羅邦強是台灣嘉義出身。戰後不久，他的「蓬萊食堂」開始嘗試販賣肉包，沒想到一炮而紅。某日靈機一動的羅邦強以總店電話末三碼551，置於蓬萊兩字之前，「551蓬萊」正式登場。

551蓬萊肉包的內餡以泉州產洋蔥取代蔥，不經油炒直接添加於絞肉中。如此內餡能飽含水分，並維持清脆口感。爲適應日本人口味，內餡只用鹽、胡椒、醬油等清淡調味，以免蓋過豬肉及洋蔥的清香甘甜。製作麵皮時會加入砂糖水，以呈現略帶甜味的外皮。爲了保持麵皮的最佳狀態，各店鋪被限定於距中央工廠不超過150分鐘車程的距離。

【食《た》べなきゃ損《そん》】 08

近代《きんだい》の文豪《ぶんごう》・織《お》田《だ》作《さく》之《の》助《すけ》のインスピレーション源《げん》「夫婦《めおと》善哉《ぜんざい》」&「自由軒《じゆうけん》」

「夫婦《めおと》善哉《ぜんざい》」は大阪《おおさか》の文豪《ぶんごう》・織《お》田《だ》作《さく》之《の》助《すけ》の小説名《しょうせつめい》で、大阪難波《おおさかなんば》にある老舗《しにせ》ぜんざい店《てん》の名称《めいしょう》でもある。主人公《しゅじんこう》の男女《だんじょ》が訪《おとず》れたことのある店《みせ》という設定《せってい》で、店名《てんめい》が作品名《さくひんめい》になった。同店《どうてん》ではぜんざい一人前《いちにんまえ》が二《ふた》つの椀《わん》で出《だ》されることから夫婦善哉《めおとぜんざい》といい、夫婦《めおと》で一緒《いっしょ》に食《た》べると円満《えんまん》になるというわけだ。大正《たいしょう》・昭和初期《しょうわしょき》の**名《な》もなき**[1]人物《じんぶつ》を描《えが》くのが得意《とくい》だった作之助《さくのすけ》にとって、こうした地域色《ちいきしょく》のある店《みせ》は創作《そうさく》の発想源《はっそうげん》だった。

明治創業《めいじそうぎょう》の洋食屋《ようしょくや》「自由軒《じゆうけん》」も彼《かれ》のインスピレーション源《げん》だった。カレーライスといえばご飯《はん》とカレーが別々《べつべつ》のものを**思《おも》い浮《う》かべる**[2]と思《おも》うが、ここの「名物《めいぶつ》カレー」は**予《あらかじ》め**[3]ご飯《はん》とカレーが混《ま》ぜてあり、中央《ちゅうおう》の**くぼみ**[4]に生卵《なまたまご》が載《の》っている。熱《あつ》いうちに生卵《なまたまご》と混《ま》ぜ合《あ》わせ、店推奨《みせすいしょう》のソースをかけて食《た》べるスタイルだ。創業《そうぎょう》から変《か》わらぬ美味《おい》しさで、**古《ふる》き良《よ》き**[5]時代《じだい》を味《あじ》わうこともできる。

【必吃】文豪靈感泉源「自由軒」&「夫婦善哉」

「夫婦善哉」是大阪文豪織田作之助的一部小說，同時也是大阪難波一家ぜんざい（註）專賣老舖。小說中，該店是男女主角曾駐足的場所，作家因而以店名爲其作品命名。「夫婦善哉」將ぜんざい分成兩小碗，由夫婦一起享用則感情圓滿。作之助以刻劃大正・昭和初期小人物見長，這樣的在地特色自然成爲他的創作靈感。

織田作之助的靈感來源，還有附近一家明治時代創業的洋食老舖「自由軒」。一般說到咖哩，眼前浮出的景象是白飯與咖哩逕渭分明。但自由軒的「名物咖哩」卻是讓白飯吸飽咖哩醬汁，中央挖個凹處打上生雞蛋。客人享用時趁熱將蛋與咖哩飯拌在一起，再滴上店家推薦的醬汁。這樣的口味從第一代創業迄今未曾改變，讓客人享受美味時，還能重溫對美好年代的孺慕之情。

註 ぜんざい漢字是「善哉」。在關西地區是指放入烤年糕（焼もち）或白玉湯圓（しらたま）的紅豆湯。紅豆先經蒸煮，沒有篩去外皮，仍看的到顆粒狀（粒あん）。爲避免過於甜膩，還會附上一盤鹹昆布（塩昆布）。

單字

1. **名《な》もなき**：沒沒無聞的。
2. **思《おも》い浮《う》かべる**：浮現腦海。
3. **予《あらかじ》め**：事先。
4. **くぼみ**：凹陷處。
5. **古《ふる》き良《よ》き**：已逝的往昔令人懷念且如此美好。

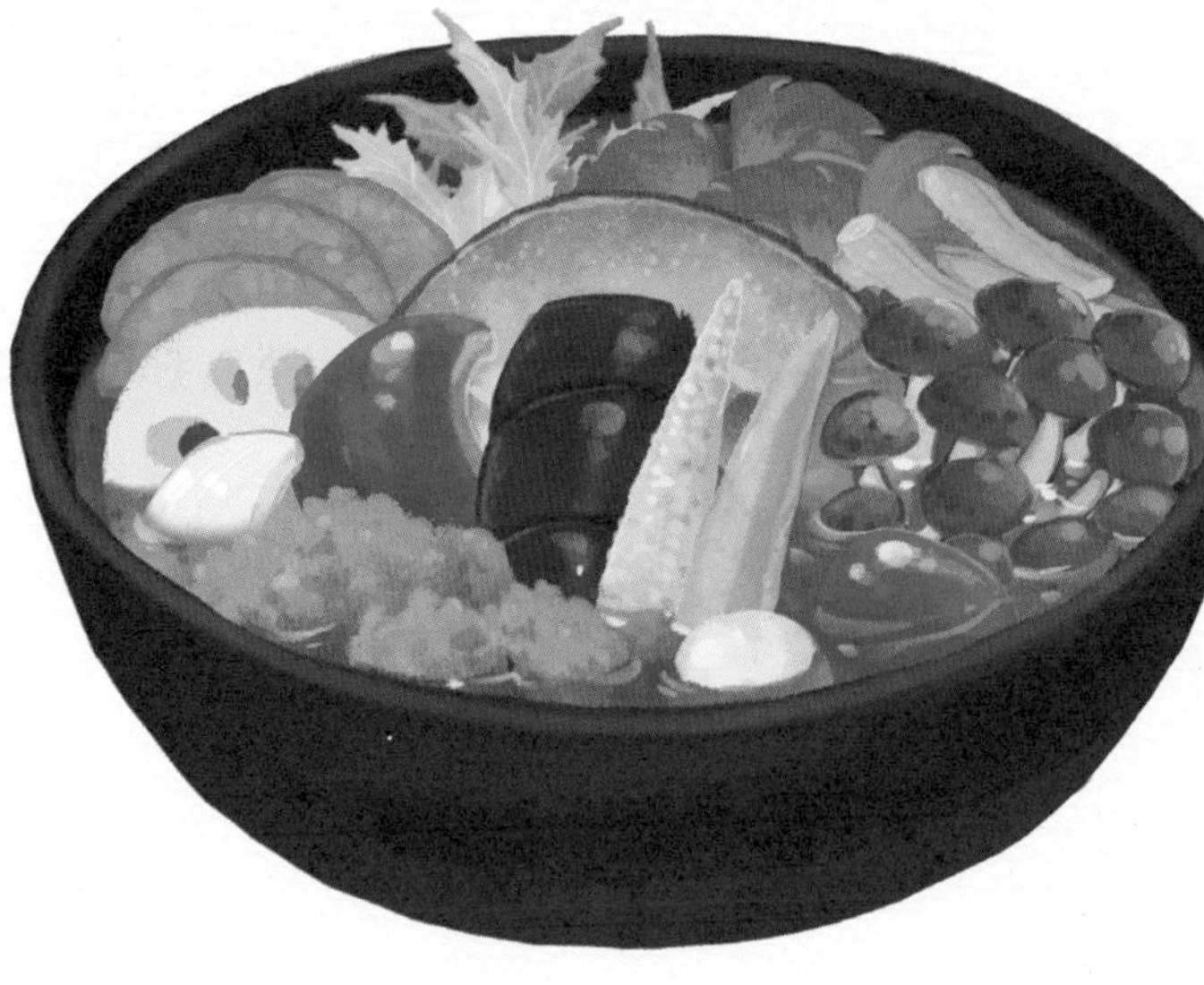

NO. 2 北海道《ほっかいどう》

09

【食文化《しょくぶんか》】「道産《どうさん》」の庶民料理《しょみんりょうり》——ジンギスカン&ザンギ&ラーメンサラダ&スープカレー

北海道《ほっかいどう》のグルメは他県《たけん》より独創的《どくそうてき》かつ洋風《ようふう》で、「道産《どうさん》」食材《しょくざい》へのこだわりも強《つよ》い。明治維新後《めいじいしんご》、各地《かくち》からこの広《こう》大《だい》な土地《とち》に移住《いじゅう》してきた人々《ひとびと》は、地元《じもと》の産物《さんぶつ》を活用《かつよう》し、新《あら》たなグルメを生《う》み出《だ》した。ジンギスカンもその一《ひと》つだ。北海道《ほっかいどう》ではある時期《じき》から、軍需羊毛《ぐんじゅようもう》の確保《かくほ》のため、国策《こくさく》として大量《たいりょう》の羊《ひつじ》が飼《し》育《いく》され始《はじ》めた。そのため、羊肉《ようにく》を大量《たいりょう》消費《しょうひ》する必要《ひつよう》が生《しょう》じ、モンゴル帝国《ていこく》のジンギスカンとは関係《かんけい》のないこの羊肉《ようにく》の焼肉料理《やきにくりょうり》が**考案《こうあん》**[1]された。北海道《ほっかいどう》以外《いがい》で羊肉《ようにく》を食《た》べる習慣《しゅうかん》がほぼなかった時《じ》代《だい》に、物《もの》を大切《たいせつ》にする道民《どうみん》が創意工夫《そういくふう》によって日本《にほん》の食文化《しょくぶんか》に新《あら》たな可能性《かのうせい》を**切《き》り開《ひら》い**[2]たのだ。

ザンギとラーメンサラダも道民《どうみん》に人《にん》気《き》のB級《きゅう》グルメだ。ザンギ発祥《はっしょう》の店《みせ》は釧路市《くしろし》にある「鳥松《とりまつ》」。鶏《とり》の揚《あ》げ物《もの》といえば日本《にほん》では「唐揚《からあ》げ」が主流《しゅりゅう》だが、道民《どうみん》の間《あいだ》では異国風《いこくふう》のザンギが広《ひろ》く受《う》け入《い》れられている。また、ラーメンサラダは日本人《にほんじん》に**馴染《なじ》み**[3]の冷《ひ》やし中華《ちゅうか》に少《すこ》し似《に》ているが、多種多様《たしゅたよう》な野菜《やさい》をたっぷり使《つか》い、甘酸《あまず》っぱいドレッシングをかけて食《た》べる独創的《どくそうてき》な料理《りょうり》で、冷《ひ》やし中《ちゅう》華《か》より優《すぐ》れているともいえる。栄養《えいよう》も豊富《ほうふ》で、一部《いちぶ》の学校《がっこう》の給食《きゅうしょく》メニューにもなっているそうだ。

スープカレーは固定観念《こていかんねん》に囚《とら》われない「道産子《どさんこ》」の性格《せいかく》をよりよく反映《はんえい》したグルメだ。日本《にほん》では既《すで》にカレー文化《ぶんか》が高度《こうど》に発達《はったつ》していたにもかかわらず、道民《どうみん》は**さらなる**[4]変化《へんか》の可能性《かのうせい》を切《き》り開《ひら》いたのだ。スープカレーはたっぷりの道《どう》産野菜《さんやさい》と一緒《いっしょ》に煮込《にこ》んだもので、濃《こ》いカレースープともいえる。ご飯《はん》とは別《べつ》に出《で》てくるが、最《もっと》も定番《ていばん》の食《た》べ方《かた》は、スプーンでご飯《はん》を**すくい**[5]、スープに浸《ひた》してから食《た》べるという方法《ほうほう》だ。これほど独創的《どくそうてき》で豪快《ごうかい》さもある料理《りょうり》は、北《きた》の大《だい》地《ち》でしか誕生《たんじょう》し**得《え》なかった**[6]のではないか。

【食文化】「道産」庶民料理——成吉思罕烤肉、帶骨炸雞、拉麵沙拉、湯咖哩

與各縣相比，北海道的美食呈現出更多的創意與洋風，以及對「道産」食材的活用。維新後，來自各地的移民善用這塊廣袤大地上的物産，發展出新的美食。例如成吉思罕烤羊肉，起源是政府爲了軍需原料而在此飼養了大量的綿羊。爲了妥善處理大量的羊肉，道民將之發展成與成吉思罕完全無關的烤羊肉料理。食用羊肉的習慣在日本其他地方極爲罕見，惜物的道民卻能以創意爲日本美食發展出另一種可能。

拉麵沙拉及帶骨炸雞也是廣受道民歡迎的B級美食。帶骨炸雞的創始店是釧路市的老鋪「鳥松」。儘管全日本炸雞的主流還是「唐揚げ」，道民卻頗能接受這種外國風的炸雞美食。拉麵沙拉的有些像是日本人熟悉的中華涼麵，但佐以多樣又大量的蔬菜，並淋上酸甜的沙拉醬。如此創意只能說青出於藍吧。這道兼顧營養與美味的B級美食，據說還被一些學校列入營養午餐的菜單中。

湯咖哩更是能說明了「道産子」的性格不被既有框架侷限的美食。日本咖哩文化的發展已達極致，但道民硬是找出另一種變化的可能。湯咖哩其實可以視爲咖哩味的濃湯，與大量的道産蔬菜一起燉煮。白飯與湯咖哩是分開的。最經典的吃法莫過於用湯匙挖了飯後，連湯匙帶飯地浸入湯汁中，再連飯帶湯地送進嘴裡。如此的豪邁與創意，恐怕也只能誕生在這片北國大地。

單字

1. **考案《こうあん》**：下工夫思考出成果。
2. **切《き》り開《ひら》く**：開拓出新的局面。
3. **馴染《なじ》み**：熟悉的。
4. **さらなる**：更進一步的。
5. **すくう**：以手或杓子等工具挖起、或撈起。
6. **得《え》ない**：不可能～。前面接動詞ます形。

句型

●～にもかかわらず： **儘管～還是……。**

動詞・い形容詞｛普通形｝　にもかかわらず

な形容詞・名詞＋である　にもかかわらず

例句：

仕事《しごと》が忙《いそが》しいにもかかわらず、毎日時間《まいにちじかん》を作《つく》って本《ほん》を読《よ》むようにしている。

儘管工作很忙，還是努力維持每天抽空看書的習慣。

單字

1. **滑《なめ》らか**：光滑的樣子。在此指口感滑順。
2. **ありつける**：「ありつく」的可能形，意指夢寐以求的事物好不容易入手。
3. **引《ひ》き立《た》てる**：襯托。
4. **もたらす**：帶來。
5. **ラード**：來自豬油的白色食用油脂。

【食《た》べなきゃ損《そん》】 10

雪国《ゆきぐに》のラーメン——札幌《さっぽろ》ラーメンVS旭川《あさひかわ》ラーメン

日本《にほん》のラーメンの命《いのち》は濃厚《のうこう》なスープにある。北海道《ほっかいどう》のラーメンもスープは濃《のう》厚《こう》だが、脂《あぶら》が多《おお》いわりにはくどくない、**滑《なめ》らか**[1]な味《あじ》わいが特徴《とくちょう》だ。寒《さむ》さの厳《きび》しい北《きた》の大地《だいち》で、そんな雪国《ゆきぐに》のラーメンに**ありつけれ**[2]ば、「あぁ、救《すく》われた」と思《おも》うだろう。

札幌《さっぽろ》ラーメンのスープは醤油《しょうゆ》、豚骨《とんこつ》と並《なら》ぶ味噌《みそ》を使用《しよう》。北海道名産《ほっかいどうめいさん》のコーンもスープを**引《ひ》き立《た》て**[3]ている。そして何《なに》よりも不思議《ふしぎ》なのはバターが入《はい》っていることだ。スープ表面《ひょうめん》に溶《と》け出《だ》した脂《あぶら》は、寒冷地《かんれいち》での生活《せいかつ》に必要《ひつよう》なカロリー源《げん》になるほか、味噌《みそ》、にんにくベースの和風《わふう》スープに濃厚《のうこう》な洋風《ようふう》スープの味《あじ》わいを**もたらし**[4]ている。

旭川《あさひかわ》ラーメンは醤油系《しょうゆけい》で、スープの表《ひょう》面《めん》に**ラード**[5]が浮《う》いているのが特徴《とくちょう》。だが、くどさはない。豚骨《とんこつ》、鶏《とり》ガラだけでなく魚介類《ぎょかいるい》からもダシをとっているためで、濃厚《のうこう》な味《あじ》わいの中《なか》にあっさりとした旨味《うまみ》を感《かん》じられる。

【必吃】雪國拉麵——旭川拉麵 VS 札幌拉麵

濃郁的湯頭，是所有日本拉麵的靈魂。但北海道拉麵特別之處，在於濃郁之外，還多了層油而不膩的油脂，喝起來像口感滑順的濃湯。在凜冽的北國大地，來上一碗這樣的雪國拉麵，只能用救贖兩字形容。

札幌拉麵使用的味噌湯頭，使它與醬油、豚骨拉麵三分天下。北海道盛產的玉米，也是帶出拉麵靈魂的要角。最神奇的莫過於那塊奶油。出現在拉麵中，標誌了北海道酪農業發達的自豪。溶解後，湯上那浮油既滿足了酷寒地帶對熱量的需求，也讓以大蒜及味噌爲基底的和風湯頭，瞬間帶有西式濃湯口感。

旭川拉麵屬於醬油系拉麵，特色是湯上浮著一層豬油。儘管如此，喝起來卻不讓人覺得膩口，甚至不會產生罪惡感。秘訣是在豬骨或雞骨熬製的湯底中加入海鮮高湯，在濃郁中勾勒出一股鮮甜。

【行《い》かなきゃ損《そん》】 11

札幌《さっぽろ》の台所《だいどころ》——百年以上《ひゃくねんいじょう》の歴史《れきし》を誇《ほこ》る二条市場《にじょういちば》

東京《とうきょう》に豊洲市場《とよすいちば》（旧築地市場《きゅうつきじいちば》）があるように、札幌《さっぽろ》にもその名《な》を広《ひろ》く知《し》られる二条市場《にじょういちば》がある。明治時代《めいじじだい》、札幌《さっぽろ》に鮮魚《せんぎょ》を売《う》りに来《く》るようになった漁師《りょうし》たちの店《みせ》が集《あつ》まって「二条魚町《にじょうさかなまち》」が形成《けいせい》され、今日《こんにち》の二条市場《にじょういちば》へと発展《はってん》した。一階《いっかい》は主《おも》に魚介類《ぎょかいるい》の店《みせ》が並《なら》ぶが、二階《にかい》は海鮮丼《かいせんどん》の店《みせ》が多《おお》い。早朝《そうちょう》から営業《えいぎょう》しており、観光客《かんこうきゃく》にとっての朝食《ちょうしょく》スポットでもある。

何《なに》より[1]も印象的《いんしょうてき》なのは、ネタの新鮮《しんせん》さと料理《りょうり》の豪快《ごうかい》さだ。台湾人《たいわんじん》が見《み》たら驚《おどろ》くようなマグロ、ホタテの貝柱《かいばしら》、タラバガニ、バフンウニなども、ここでは海鮮丼《かいせんどん》の定番《ていばん》のネタにすぎない。丼《どんぶり》からネタが**溢《あふ》れ出《で》て**[2]いる光景《こうけい》を目《め》にすれば、今《いま》は北海道《ほっかいどう》に来《き》ているのだと**改《あらた》めて**[3]気付《きづ》かされるだろう。人気《にんき》のウニ、イクラ、タラバガニを贅沢《ぜいたく》に盛《も》り合《あ》わせた「三色丼《さんしょくどん》」を提供《ていきょう》する店《みせ》もある。新鮮《しんせん》さと豪快《ごうかい》さ満点《まんてん》で、食通《しょくつう》も観光客《かんこうきゃく》も一食《いっしょく》で大満足《だいまんぞく》の一品《いっぴん》だ。

【必逛】札幌人的廚房——超過百年歷史的二条市場

東京有築地市場，札幌也有一個遠近馳名的二條市場。明治時代，許多漁夫會將新鮮漁獲送到札幌販賣。他們聚集販售的地點發展成「二條魚町」，最終演變成今天的二條市場。市場一樓仍是以海產交易爲主的店家，二樓則有許多販賣海鮮丼的餐廳。從一大早開始營業，在許多遊客心目中，二條市場就等於早餐的代名詞。

二條市場令遊客感受最強烈的，就是新鮮與豪邁。讓台灣人看到兩眼發直的鮪魚片、干貝柱、帝王蟹、馬糞海膽等，在這裡不過是海鮮丼的基本款。碗公裡的蝦蟹魚片一定要滿到垂出碗外，才能提醒顧客現在是置身北海道。有些店家乾脆將這海膽、鮭魚卵、帝王蟹這三種人氣海鮮組成人氣商品、「三色丼」，用滿滿的新鮮與豪邁，一次滿足到訪的饕客與旅人。

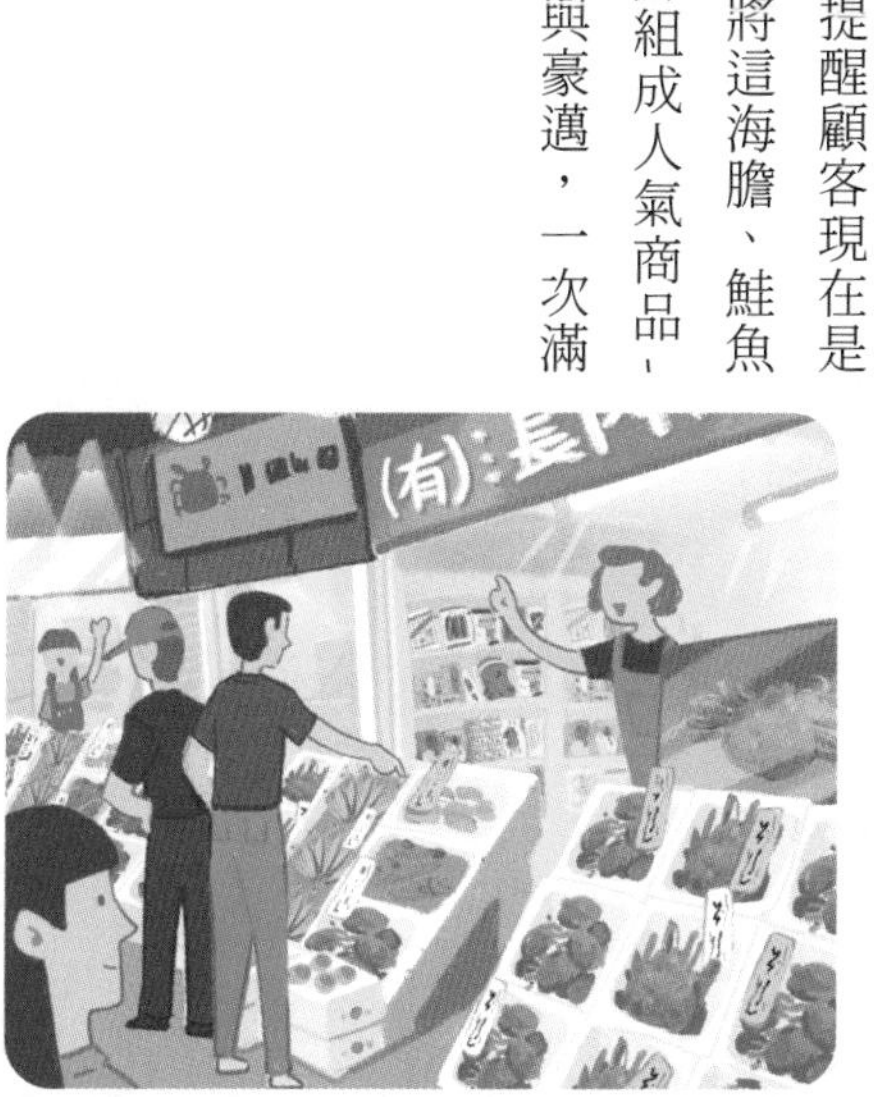

單字

1. **何《なに》より**：無出其右的。
2. **溢《あふ》れ出《で》る**：滿溢的。
3. **改《あらた》めて**：重新、再次。

NO. 3

長崎県《ながさきけん》

🎧 12

【食文化《しょくぶんか》】和華蘭文化《わからんぶんか》から生《う》まれた異色《いしょく》の一品《いっぴん》——ちゃんぽん&佐世保《させぼ》バーガー

九州《きゅうしゅう》は古《ふる》くから外来文化《がいらいぶんか》の玄関口《げんかんぐち》だった。古代《こだい》の大陸文化《たいりくぶんか》は博多《はかた》を、中世《ちゅうせい》の南蛮文化《なんばんぶんか》は平戸《ひらど》を経由《けいゆ》して伝来《でんらい》した。江戸時代《えどじだい》の鎖国後《さこくご》も、長崎《ながさき》は対《たい》オランダ、中国貿易《ちゅうごくぼうえき》の唯一《ゆいいつ》の窓口《まどぐち》だった。長崎《ながさき》の街《まち》を歩《ある》いてみると、卓袱料理《しっぽくりょうり》、提灯《ちょうちん》、ランタン、四海樓《しかいろう》のちゃんぽんなど、中華《ちゅうか》の雰囲気《ふんいき》がたっぷり伝《つた》わってくる。

四海樓《しかいろう》は日本《にほん》で**一旗揚《ひとはたあ》げ**[1]ようとやって来《き》た華僑《かきょう》の陳平順氏《ちんへいじゅんし》が創業《そうぎょう》した。異国《いこく》での生活基盤《せいかつきばん》を固《かた》めた陳氏《ちんし》が、貧《まず》しい中国人留学生《ちゅうごくじんりゅうがくせい》を支援《しえん》する最《もっと》も簡単《かんたん》な方法《ほうほう》として、安《やす》くて栄養《えいよう》もある料理《りょうり》を食《た》べさせてやりたいと思《おも》い、店《みせ》の食材《しょくざい》で作《つく》ったのがちゃんぽんだ。炒《いた》めた豚《ぶた》肉《にく》、貝類《かいるい》、野菜《やさい》などをラーメンの上《うえ》にのせたもので、九州《きゅうしゅう》だけに豚骨《とんこつ》ベースの濃厚《のうこう》な白濁《はくだく》スープを使用《しよう》。和《わ》と中華《ちゅうか》の**コラボ**[2]ともいえる。地元《じもと》のスタイルと外来文化《がいらいぶんか》を融合《ゆうごう》し、より優《すぐ》れたものを生《う》み出《だ》そうとする長崎《ながさき》の特徴《とくちょう》を十分《じゅうぶん》に反映《はんえい》した料理《りょうり》だ。

時代《じだい》は変《か》わって戦後《せんご》の一九五〇年《ねん》代《だい》。長崎《ながさき》の軍港《ぐんこう》の街《まち》・佐世保《させぼ》に新名物《しんめいぶつ》が誕生《たんじょう》した。佐世保《させぼ》バーガーだ。初見《しょけん》でその大《おお》きさに驚《おどろ》かない人《ひと》はいないはず。牛肉《ぎゅうにく》や野菜《やさい》が**バンズ**[3]に挟《はさ》みきれないほど詰《つ》め込《こ》まれていて、押《お》しつぶさないと口《くち》に入《はい》らない。元々米軍《もともとべいぐん》のレシピに基《もと》づき、在日米軍《ざいにちべいぐん》向《む》けに米国《べいこく》サイズで販売《はんばい》していたものが地元《じもと》の新名物《しんめいぶつ》になったらしい。全国的《ぜんこくてき》に知《し》られるようになった後《あと》もサイズを変更《へんこう》せず、国産《こくさん》牛肉《ぎゅうにく》と地元《じもと》の野菜《やさい》を使用《しよう》し、注文《ちゅうもん》を受《う》けてから手作《てづく》りすることにこだわっている。米国《べいこく》**ならでは**[4]の豪快《ごうかい》さと日本人《にほんじん》の食《しょく》に対《たい》するこだわりを体現《たいげん》した一品《いっぴん》だ。

ちゃんぽん、佐世保《させぼ》バーガー、長崎《ながさき》カステラなど、長崎《ながさき》のグルメはどれも外《がい》来《らい》のものと思《おも》うかもしれないが、長崎《ながさき》という土地柄《とちがら》だからこそ、異国《いこく》グルメが完全《かんぜん》に現地化《げんちか》し、地元《じもと》の新《あら》たな顔《かお》になれたのだ。

【食文化】和華蘭文化蘊育出的異色之作

九州自古卽是外來文化傳來的必經管道。古代的大陸文化經由博多，中世紀的南蠻文化則由平戶傳入。江戶時代鎖國後，長崎是全日本可以接受來自荷蘭及中國事物的唯一窗口。漫步在長崎街頭，隨意就能感受滿滿的中華風。例如桌袱料理，燈籠與花燈，及四海樓的強棒麵。

四海樓是由到日本闖蕩的華人所創。創辦人陳平順在異國站穩腳跟之後，總想幫幫潦倒中國留學生。最簡單的方法就是用店內的食材，做出便宜又營養的食物，強棒麵因此誕生。先將豬肉、貝類、蔬菜等數種食材拌炒再盛於湯麵上。由於地處九州受豚骨系高湯影響，強棒麵同樣有濃厚白濁湯，說這是和華混血的什錦拉麵也未嘗不可。這項特色，充分詮釋了長崎這個城市的特徵：將繼受而來的外來文化注入自我風格，混合出更上一層樓的新面貌。

時間拉到戰後的５０年代。長崎縣境內的軍港佐世保出現一項新名物——佐世保漢堡。第一次見到佐世保漢堡，必爲它的超大尺寸而震撼不已。蔬菜與牛肉等配料多到夾不住，必須壓扁才能一口咬下。據說這是由於一開始就是按照美軍食譜，做成美國尺寸來賣給駐留美軍的，最後演變成當地新名物。聞名全國後在地人也沒想改變尺寸，但堅持以國產牛肉及在地蔬菜製作，並且純手工、現點現做。佐世保漢堡流露出濃濃美式豪邁之餘，仍看得見日本人對美食的挑剔與執著。

如果要問什麼是長崎美食？強棒麵，佐世保漢堡，長崎蛋糕……好像都是境外移入的？但卻只有長崎這塊土地，能讓這些異國美食完美在地化，成爲足以代表長崎的新面貌！

單字

1. **一旗《ひとはた》揚《あ》げる**：展開新事業。
2. **コラボ**：跨領域合作、共同事業。
3. **バンズ**：歐風餐包。特別指著漢堡用的。
4. **ならでは**：僅限某處才有的。經常以「ならではの」的形態使用。

單字

1. **立《た》ち寄《よ》る**：中途造訪。
2. **コントラスト**：對照、對比。
3. **限《かぎ》りない**：無限大、無限量的。

【食《た》べなきゃ損《そん》】 13

日本《にほん》カレー発祥《はっしょう》の地《ち》？——郷土愛《きょうどあい》が生《う》んだ大村《おおむら》あま辛《から》黒《くろ》カレー：砂糖《さとう》とスパイスのハーモニー

一五八二年《ねん》、複数《ふくすう》のキリシタン大名《だいみょう》によってローマ・バチカンへの使節《しせつ》に選《えら》ばれた四人《よにん》の少年《しょうねん》が大村《おおむら》を出発《しゅっぱつ》した。「天正遣欧使節《てんしょうけんおうしせつ》」と呼《よ》ばれる使節団《しせつだん》だ。当時《とうじ》、大村《おおむら》は長崎街道《ながさきかいどう》の重要《じゅうよう》な拠点《きょてん》で、長崎《ながさき》から日本各地《にほんかくち》に砂糖《さとう》が運《はこ》ばれる時《とき》は必《かなら》ず大村《おおむら》を経由《けいゆ》した。史料《しりょう》によれば、使節団《しせつだん》は帰路《きろ》にインドに**立《た》ち寄《よ》り**[1]、香《こう》辛料《しんりょう》を持《も》ち帰《かえ》ったそうだ。このことが、大村《おおむら》の人々《ひとびと》が「日本《にほん》カレー発祥《はっしょう》の地《ち》・大村《おおむら》」とPRする好材料《こうざいりょう》になった。

こうして生《う》まれたのが、大村《おおむら》の肥沃《ひよく》な黒土《くろつち》で育《そだ》った新鮮《しんせん》で甘《あま》いニンジン、長崎街道《ながさきかいどう》を代表《だいひょう》する砂糖《さとう》、使節団《しせつだん》が持《も》ち帰《かえ》った香辛料《こうしんりょう》、黒土《くろつち》をイメージした黒《くろ》い竹炭粉《たけすみこ》を使用《しよう》したご当地新名物《とうちしんめいぶつ》「大《おお》村《むら》あま辛黒《からくろ》カレー」だ。ご飯《はん》の白《しろ》とカレーの黒《くろ》の**コントラスト**[2]も甘辛《あまから》の組《く》み合《あ》わせもインパクトは抜群《ばつぐん》。この斬新《ざんしん》な料理《りょうり》やPR方法《ほうほう》からは大村《おおむら》の人々《ひとびと》の**限《かぎ》りない**[3]郷土愛《きょうどあい》が伝《つた》わってくる。

【必吃】日本咖哩發祥地？砂糖×辛香料的完美合奏：大村市黑咖哩

1582年，幾位吉利支丹大名（註）派遣四名少年出使羅馬教廷，由大村出發前往歐洲，史稱「天正遣歐少年使節」。大村是長崎街道重要據點，當年經長崎運往日本的砂糖必途經大村。史載使節團回國途中曾停留印度，並攜回印度辛香料。雖然這記載不足以證明咖哩早在16世紀便傳入日本，卻讓大村在地人找到一個行銷家鄉的好機會，主打「日本咖哩發祥地大村」這樣的口號。

大村肥沃的黑土，培育出鮮甜的蔬菜。代表長崎街道的砂糖加上使節團攜回的咖哩；代表黑土的黑色竹炭粉加上在地鮮甜紅蘿蔔。這四項元素，催生大村當地新名物「大村甘辛黑咖哩」。黑與白的對比、甜與辣的結合，視覺味覺都極具衝擊性。令人耳目一新的行銷手法及料理構想，看得出大村人對這塊土地無盡的鄉土愛。

註吉利支丹（キリシタン）即是葡萄牙語 Cristão 的發音，天主教／基督教之義。

【買《か》わなきゃ損《そん》】 14

長崎《ながさき》カステラには蜂蜜入《はちみつはい》ってない？ その発祥《はっしょう》と元祖《がんそ》「福砂屋《ふくさや》」

台湾《たいわん》で「長崎蛋糕《チャンチーダンカオー》」と呼《よ》ばれる長崎《ながさき》カステラは、小麦粉《こむぎこ》、砂糖《さとう》、鶏卵《けいらん》が材料《ざいりょう》で、蜂蜜《はちみつ》は入《はい》っていないが、長崎《ながさき》カステラのことを「蜂蜜蛋糕《フォンミーダンカオー》」と呼《よ》ぶ台湾人《たいわんじん》は多《おお》い。台湾《たいわん》でよく**見《み》かける**[1]、長崎《ながさき》カステラとルーツを同《おな》じくするカステラには地元《じもと》の龍眼蜂蜜《りゅうがんはちみつ》が入《はい》っているからだ。同《おな》じく日本《にほん》のメーカーとの技術提携《ぎじゅつていけい》により誕生《たんじょう》した台湾《たいわん》のせんべいに不思議《ふしぎ》な粉《こな》が**ふりかかっ**[2]ていて、台湾人《たいわんじん》にとってはこちらのほうが王道《おうどう》であるのと似《に》ている。

カステラは十六世紀《じゅうろくせいき》の大航海時代《だいこうかいじだい》、九州北部《きゅうしゅうほくぶ》に**出入《でい》り**[3]していたポルトガル人《じん》が故郷《ふるさと》の菓子《かし》を紹介《しょうかい》する形《かたち》で日本《にほん》に伝《つた》わった。濃厚《のうこう》な甘《あま》い香《かお》りの**漂《ただよ》う**[4]この南蛮菓子《なんばんがし》はすぐに日本《にほん》で人気《にんき》となり、模倣《もほう》されることになった。日本《にほん》におけるカステラの元祖《がんそ》は一六二四年創業《ねんそうぎょう》の「福砂屋《ふくさや》」とされる。食材《しょくざい》にこだわり、最《もっと》もシンプルながら最《もっと》も伝統的《でんとうてき》な味《あじ》を伝《つた》えることを使命《しめい》としており、新《あたら》しい変化《へんか》が求《もと》められる現代《げんだい》においても、不朽《ふきゅう》の名店《めいてん》として模範《もはん》になっている。

【必買】長崎蛋糕原來不是蜂蜜蛋糕？創始號「福砂屋」

長崎蛋糕的名字其實是「卡斯特拉」，由砂糖、麵粉、雞蛋製成，成分不含蜂蜜。但許多台灣人以蜂蜜蛋糕來稱呼，因爲台灣常見的版本雖說系出同門，卻加入了在地的龍眼蜜。就好像台灣的仙貝也是與日本廠商技術合作的成果，卻青出於藍地撒上一層神奇仙貝粉，讓台灣人一口咬定這口味才是王道。

16世紀的大航海時代，進出北九州的葡萄牙人將這種家鄉蛋糕介紹給日本人。這散發香甜馥郁氣息的南蠻菓子，很快獲得日本人的喜愛與模仿。一般公認卡斯特拉的元祖，是1624年創立的「福砂屋」。福砂屋的卡斯特拉成功記，是堅持初衷而獲大衆肯定的勵志故事。對食材的堅持，以傳承最簡單卻最經典的味道爲己任，福砂屋在這求新求變的現代市場，成功地寫下不朽的典範。

單字

1. **見《み》かける**：映入眼簾、不經意看見。
2. **ふりかかる**：落下的、灑上的。
3. **出入《でい》り**：進出。
4. **漂《ただよ》う**：香氣四溢。

豆《まめ》知《ち》識《しき》

「カステラ」vs「海援隊《かいえんたい》カステラ」

15

坂本龍馬《さかもとりょうま》は脱藩後《だっぱんご》、長崎《ながさき》に海運業《かいうんぎょう》などを行《おこな》う「亀山社中《かめやましゃちゅう》」を設立《せつりつ》、これが後《のち》に「海援隊《かいえんたい》」となった。西洋《せいよう》のものに強《つよ》い関心《かんしん》があった龍馬《りょうま》は、長崎《ながさき》に来《く》るや西洋色《せいようしょく》の強《つよ》い長崎《ながさき》カステラに目《め》を奪《うば》われた。「海援隊日記帳《かいえんたいにっきちょう》」には隊員《たいいん》が作《つく》ったカステラのレシピが載《の》っており、卵《たまご》、小麦粉《こむぎこ》、砂糖《さとう》を十：七：十《じゅったいななたいじゅう》の割合《わりあい》で合《あ》わせて焼《や》くと記《しる》されている。

この極《きわ》めてシンプルなレシピを基《もと》に、長崎《ながさき》の老舗《しにせ》「文明堂《ぶんめいどう》」が二〇一〇年《ねん》の大河《たいが》ドラマ「龍馬伝《りょうまでん》」の放送《ほうそう》に合《あ》わせ、試行錯誤《しこうさくご》の末《すえ》に再現《さいげん》したのが「海援隊《かいえんたい》カステラ」だ。「龍馬《りょうま》も食《た》べた」と銘打《めいう》つ。

このカステラは、現代《げんだい》のカステラと比《くら》べると小麦粉《こむぎこ》の量《りょう》が多《おお》く、水飴《みずあめ》も使用《しよう》していない。形状《けいじょう》は縁《ふち》の部《ぶ》分《ぶん》を残《のこ》した大《おお》きめの長方形《ちょうほうけい》。素材《そざい》をしっかり生《い》かしたあっさりとした味《あじ》わいで、素朴《そぼく》な印象《いんしょう》ではあるが、歴史《れきし》を強《つよ》く感《かん》じさせる美味《おい》しさがある。

「カステラ」vs「海援隊カステラ」

坂本龍馬脫藩後，到長崎開設以船運爲營業內容的「龜山社中」，後來這公司改組成「海援隊」（註）。龍馬對西洋事物一直有著濃厚的興趣。一到長崎，洋風濃郁的長崎卡斯特拉立刻吸引了龍馬的目光。「海援隊日記帳」記載著當時社員製作卡斯特拉的食譜：雞蛋、麵粉，砂糖，以一比零點七比一的比例混和後燒烤卽成。

配合2010年大河劇龍馬傳的播映，長崎老舖「文明堂」以這份極其簡略的食譜爲基礎，反覆試行錯誤後，終於成功復刻出「海援隊カステラ」。這款標榜「龍馬也嘗過」的卡斯特拉，與現代的版本相比，麵粉用量較多，也沒使用水飴。不切邊，做成方形大塊。用料紮實口味淸淡，風格粗曠樸實，卻呈現出另一種充滿歷史氛圍的美味。

註「海援隊」爲半官方組織，目的是爲了支援薩摩籓及長州籓等倒幕力量。海援隊船隊甚至出現在第二次幕長戰爭中，直接出力支援倒幕陣營。

PART. 2

全國庶民美食 味自慢

北《ほっ》海《かい》道《どう》と東《とう》北《ほく》地《ち》方《ほう》

16

西日本《にしにほん》が「弥生時代《やよいじだい》」に入《はい》り、稲作《いなさく》が始《はじ》まった後《あと》も、東北《とうほく》から北《ほっ》海道《かいどう》にかけての広《ひろ》い地域《ちいき》では「縄《じょう》文時代《もんじだい》」の狩猟採集社会《しゅりょうさいしゅうしゃかい》が続《つづ》いていた。社会《しゃかい》の発展《はってん》にこのような時《じ》間差《かんさ》があったため、「蝦夷地《えぞち》」と呼《よ》ばれた東北《とうほく》・北海道地方《ほっかいどうちほう》の食文《しょくぶん》化《か》には「縄文人《じょうもんじん》」の生活感《せいかつかん》が色濃《いろこ》く残《のこ》っており、鮭《さけ》や鹿肉《しかにく》、栗《くり》、クルミ、蕎麦《そば》などの雑穀《ざっこく》がこの地域《ちいき》のグルメの重要《じゅうよう》な要素《ようそ》となっている。北海道《ほっかいどう》では、鮭《さけ》を一匹丸《いっぴきまる》ごと開《ひら》き、数日塩漬《すうじつしおづ》けした後《あと》に吊《つ》るし干《ぼ》しした塩漬《しおづ》け鮭《ざけ》が有名《ゆうめい》だ。ドラマ「あまちゃん」で一躍《いちやく》ブームになった岩手県《いわてけん》のまめぶ汁《じる》の団子《だんご》には、縄文時代《じょうもんじだい》からお馴染《なじ》みのクルミが包《つつ》まれている。

東北《とうほく》・北海道《ほっかいどう》は素朴《そぼく》な土地柄《とちがら》で、その気風《きふう》は、料理《りょうり》に見《み》た目《め》の華《はな》やかさだけを求《もと》めず、自然《しぜん》の食材《しょくざい》をシンプルに調理《ちょうり》するという考《かんが》え方《かた》にも表《あらわ》れている。そのため、東北《とうほく》・北海道《ほっかいどう》のグルメは鍋料理《なべりょうり》が多《おお》い。北海道《ほっかいどう》の石狩鍋《いしかりなべ》は言《い》うまでもなく、秋田県《あきたけん》には焼《や》いた棒状《ぼうじょう》のご飯《はん》が主《しゅ》役《やく》のきりたんぽ鍋《なべ》が、青森県《あおもりけん》には有名《ゆうめい》な南部煎餅《なんぶせんべい》を割《わ》り入《い》れ、キノコなどの野菜《やさい》や魚《さかな》、肉《にく》と煮込《にこ》むせんべい汁《じる》がある。このような料理《りょうり》に地域性《ちいきせい》が十分《じゅうぶん》に反映《はんえい》されているのかと他《ほか》の地域《ちいき》の人《ひと》は首《くび》を傾《かし》げるかもしれないが、東北人《とうほくじん》のことをよく理解《りかい》すれば、心《こころ》から納得《なっとく》できるはずだ。

北海道與東北地方

當西日本邁入「彌生時代」，開始耕作稻米後，整個東北至北海道的廣大區域，仍維持「繩文時代」採集的經濟型態。這項歷史進程的時間差，導致被稱作「蝦夷地」的東北及北海道地方的食文化中，保留較多的「繩文人」色彩。鮭魚鹿肉，栗子胡桃，蕎麥雜糧，至今仍是構成本地區美食中的重要元素。北海道的鹽漬鮭魚非常有名，將整條鮭魚剖開後鹽漬數日，再高掛起來風乾。因「小海女」（註）一劇而爆紅的岩手縣核桃丸子湯，丸子裡包的仍是從繩文時代開始祖祖輩輩都熟悉的胡桃。

東北及北海道民風樸實。此般氣質也反映於在地人對美食的看法。摒棄華而不實，務求簡單的調理及自然的食材。很多在地美食其實都是火鍋。北海道的石狩鍋就不用說了，秋田的烤米棒鍋，主角就是烤過的棒狀米飯。青森縣的煎餅湯，則是將有名的南部仙貝掰成小塊，與蔬菜蘑菇魚肉一起燉煮。這樣的料理能有十足的在地代表性，其他地方的人可能有點不服。但認識個東北在地人後，就能由衷體會。

註 小海女：２０１３年播出的ＮＨＫ晨間小說連續劇。以東北地方三陸海岸岩手縣中的虛構城市「北三陸市」爲舞台。

17

北海道《ほっかいどう》のオホーツク北見塩《きたみしお》やきそば―

ルール八《はち》カ条《じょう》に保証《ほしょう》された味《あじ》

北見市《きたみし》のオホーツク海沿岸部《かいえんがんぶ》は水産業《すいさんぎょう》が盛《さか》んで、特《とく》にホタテが有名《ゆうめい》だ。また、北見市《きたみし》は日照量《にっしょうりょう》が豊富《ほうふ》で降水量《こうすいりょう》が少《すく》ないことから、タマネギの生産量《せいさんりょう》で日本一《にほんいち》を誇《ほこ》る。これらの地元特産物《じもとくさんぶつ》を使《つか》って北見市《きたみし》の魅力《みりょく》を全国《ぜんこく》へ発信《はっしん》しようと開発《かいはつ》されたご当地《とうち》グルメが「オホーツク北見塩《きたみしお》やきそば」だ。二〇一〇年《ねん》には「B-1グランプリ」で十位《じゅうい》を獲得《かくとく》した。

日本《にほん》の焼《や》きそばは**やや**[1]甘《あま》みのあるソースで味付《あじつ》けしたものが多《おお》いが、北見《きたみ》ではホタテとタマネギ本来《ほんらい》の甘《あま》みを生《い》かすため、海塩《かいえん》を使《つか》い、あっさりとした味《あじ》に**仕上《しあ》げ**[3]ている。また、「オホーツク北見塩《きたみしお》やきそば」と**名乗《なの》る**[2]には以下《いか》の「ルール八《はち》カ条《じょう》」を満《み》たさなければならない。（一）道内産《どうないさん》の小麦《こむぎ》を主原料《しゅげんりょう》とした麺《めん》を使用《しよう》する（二）豚肉《ぶたにく》ではなくオホーツク産《さん》のホタテを使用《しよう》する（三）キャベツでは

なく生産量《せいさんりょう》日本一《にほんいち》の北見《きたみ》タマネギを使用《しよう》する（四）味付《あじつ》けはソースではなく塩《しお》とする（五）皿《さら》ではなく鉄板《てっぱん》で提供《ていきょう》する（六）協議会指定《きょうぎかいしてい》の道産《どうさん》割《わ》り箸《ばし》を使用《しよう》する（七）北見《きたみ》にこだわったスープをつける（八）**シズル感《かん》**[4]を演出《えんしゅつ》するためにお客様《きゃくさま》の前《まえ》で「魔法《まほう》の水《みず》」（ホタテエキス入《い》りスープ）をかける——。つまり食《しょく》材《ざい》、味付《あじつ》け、食器《しょっき》だけでなく、客《きゃく》の目《め》と耳《みみ》を楽《たの》しませる演出《えんしゅつ》にも工夫《くふう》が必要《ひつよう》なのだ。

ルール八《はち》カ条《じょう》を満《み》たしたオホーツク北見塩《きたみしお》やきそばは、北見市内《きたみしない》の専《せん》門店《もんてん》、居酒屋《いざかや》、ファミリーレストラン、中華料理店《ちゅうかりょうりてん》などで提供《ていきょう》されている。さらに、多《おお》くの店《みせ》では半熟《はんじゅく》の温《おん》泉卵《せんたまご》を添《そ》えたり、イカやエビなどの海鮮《かいせん》をたっぷり使《つか》ったり、紅生姜《べにしょうが》、塩《しお》こんぶ、シソの葉《は》で風味《ふうみ》を加《くわ》えたりといった独自《どくじ》の工夫《くふう》が凝《こ》らされており、遠方《えんぽう》からやってくるグルメ客《きゃく》も多《おお》いらしい。北見《きたみ》に足《あし》を運《はこ》んだ際《さい》はぜひ食《た》べ逃《のが》しなく。

北海道鄂霍次克北見鹽味炒麵——通過八條鐵則把關的美味

北見市近鄰鄂霍次克漁場，豐富的漁產當中尤其以扇貝享有盛名。另外在充足的日照與雨量合宜的氣候風土之下，還培育出位居日本產量第一的北見洋蔥。爲了向日本全國各地推廣北見市的魅力，地方政府特別利用這兩種特產，推出代表北見的地方美食「北見鹽味炒麵」。推出後還曾經獲得2010年「日本地方美食大賽」的第10名，備受肯定。

一般日本的炒麵多以略帶甜味的醬汁來調味，但這裡的炒麵爲了凸顯扇貝和洋蔥食材本身的鮮甜，採用的是簡單清爽的海鹽。然而並非加了洋蔥和扇貝、簡單用鹽調味就可以叫做「鄂霍次克北見鹽味炒麵」，道地的北見鹽味炒麵必須通過下述的「八條鐵則」的把關才行。1.使用的麵要以北海道產的小麥爲主原料。2.使用鄂霍次克產的扇貝而非豬肉。3.使用全日本產量第一的北見洋蔥而非高麗菜。4.使用鹽來調味而非醬汁。5.使用鐵板來提供而非盤子。6.使用協議會指定的北海道產衛生筷。7.加上北見獨特的湯。8.在客人面前淋上「魔法之水」（凝聚扇貝精華的湯汁），演出熱氣騰騰、嘶嘶作響的效果。也就是說除了食材、調味、餐具，就連上菜時的視覺聽覺享受都要面面俱到。

北見市內的專門店、居酒屋、家庭餐廳，甚至中華料理店都吃得到鹽味炒麵，除了嚴守上述的鐵則，很多店家還競相在配料和演出上添加許多獨創的元素與變化吸引遠道而來的饕客，例如加上半熟的溫泉蛋，或其他像花枝、鮮蝦等豐盛的海鮮，或以紅薑、鹹昆布或紫蘇葉來增添風味等等。來到此地不來上一盤，豈非入寶山而空歸呢。

單字

1. **やや**：些微地。
2. **仕《し》上《あ》げる**：完成某成品。
3. **名《な》乗《の》る**：以～自稱。
4. **シズル感《かん》**：能引發食慾或購買慾的官能感覺。

18

青森県《あおもりけん》のせんべい汁《じる》——三《さん》パターンで楽《たの》しむポカポカ料理《りょうり》

土

せんべい汁《じる》は青《あお》森県《もりけん》八戸《はちのへ》地《ち》方《ほう》の郷土料《きょうどりょう》理《り》。せんべい汁《じる》に使用《しよう》される煎餅《せんべい》は南部煎餅《なんぶせんべい》といい、米《こめ》を原料《げんりょう》とする一般的《いっぱんてき》な煎餅《せんべい》と異《こと》なり、主《おも》に小麦粉《こむぎこ》で作《つく》られており、地元《じもと》では昔《むかし》から主食《しゅしょく》として食《た》べられてきた。せんべい汁《じる》は江戸時代《えどじだい》後期《こうき》の大飢饉《だいききん》の頃《ころ》に生《う》まれたとされ、その後《ご》二百年以上《にひゃくねんいじょう》にわたって食《しょく》されてきた。二〇〇二年《ねん》の東北《とうほく》新幹線《しんかんせん》の八戸駅延伸《はちのへえきえんしん》を機《き》に、日本《にほん》全国《ぜんこく》に知《し》られるようになり、近年《きんねん》は各地《かくち》のご当地《とうち》グルメコンテストでたびたび優勝《ゆうしょう》を飾《かざ》っている。青《あお》森県《もりけん》を代表《だいひょう》する郷土料理《きょうどりょうり》といっても過言《かごん》ではない。

せんべい汁《じる》の具材《ぐざい》と味付《あじつ》けは店《みせ》

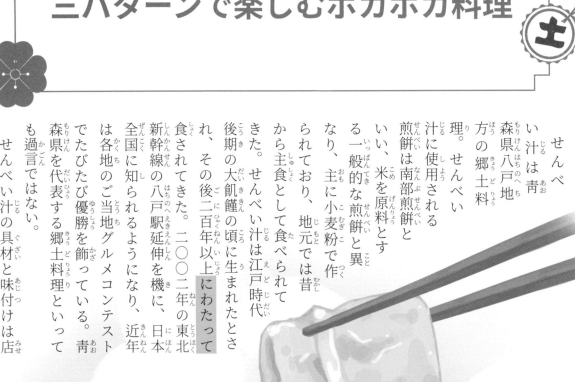

や家庭《かてい》によって異《こと》なるものの、基本《きほん》的《てき》に三種類《さんしゅるい》ある。最《もっと》も人気《にんき》があるのは、鶏肉《とりにく》から出汁《だし》をとり、きのこや野菜《やさい》を入《い》れた醤油味《しょうゆあじ》で、鶏肉《とりにく》の代《か》わりに豚肉《ぶたにく》や鴨肉《かもにく》を使《つか》うこともある。二《ふた》つ目《め》は、海《うみ》の幸《さち》が豊富《ほうふ》な八戸《はちのへ》地方《ちほう》ならではのタラ、カニ、焼《や》きサバ、あるいは缶詰《かんづめ》のサバの水煮《みずに》を入《い》れた塩味《しおあじ》だ。三《みっ》つ目《め》は馬肉《ばにく》の味噌味《みそあじ》で、鍋《なべ》の具材《ぐざい》を食《た》べた後《あと》、残《のこ》った汁《しる》に煎《せん》餅《べい》を入《い》れて締《し》める。いずれも具材《ぐざい》のエキスがしみ出《で》た煮汁《にじる》に煎餅《せんべい》を割《わ》り入《い》れて食《た》べるという点《てん》は共通《きょうつう》している。煎餅《せんべい》が旨味《うまみ》たっぷりの汁《しる》を吸《す》い込《こ》み、少《すこ》し固《かた》めで歯《は》ごたえのあるアルデンテ状態《じょうたい》が食《た》べ時《どき》だ。ふわふわ、もちもちとしていてとても美味《おい》しい。

せんべい汁《じる》の生《う》まれた青森《あおもり》は本州《ほんしゅう》最北端《さいほくたん》とあって冬《ふゆ》は厳《きび》しい寒《さむ》さで、せんべい汁《じる》はそんな寒《さむ》い時期《じき》に食《た》べて体《からだ》を温《あたた》める、地元《じもと》の人々《ひとびと》の知恵《ちえ》が生《う》んだ料理《りょうり》と言《い》える。八戸《はちのへ》市内《しない》には現在《げんざい》、せんべい汁《じる》を提供《ていきょう》する店《みせ》が二《に》百軒《ひゃっけん》以上《いじょう》あり、東京《とうきょう》などの大都市《だいとし》にも、青森《あおもり》・八戸《はちのへ》の郷土《きょうど》料理《りょうり》と銘《めい》打《う》ってせんべい汁《じる》を出《だ》す店《みせ》がある。身《み》も心《こころ》も温《あたた》まるこの料理《りょうり》。機会《きかい》があればぜひ食《た》べてみてほしい。

青森縣煎餅湯——禦寒聖品，三種基本口味的搭配

煎餅湯是青森縣八戶地區的鄉土料理，使用的煎餅叫南部煎餅，和我們熟悉的用米做成的煎餅不同，主要是以小麥粉製成，長久以來被當地居民當作正餐來享用。煎餅湯據說是始於江戶後期的大飢饉，到目前爲止持續了200多年，廣受當地人的喜愛。再加上2002年東北新幹線延伸至八戶車站的契機，名氣還遠播至日本全國各地。近年來更是日本各的地方美食競賽的常勝軍，說是青森縣的代表鄉土料理一點也不爲過。

煎餅湯的食材和調味方式，雖因餐廳和家庭略有不同，但基本上有三種方式，第一種最受歡迎的是以雞肉做湯底，加入菇類或蔬菜，用醬油調味的組合，有時也會以豬肉或鴨肉來取代雞肉。第二種是使用八戶地區豐富的海鮮如鱈魚、螃蟹、烤青花魚，或是青花魚罐頭，再以鹽來調味。第三種是用馬肉和味噌來調味，不同的是煎餅必須在用過馬肉味噌鍋的配料後，再將煎餅放進剩餘的湯汁來收尾。至於吃法，不論是哪種組合，都是經過熬煮，將食材精華釋放至湯汁後，再放進剝碎的煎餅來食用。享用煎餅湯最佳的狀態是當煎餅吸滿入味的湯汁，但還留有一點硬硬的口感，就像是義大利麵的「al dente（有嚼勁）」，軟中帶Q，非常夠味。

煎餅湯是在寒冷的環境下誕生的美食，位居本州最北端的青森，每到冬季總是嚴寒徹骨，這時候來一鍋熱騰騰的煎餅湯，可說是當地人用來禦寒的智慧。目前在八戶市內約有200多家飲食店提供煎餅湯，在東京等大都市也找得到打著青森八戶鄉土料理旗號的專門店，有機會不妨嚐嚐看，暖胃又暖心。

句型 **●～にわたって：** **持續～之久；遍布～** 表示狀態於某時間範圍內不斷持續

名詞　にわたって

例句：

一週間《いっしゅうかん》にわたって雨《あめ》が降《ふ》り続《つづ》けていた。　雨持續下了一週。

19

秋田県《あきたけん》のきりたんぽ鍋《なべ》——

美味《おい》しい・満腹《まんぷく》・ヘルシーの三拍子《さんびょうし》

土

日本屈指《にほんくっし》の米《こめ》どころ、秋田県《あきたけん》の名産《めいさん》あきたこまちの新米《しんまい》を使用《しよう》したきりたんぽ鍋《なべ》は、秋田《あきた》の代表的《だいひょうてき》な郷土料理《きょうどりょうり》で、全国的《ぜんこくてき》に有名《ゆうめい》だ。**すりつぶし**[1]たご飯《はん》を木《き》の棒《ぼう》に竹輪《ちくわ》状《じょう》に巻《ま》きつけて焼《や》いた「たんぽ」を斜《なな》めに切《き》り、日本三大地鶏《にほんさんだいじどり》の一《ひと》つである秋田県《あきたけん》の比内鶏《ひないどり》、ネギ、マイタケ、ゴボウなどと一緒《いっしょ》に鶏《とり》ガラ出汁《だし》で煮込《にこ》み、醤油《しょうゆ》、酒《さけ》、砂《さ》糖《とう》、みりんで味《あじ》を調《ととの》え、最後《さいご》に根《ね》付《つ》きのセリを加《くわ》えれば完成《かんせい》だ。きりたんぽに具材《ぐざい》の旨味《うまみ》が**しみ込《こ》ん**[2]でいて、とても美味《おい》しい。また、お米《こめ》でできているので主食《しゅしょく》にもなるほど**腹持《はらも》ち**[3]が良《よ》く、消化《しょうか》もいい。つまり、美味《おい》しい、満腹《まんぷく》、ヘルシーの**三拍子《さんびょうし》**[4]が揃《そろ》った一品《いっぴん》なのだ。

きりたんぽは「切《き》り」と「たんぽ」の複合語《ふくごうご》だ。「たんぽ」とは元来《がんらい》、槍《やり》の先端《せんたん》につける綿《わた》を丸《まる》めて布《ぬの》などで包《つつ》んだもので、ご飯《はん》を

棒《ぼう》に巻《ま》きつけた形《かたち》がそれに似《に》ていることから「たんぽ」と呼ばれるようになり、適当《てきとう》な大《おお》きさに切《き》るから「きりたんぽ」という。きりたんぽ鍋《なべ》は秋田県北部《あきたけんほくぶ》の鹿角市《かづのし》が発祥《はっしょう》で、大館市名産《おおだてしめいさん》の比内鶏《ひないどり》を使用《しよう》して現在《げんざい》の形《かたち》になった。元々《もともと》は猟師《りょうし》が冬《ふゆ》に山《やま》へ狩《か》りに行《い》く際《さい》、すりつぶしたご飯《はん》を棒《ぼう》に巻《ま》きつけたものを携行《けいこう》し、野《や》菜《さい》や**仕留《しと》め**[5]た山鳥《やまどり》と一緒《いっしょ》に鍋《なべ》に入《い》れて食《た》べていたのが始《はじ》まりとされる。また、秋田県北部《あきたけんほくぶ》では、新米《しんまい》の収穫後《しゅうかくご》、きりたんぽ鍋《なべ》を囲《かこ》んで農作《のうさ》業《ぎょう》の労《ろう》を**ねぎらう**[6]習慣《しゅうかん》が現在《げんざい》も続《つづ》いており、冬《ふゆ》になると、家庭《かてい》だけでなく、学校給食《がっこうきゅうしょく》でもよく食《しょく》されている。

地元《じもと》のお土産《みやげ》店《てん》では、この有名《ゆうめい》なきりたんぽ鍋《なべ》のセットを販売《はんばい》している。持《も》ち運《はこ》びに便利《べんり》で、自分用《じぶんよう》にも贈《おく》り物《もの》にも最適《さいてき》だ。普通《ふつう》の鍋料理《なべりょうり》に飽《あ》きたら、この北国《きたぐに》の鍋《なべ》を味《あじ》わってみてほしい。その新鮮《しんせん》な味《あじ》にきっと感動《かんどう》するはずだ。

秋田縣烤米棒鍋——味美、飽足、健康

秋田縣是日本屈指可數的米鄉，用秋田縣盛產的新米「秋田小町」製作的烤米棒鍋，爲秋田代表鄉土料理，在日本全國享有極高的知名度。烤米棒鍋的作法是先把煮好米飯搗碎，塗在杉木棒上做成竹輪的形狀，烤至焦脆，再將烤好的米棒切成斜面與日本三大土雞之一的秋田比內雞、蔥、舞菇、牛蒡等配料放進雞骨熬成的高湯烹煮，並以醬油、酒、砂糖或味醂調味，最後放上帶根的水芹即可。煮過後的烤米棒吸滿配料釋放出來的精華，非常鮮甜可口。因爲米棒是用米製成，可增加飽足感，當作主食來享用。另外米棒很好消化，吃起來也很健康。味美、飽足、健康眞可說是「一舉三得」啊。

烤米棒的名稱是由「切《き》り」和「たんぽ」兩字組合而成。「切《き》り」是指切成適當的大小，「たんぽ」原指長槍上的棉套子，和米棒的形狀很像，故得名。烤米棒鍋的發祥地是在秋田縣北部的鹿角市，結合大館市盛產的比內雞，演變成現在的型態。至於起源據說是冬天獵人上山打獵時，會把搗碎的米飯包在棒子上，隨身攜帶，要吃的時候再加上蔬菜或捕獲的山鳥煮成鍋物。另外，秋田縣北部在每年新米收穫結束時，爲了慰勞收穫的辛勞，有一起享用烤米棒鍋的風俗，這風俗到目前依然持續，一到冬季，除了一般家庭經常享用，也常出現在學校的營養午餐上。

因爲知名度高，在地的土產店都有銷售高湯和烤米棒的組合，很適合帶回去，自用送禮兩相宜。若吃膩了一般的火鍋，不妨嚐嚐這道日本北國的鍋物，相信味蕾一定會有新鮮的感動。

單字

1. **すりつぶす**：磨碎。
2. **しみ込《こ》む**：液體、味道、或顏色滲透到物體內部。
3. **腹持《はらも》ち**：食物本身不容易消化，吃了能保持長時間不餓肚子。
4. **三拍子《さんびょうし》**：三項重要條件。
5. **仕留《しと》める**：捕獲。
6. **ねぎらう**：慰勞。用在地位同等、或上對下的場合。

20

岩手県《いわてけん》のまめぶ汁《じる》——甘辛《あまから》い不思議《ふしぎ》な味《あじ》

土

まめぶ汁《じる》は、岩手県《いわてけん》久《く》慈市《じし》山形町《やまがたちょう》や九戸《くのへ》郡《ぐん》に伝《つた》わる郷土《きょうど》料理《りょうり》。煮干《にぼ》しと昆布《こんぶ》のだし汁《じる》に、ゴボウ、ニンジン、油揚《あぶらあ》げ、シメジ、カンピョウ、焼《や》き豆腐《どうふ》などを加《くわ》え、醤油《しょうゆ》で味《あじ》を調《ととの》えた後《あと》、クルミと黒砂糖《くろざとう》を包《つつ》んだ小麦団子《こむぎだんご》「まめぶ」を入れて煮込《にこ》んだ料理《りょうり》で、正月《しょうがつ》や冠婚葬祭《かんこんそうさい》の席《せき》で振《ふ》る舞《ま》われている。

まめぶ汁《じる》のルーツは二《に》百年《ひゃくねん》以上《いじょう》前《まえ》の江戸時代《えどじだい》まで遡《さかのぼ》る。凶作《きょうさく》を受《う》け、**晴《は》れ食《しょく》**[1]の麺類《めんるい》を食《た》べることを幕府《ばくふ》に禁《きん》じられた百姓《ひゃくしょう》が、その代《だい》用食《ようしょく》として、クルミを包《つつ》んだ小麦《こむぎ》団子《だんご》を食《た》べるようになったのが始《はじ》まりといわれている。名前《なまえ》の由来《ゆらい》は、団子《だんご》の形《かたち》が毬麩《まりふ》に似《に》ているので「まめふ」と呼《よ》ばれ、それが

訛《なま》っ[2]て「まめぶ」になったとされる。「**まめまめしく**[3]、健康《けんこう》で暮《く》らせるように」との思《おも》いも込《こ》められているようだ。

まめぶ汁《じる》は、二〇一一年《ねん》の東日本《ひがしにほん》大震災《だいしんさい》の際《さい》、被災地《ひさいち》で炊《た》き出《だ》しとして振《ふ》る舞《ま》われていたことから**次第《しだい》に**[4]広《ひろ》まった。その後《ご》、二〇一三年放送《ねんほうそう》のNHK連続《れんぞく》テレビ小説《しょうせつ》（通称《つうしょう》・朝《あさ》ドラ）「あまちゃん」の中《なか》で、北三陸市《きたさんりくし》（ドラマ中《ちゅう》の架空《かくう》の町《まち》で久慈《くじ》市《し》がモデルとされている）の名物《めいぶつ》として、「おかずかおやつか分《わ》からない微妙《びみょう》な食《た》べ物《もの》」と紹介《しょうかい》され、ドラマの大《だい》ヒットに**後押《あとお》し**[5]される形《かたち》で一躍有名《いちやくゆうめい》になった。

なぜ微妙《びみょう》な食《た》べ物《もの》と紹介《しょうかい》されたかというと、まめぶ汁《じる》は醤油《しょうゆ》で味《あじ》を調《ととの》えるので塩辛《しおから》いはずなのだが、主役《しゅやく》の団子《だんご》にはクルミと黒砂糖《くろざとう》が入《はい》っているので、食《た》べると甘《あま》い味《あじ》が口《くち》の中《なか》に広《ひろ》がり、塩辛《しおから》いのか甘《あま》いのか分《わ》からなくなってくるからだ。食《た》べたことのない人《ひと》には、その味《あじ》は想像《そうぞう》しにくいかもしれないが、一度《いちど》食《た》べると**病《や》み付《つ》き**[6]になるそうだ。そんな不《ふ》思議《しぎ》な料理《りょうり》、味《あじ》わってみないわけにはいかないだろう。

岩手縣核桃丸子湯——鹹鹹又甜甜的奇妙滋味

核桃丸子湯是岩手縣久慈市山形町和九戸郡一帶流傳的鄉土料理。這道料理使用的是小魚乾和昆布的高湯，加上牛蒡、紅蘿蔔、油豆腐、鴻喜菇、葫蘆乾、烤豆腐等材料，用醬油調味，再放進用麵粉包核桃和黑砂糖的小丸子一起熬煮，常被用來當作新年或婚喪喜慶時招待的料理。

核桃丸子湯的起源據說要回溯200多年前的江戶時代，因荒年歉收，幕府便下令禁止農民食用當時被視爲大餐的麵類，於是用麵粉包核桃的丸子便成了代替品。至於名稱的來源，因核桃丸子的外型和球狀的麩很像，所以被稱爲「まめふ」（mamefu），發成鄉音就成了「まめぶ」（mamebu），而且還帶有「まめまめしく、健康《けんこう》で暮《く》らせるように」（希望能腳踏實地健康過生活）的含意。

在2011年東日本大震災時，核桃丸子湯常被煮來賑濟災民，於是慢慢流傳開來。但說到一舉成名，廣受大衆的認知，一定要歸功於2013年播出的NHK晨間連續劇「小海女」。劇中將這道料理設定爲北三陸市（以久慈市爲範本虛構的舞台）的名產，並說這是一道很奇妙的料理，搞不清楚這是菜餚還是點心。因節目大紅，核桃丸子湯的知名度也隨著飆升。

爲什麼會被說是奇妙的滋味，那是因爲核桃丸子湯是用醬油來調味，理應是鹹食，但湯裡的主角核桃丸子包的卻是核桃和黑砂糖，一咬開來，甜蜜的滋味整個擴散出來，又鹹又甜讓人覺得味蕾都要吵架了。沒吃過的人或許難解箇中滋味，但吃過的人據說很容易上癮，欲罷不能。這麼奇妙，有機會的話不試試看怎行呢。

單字

1. **晴《は》れ食《しょく》**：特殊節慶時吃的食物。日本稱年節喜慶或七五三這種人生中特殊的日子、值得慶賀的場合，稱爲「晴れ」。
2. **訛《なま》る**：發音轉爲與標準語相異的地方口音。
3. **まめまめしい**：勤奮努力的樣子。
4. **次第《しだい》に**：逐漸地。
5. **後押《あとお》し**：推波助瀾。
6. **病《や》み付《つ》き**：成癮。

21

山形県《やまがたけん》の どんがら汁《じる》―

口《くち》に残《のこ》る味《あじ》わいと心《こころ》にしみる温《ぬく》もり

どんがら汁《じる》は、農林水産省選定《のうりんすいさんしょうせんてい》の「農山漁村《のうさんぎょそん》の郷土料理百選《きょうどりょうりひゃくせん》」に選《えら》ばれた、山形県《やまがたけん》の日本海側《にほんかいがわ》に位《い》置《ち》する庄内地方《しょうないちほう》の郷土料理《きょうどりょうり》で、当《とう》地《ち》の冬《ふゆ》の**風物詩**《ふうぶつし》[1]でもある。冬《ふゆ》の日《に》本海《ほんかい》で捕《と》れる寒鱈《かんだら》を頭《あたま》から尻尾《しっぽ》の先《さき》まで丸《まる》ごと豪快《ごうかい》に**ぶつ切り**《ぎ》[2]にし、内臓《ないぞう》も一緒《いっしょ》に煮込《にこ》んだ後《あと》、味《み》噌《そ》で味付《あじつ》けをし、さらに大根《だいこん》、ネギ、豆腐《とうふ》などを加《くわ》え、最後《さいご》に岩海《いわの》苔《り》をのせて食《た》べる。漁師《りょうし》が船上《せんじょう》や浜辺《はまべ》で作《つく》って食《た》べていた料理《りょうり》がルーツとされ、その後《ご》、庄内地方《しょうないちほう》の一般家庭《いっぱんかてい》にも浸透《しんとう》し、学校給食《がっこうきゅうしょく》の献立《こんだて》にも登場《とうじょう》するようになった。

どんがら汁《じる》は寒鱈《かんだら》の身《み》と粗《あら》（頭《あたま》、骨《ほね》、内臓《ないぞう》など）を全《すべ》て用《もち》いることから、当初《とうしょ》は「胴殻汁《どうがらじる》」と呼《よ》ばれていたが、それが変化《へんか》して「どんがら汁《じる》」になったとされる。冬《ふゆ》の産卵期《さんらんき》を迎《むか》えた寒鱈《かんだら》は、身《み》が引《ひ》き締《し》まって脂《あぶら》が乗《の》っており、庄《しょう》内地方《ないちほう》では冬《ふゆ》の一番《いちばん》の贅沢品《ぜいたくひん》だ。

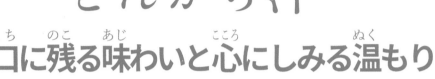

どんがら汁《じる》の主役《しゅやく》はその名《な》の通《とお》り、寒鱈《かんだら》の身《み》以外《いがい》の粗《あら》の部分《ぶぶん》で、中《なか》でも脂《あぶら》の乗《の》った肝《きも》と柔《やわ》らかい白子《しらこ》（精《せい》巣《そう》）は口《くち》の中《なか》で**とろける**[3]ようなしっとりとした食感《しょっかん》で、味《あじ》わいがいつまでも口《くち》の中《なか》に残《のこ》る。また、皮《かわ》と骨《ほね》の周《まわ》りはコラーゲンたっぷりで、美味《おい》しいだけでなく美容《びよう》にもうれしい。

庄内地方《しょうないちほう》では毎年冬《まいとしふゆ》に「寒鱈祭《かんだらまつ》り」が開催《かいさい》される。太鼓《たいこ》の演奏《えんそう》を楽《たの》しめるだけでなく、どんがら汁《じる》が振《ふ》る舞《ま》われるので、そこで味《あじ》わってみるのもいいだろう。普段《ふだん》は庄内地方《しょうないちほう》の主要都市《しゅようとし》である酒田《さかた》、鶴岡《つるおか》、あるいは山形市《やまがたし》の店《みせ》でも食《た》べることができる。ちなみに、青森《あおもり》には山形《やまがた》のどんがら汁《じる》に相当《そうとう》する「じゃっぱ汁《じる》」があり、こちらも鱈《たら》を丸《まる》ごと使《つか》い、野菜《やさい》などと味噌《みそ》で煮込《にこ》んだ鍋料理《なべりょうり》だ。いずれも寒《さむ》さの厳《きび》しい冬《ふゆ》に**うってつけ**[4]の一品《いっぴん》で、心《こころ》の芯《しん》までポカポカ温《あたた》まること**請《う》け合《あ》い**[5]だ。

山形縣魚雜湯——餘韻久久不散，讓人暖到心底

被農林水產省選定爲「農山漁村的鄉土料理百選」的魚雜湯是山形縣近鄰日本海庄內地方的鄉土料理，也是當地的冬季風物詩。這裡的魚雜湯使用的是冬季日本海盛產的寒鱈，將整條魚從頭到尾，豪邁大卸八塊，連同內臟，丟進鍋裡煮沸，用味噌調味之後，再放入蘿蔔、蔥、豆腐等配料，並灑上岩海苔。據說原本是漁夫在船上或岸邊自炊的料理，後來才在庄內地區的一般家庭普及開來，學校的營養午餐也會提供。

由於使用的是整條魚的魚肉和魚雜（魚肉之外，魚頭、魚骨和魚的內臟部分），最初被叫做「胴殻汁《どうからじる》」，之後以訛傳訛就演變成「どんがら汁《じる》」。在冬季正逢產卵期的寒鱈，身體非常的飽滿，並且帶有豐富的脂肪，被視爲庄內地方冬季最奢侈的美味。顧名思義，魚雜湯的主角是指魚肉之外的魚雜部分，特別是帶油的鱈魚肝和鮮嫩的精巢，吃起來綿密細緻，入口卽化，且餘韻久久不散，是最珍貴的部位。另外魚皮和魚骨間含豐富的膠原蛋白質，不僅吃起來夠味，也是美容聖品。

山形縣庄內各地每年冬天都會舉辦「寒鱈祭」，除了大鼓的演奏還會招待來賓魚雜湯，可趁機品嚐看看。平時的話，庄內的酒田、鶴岡兩大主要都市，或山形市的餐廳也吃得到。順道一提的是山形的魚雜鍋也有青森版，叫「しゃっぱ汁《じる》」，同樣是利用一整條鱈魚，以味噌調味，加上蔬菜等配料做成的火鍋，不論是「とんがら汁《じる》」還是「しゃっぱ汁《じる》」，都是嚴冬禦寒的絕佳聖品，喝了保證溫暖到心底。

單字

1. **風物《ふうぶつ》詩《し》**：能充分表現該季節風情的事物。
2. **ぶつ切《ぎ》り**：豪邁地切成大塊狀。
3. **とろける**：融化。
4. **うってつけ**：非常適合的。
5. **請《う》け合《あ》い**：掛保證。

22

宮城県《みやぎけん》の油麩丼《あぶらふどん》—

ヘルシー満点《まんてん》の絶品《ぜっぴん》

油麩《あぶらふ》は宮城県北部《みやぎけんほくぶ》の登米地方《とめちほう》に古《ふる》くから伝《つた》わる食材《しょくざい》で、仙台麩《せんだいふ》とも呼《よ》ばれる。昔《むかし》はお盆《ぼん》に精進料理《しょうじんりょうり》を食《しょく》す風習《ふうしゅう》があり、そのタンパク源《げん》として小麦粉《こむぎこ》のタンパク質成分《しっせいぶん》「グルテン」を植物油《しょくぶつゆ》で揚《あ》げた油《あぶら》麩《ふ》が誕生《たんじょう》した。油《あぶら》っこくなく、栄《えい》養価《ようか》も高《たか》くてヘルシーだ。**日持《ひも》ち**[1]もして、値段《ねだん》も安《やす》いので、地元《じもと》では保存食《ほぞんしょく》として常備《じょうび》する家庭《かてい》も多《おお》い。一般的《いっぱんてき》な油麩《あぶらふ》は長《なが》さ約二十五《やくにじゅうご》〜二十六《にじゅうろく》センチ、直径約五《ちょっけいやくご》センチで、フランスパンのような形《かたち》をしている。煮物《にもの》や味噌汁《みそしる》に使《つか》われることが多《おお》い。

油麩丼《あぶらふどん》は、登米市内《とめしない》のある旅館《りょかん》が、肉《にく》を食《た》べられない人《ひと》のために親子丼《おやこどん》あるいはカツ丼《どん》の代《か》わりとして提供《ていきょう》し始《はじ》めたのが発祥《はっしょう》とされ、それから一般家庭《いっぱんかてい》にも**浸透《しんとう》し**[2]ていった。その後《ご》、ご当地《とうち》B級《きゅう》グルメコンテストに宮城県代表《みやぎけんだいひょう》として何度《なんど》も出品《しゅっぴん》され、『ケンミン

ショー』などの番組《ばんぐみ》でも紹介《しょうかい》されたことから、知名度《ちめいど》が急上昇《きゅうじょうしょう》し、一躍《いちやく》宮城県《みやぎけん》を代表《だいひょう》するB級《きゅう》グルメとなった。

油麩丼《あぶらふどん》の作《つく》り方《かた》自体《じたい》は親子丼《おやこどん》やカツ丼《どん》と同《おな》じだ。鍋《なべ》で沸騰《ふっとう》させた鰹《かつお》のだし汁《じる》に酒《さけ》、みりん、醤油《しょうゆ》を加《くわ》えてから、タマネギや長《なが》ネギなどと油麩《あぶらふ》を入《い》れ、油麩《あぶらふ》に煮汁《にじる》がしみ込《こ》んだら溶《と》き卵《たまご》を入《い》れて完成《かんせい》。**いわば**[3]親子《おやこ》丼《どん》やカツ丼《どん》の主役《しゅやく》が油麩《あぶらふ》になったものだが、油麩《あぶらふ》は汁《しる》を吸《す》いやすいので、だし汁《じる》は多《おお》めに用意《ようい》しなければならない。また、油麩《あぶらふ》は煮《に》込《こ》み過《す》ぎると**歯《は》ごたえ**[4]がなくなってしまうので注意《ちゅうい》が必要《ひつよう》だ。ジューシーな油《あぶら》麩《ふ》とふわふわの卵《たまご》、仕《し》上《あ》げの紅生姜《べにしょうが》がよく合《あ》い、B級《きゅう》グルメではあるが味《あじ》はA級《きゅう》だ。

油麩丼《あぶらふどん》を堪能《たんのう》したいなら、油麩《あぶらふ》の製造《せいぞう》が盛《さか》んな登米市《とめし》に行《い》くのが一番《いちばん》だが、県庁所在地《けんちょうしょざいち》の仙台《せんだい》でも食《た》べられるので、ぜひ一度《いちど》味《あじ》わってみてほしい。また、油麩《あぶらふ》を家族《かぞく》や友人《ゆうじん》へのお土産《みやげ》にすれば、きっと喜《よろこ》ばれるはずだ。

宮城縣油麩丼──健康滿點，風味絕佳

油麩是宮城縣北部登米地方自古相傳的食材，又稱仙台麩，昔日在盂蘭盆節時期，地方上有吃素的風俗，能夠提供蛋白質的油麩便因應而生。油麩是將麵粉的蛋白質成分「麩質」，用植物油油炸而成，清爽不油膩，營養又健康。加上保存期限頗長，價格也便宜，是當地家庭常備的保存食品。油麩長約25～26公分，直徑約5公分，形狀很像法國麵包，常被拿來做煮物或味噌湯。

油麩丼據說是起源是登米市某家旅館，爲了不能吃肉的客人，用油麩來取代親子丼的雞肉和炸豬排丼的豬肉，日後便逐漸滲透至一般家庭。因爲經常代表宮城縣參加日本B級當地美食冠軍賽，與縣民秀等節目的介紹，油麩丼的知名度便大幅攀升，一躍成爲宮城縣代表的B級美食。

油麩丼的製作方法和大家熟悉的親子丼和炸豬排飯一樣，在小鍋內將柴魚高湯煮開，放進酒、味醂、醬油等調味料與洋蔥、長蔥等配料，再加上油麩，使其吸滿湯汁，最後加入打散的雞蛋即可。也就是說將親子丼和炸豬排飯的主角換成油麩就對了。不同的是油麩吸水性較高，使用的柴魚高湯必須多一點。還有，油麩不能煮太久，否則會喪失略帶咬勁的口感。吸滿高湯的油麩，加上鬆軟的雞蛋與畫龍點睛的紅薑，雖爲B級美食，口味可是一級棒。

要品嚐油麩丼，盛產油麩的登米市最方便，另外在縣政府所在地的仙台也吃得到。若有機會很建議當地親自品嚐，同時也別忘了不能同行的親朋好友，帶一些油麩回去分享，會是很好的伴手禮喔。

單字

1. **日《ひ》持《も》ち**：禁得起久放不變質。能以動詞「日持ちする」的形態使用。也常常以「日持ちが良い」的方式使用。
2. **浸透《しんとう》する**：某種風潮或思想廣泛地普及化。
3. **いわば**：所謂的。
4. **歯《は》ごたえ**：嚼勁。

23

福島県《ふくしまけん》の喜多方《きたかた》ラーメン―

モチモチ平打《ひらう》ち縮《ちぢ》れ太麺《ふとめん》とあっさりスープのハーモニー

喜多方《きたかた》ラーメンは福島県喜多方《ふくしまけんきたかた》市発祥《しはっしょう》で、博多《はかた》ラーメン、札幌《さっぽろ》ラーメンと並《なら》ぶ日本三大《にほんさんだい》ラーメンの一《ひと》つだ。その歴史《れきし》は大正末期《たいしょうまっき》から昭和初期《しょうわしょき》に遡《さかのぼ》る。当時《とうじ》、中国出身《ちゅうごくしゅっしん》の潘欽星青年《ばんきんせいせいねん》が、チャルメラを吹《ふ》きながら屋台《やたい》を引《ひ》いて売《う》り歩《ある》いていた支那《しな》そばが喜多方《きたかた》ラーメンの元祖《がんそ》で、それを他《ほか》の店《みせ》が次々《つぎつぎ》に**眞似《まね》し**[1]て普及《ふきゅう》したといわれている。**それほど**[2]歴史《れきし》が古《ふる》いわけではないが、その影響《えいきょう》は関東地方《かんとうちほう》に及《およ》び、全国的《ぜんこくてき》に知《し》られるようになった。

喜多方《きたかた》ラーメンには二《ふた》つの特徴《とくちょう》がある。一《ひと》つは「平打《ひらう》ち熟成多加水麺《じゅくせいたかすいめん》」と呼《よ》ばれる平打《ひらう》ち縮《ちぢ》れ太麺《ふとめん》を使用《しよう》していることだ。一般的《いっぱんてき》な麺《めん》より熟成時間《じゅくせいじかん》が長《なが》く、麺《めん》が太《ふと》い（幅約四《はばやくよん》ミリ）ため、茹《ゆ》で上《あ》がるのに三分以上《さんぷんいじょう》を要《よう》し、弾力《だんりょく》と**コシ**[3]がある。もう一《ひと》つの特徴《とくちょう》は、豚骨《とんこつ》と煮干《にぼ》しをベースにした醤油味《しょうゆあじ》のスープで、他《ほか》の地域《ちいき》のラーメンよ

りあっさりとしていて、油《あぶら》っこさがない。太《ふと》くて平《たい》らな縮《ちぢ》れ麺《めん》がスープを絡《から》め取《と》り、**控《ひか》えめ**4なチャーシュー、メンマ、ネギなどの具材《ぐざい》と絶妙《ぜつみょう》なバランスを生《う》み出《だ》している。一口目《ひとくちめ》からその味《あじ》わいに衝撃《しょうげき》を受《う》け、二口目《ふたくちめ》から癖《くせ》になるだろう。ここ何年《なんねん》かは競争激化《きょうそうげきか》により、どの店《みせ》も味《あじ》やスープに様々《さまざま》な創意工夫《そういくふう》を凝《こ》らすようになっている。食通《しょくつう》にとっては嬉《うれ》しい動《うご》きだ。

喜多方市《きたかたし》は人口《じんこう》わずか五万人余《ごまんにんあま》りだが、ラーメン店《てん》は二百軒以上《にひゃっけんいじょう》あり、ラーメン店《てん》の密度《みつど》は日本一《にほんいち》。朝《ちょう》食《しょく》にラーメンを食《た》べる習慣《しゅうかん》があるほどラーメン好《ず》きな街《まち》だ。喜多方《きたかた》ラーメンは地元《じもと》で本場《ほんば》の味《あじ》を楽《たの》しむのが一番《いちばん》だが、人気《にんき》のラーメンなので他《ほか》の地域《ちいき》でも味《あじ》わうことができる。また、産地直売店《さんちちょくばいてん》や空港《くうこう》の免税店《めんぜいてん》ではパック入《い》りの商品《しょうひん》が販売《はんばい》されているので、家族《かぞく》や友人《ゆうじん》へのお土産《みやげ》にお薦《すす》めだ。

福島縣喜多方拉麵——Q彈的平捲粗麵與清爽高湯的完美組合

與福岡豬骨拉麵、札幌味噌拉麵並稱日本三大拉麵的福島喜多方拉麵，爲發源於福島縣喜多方市的拉麵。其起源要追溯到大正末年、昭和初年。據說當時來自中國的青年潘欽星一邊拉著麵攤，一邊吹著嗩吶，邊走邊賣的中華拉麵爲最初的原點，之後其他店家紛紛仿效，便普遍起來。雖然歷史不算悠久，但已跨出喜多方地區，深深影響關東地方，還名遍日本全國。

喜多方拉麵有兩大特色，一個是使用被稱爲「平打熟成多加水麵」的平捲粗麵。因熟成的時間較長，麵條較粗（寬度約4毫米），煮麵的時間要3分鐘以上，吃起來的口感相當具有彈性與韌性。另一個特色就是湯頭，因使用的是以豬骨和小魚乾爲基底，以及醬油調味，和其他地方的拉麵比較起來，口味清爽不油膩。寬平的捲麵，很容易吸附湯汁，再加上不會喧賓奪主的叉燒、筍乾和青蔥等簡單配料，可說是極爲完美的組合，相信一吃就會驚艷，再吃就會上癮。近年來因競爭激烈，各店推陳出新，在調味與湯頭上也有了不少的創新與變化，饕客們更是有口福了。

喜多方市僅有5萬多人口，卻擁有200多家拉麵店，是日本全國拉麵店密度最高的地區，而且很特別的是這裡的人會把拉麵當早餐，人氣可見一斑。非常建議到發源地品嚐最原始、最純樸的喜多方拉麵。因爲人氣很高，若無機會專訪，日本其他城市也吃得到，另外像是產地直銷店或是機場的免稅店，都買得到包裝好的喜多方拉麵，很適合帶回台灣與親朋好友分享。

單字

1. **眞似《まね》する**：模仿。
2. **それほど**：表示程度之甚。但後面接上否定用法時，表示並非那麼的～。
3. **コシ**：彈力。
4. **控《ひか》えめ**：有所節制的。

句型

●わけではない／というわけではない：並非代表～、並非因爲～

動詞・い形容詞｛普通形｝　わけではない／というわけではない

な形容詞・名詞＋な／である／という　わけではない

例句：

お金《かね》があれば、何《なん》でも買《か》えるわけではない。　並不是只要有錢就能買到任何東西。

関東地方

かん とう ち ほう

24

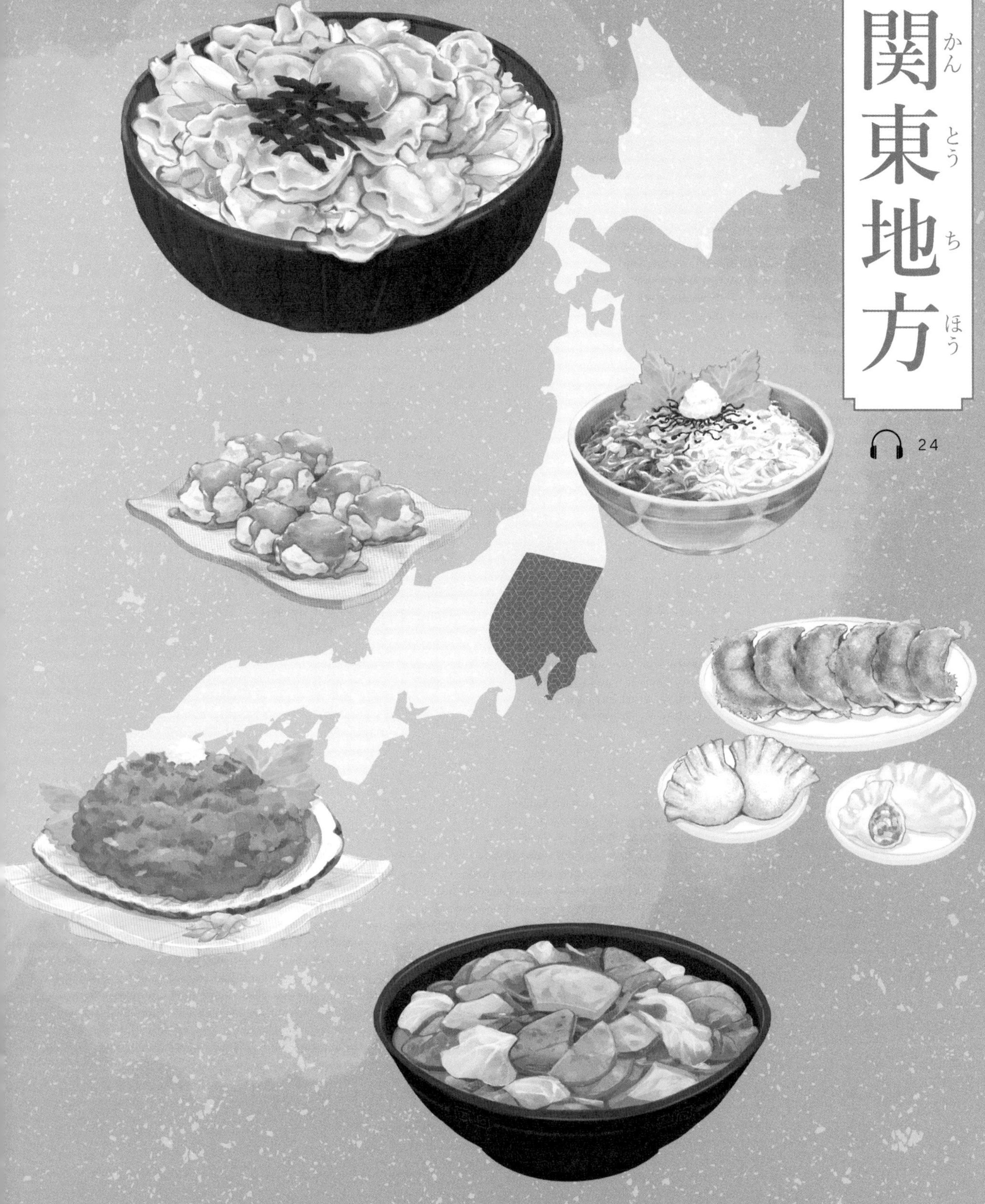

徳川家康《とくがわいえやす》が一六〇三年《せんろっぴゃくさんねん》に江戸《えど》幕《ばく》府《ふ》を創設《そうせつ》する以前《いぜん》、関東《かんとう》は相対的《そうたいてき》に発展《はってん》の遅《おく》れた地域《ちいき》だった。田舎《いなか》大名《だいみょう》や庶民《しょみん》が多《おお》く、特筆《とくひつ》すべき食《しょく》文化《ぶんか》はなかった。

だが、江戸《えど》が実質的《じっしつてき》に日本《にほん》の首《しゅ》都《と》になると、各地《かくち》の大名《だいみょう》や上方《かみがた》（近畿地方《きんきちほう》）の商人《しょうにん》が絶《た》えず江戸《えど》に出入《でい》りするようになり、江戸《えど》を中心《ちゅうしん》とする関東地方《かんとうちほう》の食文化《しょくぶんか》は大《おお》きな発展《はってん》を遂《と》げた。都市発展《としはってん》の原《げん》動力《どうりょく》となったのは商人《しょうにん》などの町人《ちょうにん》で、種類《しゅるい》が豊富《ほうふ》で独創性《どくそうせい》も十分《じゅうぶん》な庶民《しょみん》の美食《びしょく》が関東《かんとう》グルメの主役《しゅやく》となった。東京名物《とうきょうめいぶつ》の天《てん》ぷら、鰻《うな》重《じゅう》、握《にぎ》り寿司《ずし》はいずれもその頃《ころ》に庶民料理《しょみんりょうり》として登場《とうじょう》したものだ。江戸《えど》グルメの重要《じゅうよう》な食材《しょくざい》となったのは「江戸前《えどまえ》」を回遊《かいゆう》するウナギなどの高級魚《こうきゅうぎょ》だった。門前仲町《もんぜんなかちょう》では漁師《りょうし》たちが地元《じもと》でよくとれる貝《かい》類《るい》を使《つか》って作《つく》った有名《ゆうめい》な深川丼《ふかがわどん》が誕生《たんじょう》した。

明治維新後《めいじいしんご》は文明開化《ぶんめいかいか》の旗《はた》のもと、横浜《よこはま》の牛鍋《ぎゅうなべ》（すき焼《や》き）がこの時代《じだい》を象徴《しょうちょう》する存在《そんざい》となった。東京《とうきょう》は帝都《ていと》となり、欧米《おうべい》やアジア各国《かっこく》のグルメが関東《かんとう》に集《あつ》まった。

そして戦前《せんぜん》はラーメンが、戦後《せんご》は餃子《ぎょうざ》が関東《かんとう》の新《あら》たな庶民《しょみん》グルメとして登場《とうじょう》した。東京《とうきょう》と周辺《しゅうへん》の関東《かんとう》各県《かくけん》のグルメから歴史的情緒《れきしてきじょうちょ》が色《いろ》濃《こ》く感《かん》じられるのは、それらが過《か》去《こ》四百年《よんひゃくねん》にわたる日本《にほん》の発展《はってん》と共《とも》に受《う》け継《つ》がれてきた、歴史《れきし》からの贈《おく》り物《もの》だからだ。

關東地方

直到一六零三年德川家康在江戶建立幕府爲止，關東其實是屬於較落後的地區。在此之前，本區多鄉下大名及庶民百姓，飲食文化乏善可陳。

但當江戶實質上成爲日本首都後，各地大名及上方（近畿地區）商人絡繹不絕地往返於江戶，使得以江戶爲首的關東地區食文化有相當大的進步，商人及町人成爲城市發展的源動力，種類衆多又創意十足的庶民美食就變成了本區在地美食的主角。現代東京名聞遐邇的天婦羅、鰻魚飯、握壽司，都是在這個時期以庶民小吃的身分躍上舞台。迴游於「江戶前」（註1）的高級魚類及鰻魚，成爲江戶美食重要素材。門前仲町的漁夫也利用大量唾手可得的貝類，做成聲名遠播的深川丼。

明治維新後高揭文明開化（註2）的大旗，橫濱的牛鍋（壽喜燒）成爲這個時代的象徵。東京成爲帝都，歐美及亞洲鄰國的美食也匯集在整個大關東。戰前的拉麵及戰後的餃子成爲了本區庶民美食的新章篇。東京及鄰近關東各縣的美食，散發著濃厚的歷史浪漫。因爲這是四百年來日本發展史的贈禮。

註1 江戶城所濱臨的海灣，也就是現今的東京灣。

註2 明治時代開始，日本人希望在食衣住行上全面揚棄舊傳統進行西化。以期最終能與歐美各國比肩。

25

東京都《とうきょうと》の深川丼《ふかがわどん》・深川《ふかがわ》めし—

貝《かい》エキスたっぷりの美味《おい》しさ

「深川丼《ふかがわどん》」は、アサリやハマグリなどの貝類《かいるい》とネギ、油揚《あぶらあ》げなどを煮込《にこ》んだ味噌汁《みそしる》をご飯《はん》にかけたもの。同《おな》じ材料《ざいりょう》を米《こめ》と炊《た》き込《こ》んだものは「深川《ふかがわ》めし」と呼《よ》ばれる。前者《ぜんしゃ》は汁《しる》かけ飯《めし》、後者《こうしゃ》は炊《た》き込《こ》みご飯《はん》という違《ちが》いがある。いずれも深川《ふかがわ》（現在《げんざい》の東京都《とうきょうと》江東区《こうとうく》）で生《う》まれた東京《とうきょう》の有名《ゆうめい》な郷土料理《きょうどりょうり》だ。炊《た》き込《こ》みタイプのものを深川丼《ふかがわどん》と呼《よ》ぶ店《みせ》もあり、呼称《こしょう》がはっきりと区別《くべつ》されているわけではないが、どちらも貝類《かいるい》のエキスに他《ほか》の具材《ぐざい》の旨味《うまみ》が加《くわ》わった美味《おい》しい米料理《こめりょうり》であることに**相違《そうい》**[1]はない。店《みせ》や家庭《かてい》によっては具材《ぐざい》にダイコンなどを加《くわ》えたり、**卵《たまご》とじ**[2]にしたりして味《あじ》わいに変化《へんか》を加《くわ》えることもある。

　江戸時代《えどじだい》、深川一帯《ふかがわいったい》は漁業《ぎょぎょう》が盛《さか》んで、豊富《ほうふ》に獲《と》れるアサリやハマグリなどの貝類《かいるい》は深川《ふかがわ》の特産物《とくさんぶつ》だった。それらの貝類《かいるい》を使《つか》って漁《りょう》師《し》たちが船上《せんじょう》で作《つく》って食《た》べていた

料理《りょうり》が深川丼《ふかがわどん》の**ルーツ**[3]とされる。**手早《てばや》く**[4]作《つく》れる上《うえ》に、美味《おい》しく、栄養《えいよう》も豊富《ほうふ》で、忙《いそが》しい時《とき》に手軽《てがる》に味《あじ》わえるため、せっかちな江戸《えど》っ子《こ》にはぴったりの料理《りょうり》だった。一方《いっぽう》、深川《ふかがわ》めしは明治時代《めいじじだい》に**大工《だいく》**[5]が握《にぎ》り飯《めし》として持《も》ち運《はこ》べるように、深川丼《ふかがわどん》をアレンジしたのが始《はじ》まりとされる。**埋《う》め立《た》て**[6]が進《すす》んだ現在《げんざい》でも、この食《しょく》文化《ぶんか》は受《う》け継《つ》がれ、深川丼《ふかがわどん》、深川《ふかがわ》めしを提供《ていきょう》する店《みせ》は数多《かずおお》く残《のこ》っている。清澄白河《きよすみしらかわ》や門前仲町《もんぜんなかちょう》あたりには、深川丼《ふかがわどん》、深川《ふかがわ》めしの幟《のぼり》を掲《かか》げる店《みせ》がたくさんある。

東京《とうきょう》の有名《ゆうめい》な郷土料理《きょうどりょうり》なので、駅《えき》弁《べん》や機内食弁当《きないしょくべんとう》の売店《ばいてん》にも深川《ふかがわ》めし弁当《べんとう》は並《なら》んでおり、グルメ客《きゃく》の目《め》をひくために、東京湾名物《とうきょうわんめいぶつ》のアナゴやハゼが盛《も》り付《つ》けられている。新幹線《しんかんせん》や国内線飛行機《こくないせんひこうき》を利用《りよう》する際《さい》は、この東京名物《とうきょうめいぶつ》の弁当《べんとう》を買《か》ってみてはいかがだろうか。きっと旅行《りょこう》がもっと楽《たの》しくなるはずだ。

東京都深川丼・深川飯
——吸滿貝類精華的美味

把海瓜子、蛤蠣等貝類和蔥、油豆腐等材料做成味噌湯，淋在飯上的叫「深川丼」，將同樣的配料和米一起炊煮的叫「深川飯」，不同的是前者帶有湯汁，狀似湯泡飯，後者爲菜飯。兩者都是誕生在深川（現東京都江東區），爲東京著名的鄉土料理。不過目前也有些店家會把菜飯版的稱爲深川丼，兩者界線不甚明確。不過不論是深川丼還是深川飯，都是利用貝類釋放出來的精華，加上配料，結合米飯製成的美食，吃起來都很夠味。除了上述的基本款，有些餐廳和家庭，還會加上蘿蔔等其他材料，或最後用打散的蛋封起來做變化。

江戶時代深川一帶，以漁業而繁榮，海瓜子、蛤蠣等貝類產量尤豐，爲當時深川的特產。據說深川丼的起源是漁師們利用這些特產，在船上製做的料理。因爲作起來非常迅速，而且味美營養豐富，在忙碌時，很方便立刻享用。對性急的江戶人來說，再合適不過了。至於深川飯，據說是誕生在明治時代，當時的木匠爲了方便攜帶，將深川丼加以變化，做成飯糰。即使舊時的深川一帶已經填海拓地，現在仍然有許多店家提供，像是清澄白河、門前仲町一帶，就有很多店家打著深川丼、深川飯的旗號來傳承這個飲食文化。

因爲是東京著名的鄉土料理，在銷售火車便當或飛機便當的賣店也能看到深川飯的蹤跡，爲吸引更多饕客的目光，還會加上東京灣盛產的星鰻或鰕虎魚來增豔，搭乘新幹線或是國內班機時，不妨買個東京特產的便當，相信一定能增添旅行的情趣喔。

單字

1. **相違《そうい》**：不同之處。
2. **卵《たまご》とじ**：將蛋汁覆蓋在料理或丼飯上的料理方式、或指這種料理。
3. **ルーツ**：根源。
4. **手早《てばや》く**：迅速地處理事務的樣子。
5. **大工《だいく》**：木匠。
6. **埋《う》め立《た》て**：填海造陸，或指填海造出來的陸地。

句型

●**上《うえ》に**：**不止～還加上～**

動詞・い形容詞｛普通形｝　上に

名詞＋の／である・な形容詞＋な　上に

例句：

今日《きょう》は本当《ほんとう》についていないよ。仕事《しごと》でミスした上《うえ》に、友達《ともだち》にドタキャンされちゃった。

今天眞的運氣很差啊。工作上出了差錯，還被朋友放鴿子。

26

埼玉県《さいたまけん》の味噌《みそ》ポテト

おやつ・おかず・おつまみに最高《さいこう》

B

土

味噌《みそ》ポテトは埼玉県秩父地方《さいたまけんちちぶちほう》を代表《だいひょう》する郷土料理《きょうどりょうり》かつB級《きゅう》グルメ。作《つく》り方《かた》は簡単《かんたん》で、蒸《む》したジャガイモを一口大《ひとくちだい》にカットし、水《みず》で溶《と》いた小麦粉《こむぎこ》をつけて揚《あ》げ、味噌《みそ》に酒《さけ》、砂糖《さとう》、みりんを加《くわ》えたタレをかければ完成《かんせい》。衣《ころも》はサクサク、ジャガイモはホクホクで、これに甘辛《あまから》い味噌《みそ》ダレがマッチして美味《おい》しさも満腹感《まんぷくかん》も十分《じゅうぶん》だ。農作業《のうさぎょう》の**合間**《あいま》[1]や**小腹**《こばら》[2]がすいた時《とき》のおやつとして食《しょく》されている。味噌《みそ》ポテトは一九五〇年頃《ねんごろ》から存在《そんざい》するとも、戦前《せんぜん》からあったともいわれている。元々《もともと》は家庭料理《かていりょうり》で、おやつとしてだけでなく、おかず、おつまみとしても老若男女《ろうにゃくなんにょ》から愛《あい》される一品《いっぴん》だったそうだ。

味噌《みそ》ポテトは秩父《ちちぶ》の代表的《だいひょうてき》な家《か》庭料理《ていりょうり》だったが、当初《とうしょ》は秩父以外《ちちぶいがい》での知名度《ちめいど》は低《ひく》かった。だがある時期《じき》から、農作業《のうさぎょう》の合間《あいま》など小腹《こばら》がすいた時《とき》に食《た》べるおやつ「小昼《こちゅう》

飯《はん》」の普及活動《ふきゅうかつどう》が秩父《ちちぶ》で始《はじ》まり、スーパーマーケットや惣菜店《そうざいてん》に味噌《みそ》ポテトが並《なら》ぶようになった。また、二〇〇九年《ねん》の第五回《だいごかい》埼玉《さいたま》B級《きゅう》ご当地《とうち》グルメ王決定戦《おうけっていせん》で優勝《ゆうしょう》し、これを契《けい》機《き》に全国的《ぜんこくてき》な知名度《ちめいど》が向上《こうじょう》した。現《げん》在《ざい》、味噌《みそ》ポテトは秩父《ちちぶ》の観光《かんこう》スポットや道《みち》の駅《えき》、コンビニエンスストアなどでも販売《はんばい》されており、観光客《かんこうきゃく》に大人気《だいにんき》だという。

味噌《みそ》ポテトはシンプルなものの、味《あじ》は家庭《かてい》や店《みせ》によって様々《さまざま》で、味噌《みそ》ダレの甘《あま》さや塩辛《しおから》さを**アレンジ**[3]したり、柚子《ゆず》や香辛料《こうしんりょう》を加《くわ》えて**オリジナリティ**[4]を出《だ》すこともある。秩父《ちちぶ》を旅行《りょこう》で訪《おとず》れた際《さい》は、店《みせ》を何軒《なんけん》か回《まわ》って自分好《じぶんごの》みの味《あじ》を見《み》つけてみるといいだろう。また、作《つく》り方《かた》は簡単《かんたん》で、材料《ざいりょう》も手軽《てがる》に手《て》に入《はい》るものばかりなので、自分《じぶん》で作《つく》ってみるのもお薦《すす》めだ。揚《あ》げるのが**手間《てま》**[5]なら、蒸《む》したジャガイモに直接《ちょくせつ》味噌《みそ》ダレをつけて食《た》べるといい。手軽《てがる》に作《つく》れて満《まん》腹感《ぷくかん》もあるこのおやつ。試《ため》してみない手《て》はない。

琦玉縣味噌馬鈴薯——點心、用餐、小酌的絕佳拍檔

味噌馬鈴薯是琦玉縣秩父地方的鄉土料理和平價代表美食，作法很簡單，只要把馬鈴薯蒸熟，切成一口的大小，再沾上麵粉和水調製而成的麵糊用油炸過，做成天婦羅，最後淋上用酒、糖、味醂和味噌調製的味噌醬即可。鬆軟的馬鈴薯和香酥的麵衣搭配略帶甜味的味噌醬，不僅吃起來非常夠味，還能獲得飽足感，常被用來當作農活休息時間或是肚子有點小餓時的點心。據說在1950年代，甚至是戰前就有這道味噌馬鈴薯的存在，原本是家庭料理，除了被當作點心，也被用來當作下飯的配菜，或是下酒的小菜，廣受男女老少的喜愛。

雖然味噌馬鈴薯是秩父地方經典的家常料理，但一開始對外的知名度並不高，直到秩父發起「小昼飯《こぢゅうはん》」（農活休息時間享用的點心）的普及活動，才開始出現在超市或熟食店。而且直到2009年第5回的琦玉縣B級當地美食決定戰獲得優勝後，知名度才遍及全國，廣受人知。目前在秩父的各處觀光勝地、公路休息站、或便利商店都有銷售，據說深受觀光客的歡迎。

即使是簡單的味噌馬鈴薯，風味也會因各個家庭或店家而異。像是在味噌醬的甜度與鹹度做變化，或增添柚子或是辛香料來凸顯獨家的個性。有機會到秩父觀光的朋友，不妨多跑幾家，尋找中意的口味。因做法簡單，材料垂手可得，也很推薦大家自己做做看。若嫌油炸麻煩的話，也可以直接蒸熟淋上味噌醬即可。這麼方便又能獲得飽足感的點心，不試試看怎行呢。

句型

●～ない手はない：沒有不這樣做的道理。 用於極力推薦。

動詞｛ない形｝ない手はない

例句：

失敗《しっぱい》を生《い》かさない手《て》はない。請好好活用失敗的經驗。

單字

1. **合間《あいま》**：工作與工作間的空檔，閒暇之餘。
2. **小腹《こばら》**：肚子稍爲有什麼狀況時，會使用這個詞。用法如「小腹が空く」（稍微有點兒餓）、「小腹が痛い」（肚子有點痛）。
3. **アレンジ**：將現有或舊的材料重新組合，產出新的東西。
4. **オリジナリティ**：原創品。
5. **手間《てま》**：作某件事情所花費的勞力，或指很花功夫的。

27

神奈川県《かながわけん》のシラス丼《どん》——

口《くち》の中《なか》に広《ひろ》がる新鮮《しんせん》な海《うみ》の味《あじ》わい

神奈川県沿岸《かながわけんえんがん》の茅ヶ崎《ちがさき》、片瀬《かたせ》、逗子《ずし》、葉山《はやま》などいわゆる湘南地方《しょうなんちほう》の名産《めいさん》シラス。そのシラスを使《つか》った神奈川《かながわ》の郷土料理《きょうどりょうり》がシラス丼《どん》だ。シラスは一般的《いっぱんてき》に、生後《せいご》二十《にじゅう》～五十日《ごじゅうにち》のイワシの稚魚《ちぎょ》のことを指《さ》す。低脂肪《ていしぼう》な上《うえ》、タンパク質《しつ》やカルシウム、鉄分《てつぶん》が豊富《ほうふ》な栄養価《えいようか》の高《たか》い食品《しょくひん》として人気《にんき》がある。生《なま》のシラスは鮮度《せんど》が落《お》ちやすく、品質《ひんしつ》管理《かんり》が難《むずか》しいので、通常《つうじょう》は漁獲後《ぎょかくご》すぐに加工場《かこうば》に送《おく》られる。普段《ふだん》最《もっと》も目《め》にする「**釜揚《かまあ》げ**[1]シラス」は生《なま》シラスを塩茹《しおゆ》でしたものだ。

シラス丼《どん》は茹《ゆ》でたシラスをご飯《はん》や酢飯《すめし》の上《うえ》に**たっぷり**[2]とのせ、**おろし**[3]ショウガ、シソ、海苔《のり》などをトッピングし、醤油《しょうゆ》やポン酢《ず》をかけて食《た》べる。シンプルな料理《りょうり》だが、シラスの旨味《うまみ》と柔《やわ》らかな食感《しょっかん》を堪能《たんのう》でき、食《た》べ出《だ》したら止《と》まらない味《あじ》わいだ。また、湘南《しょうなん》に立《た》ち寄《よ》った際《さい》は、ぜひ生《なま》シラス丼《どん》を賞味《しょうみ》し

てほしい。その日《ひ》獲《と》れた新鮮《しんせん》な生《なま》シラスを使用《しよう》した貴重《きちょう》な一品《いっぴん》で、常《つね》に食《た》べられるわけではないからだ。キラキラと**艶《つや》やか**[4]に輝《かがや》く透明《とうめい》な生《なま》シラスは生臭《なまぐさ》みがなく、食感《しょっかん》も滑《なめ》らかで、まるで海《うみ》の味《あじ》が口《くち》の中《なか》に広《ひろ》がるようなたまらない美味《おい》しさだ。シラスは例年《れいねん》、一《いち》～三月《さんがつ》が禁漁期間《きんりょうきかん》で、他《ほか》の時期《じき》も悪天候《あくてんこう》で漁《りょう》に出《で》られない日《ひ》は食《た》べられないので、この美食《びしょく》に**ありつける**[5]かは運《うん》次第《しだい》だ。シラス漁《りょう》のシーズンは四《し》～五《ご》、七《しち》、十月《じゅうがつ》で、特《とく》に十月《じゅうがつ》は一日《いちにち》に二《に》～三回出漁《さんかいしゅつりょう》するので、生《なま》シラスを堪能《たんのう》できる可《か》能性《のうせい》は高《たか》い。

また、観光資源《かんこうしげん》が豊富《ほうふ》な湘南《しょうなん》では、シラス丼《どん》や生《なま》シラス丼《どん》だけでなく、鎌倉《かまくら》、江《え》ノ島《しま》などの観光《かんこう》スポットでシラスコロッケ、シラスソフトクリーム、シラスピザなどのシラスを使《つか》った人気《にんき》グルメを味《あじ》わうこともできる。チャンスがあればぜひ一《いち》度《ど》、口《くち》にしてみてほしい。

神奈川縣魩仔魚丼——擴散在舌尖的新鮮海味

魩仔魚是神奈川縣茅之崎、片瀨至逗子、葉山沿岸等湘南地區的特產。魩仔魚丼則爲此地的鄉土料理。一般所謂的魩仔魚是指剛孵化20、50天的沙丁魚苗，除了低脂肪，還含有豐富的蛋白質、鈣質、鐵質，廣受大衆的喜愛。因爲生的魩仔魚鮮度不易保持，品質也較難控制，通常會在捕獲之後，馬上送到工廠加工處理，像市面最常見的「釜揚《かまあ》げシラス」，就是用鹽水燙過的魩仔魚。

魩仔魚丼是把燙熟的魩仔魚厚厚鋪一層在白飯或醋飯上，加上生薑泥、紫蘇、海苔等配料，最後淋上醬油或香橙醋等特製醬汁即可。簡單的料理手法，卻能充分凸顯魩仔魚的鮮甜，加上柔軟細緻的口感，讓人忍不住一口接一口。若有機會來到產地附近，一定要體驗一下可遇不可求的生魩仔魚丼。因爲生的魩仔魚丼只能使用當天捕獲的新鮮魩仔魚。晶瑩剔透呈透明狀的生魩仔魚，吃起來不僅沒有魚腥味，而且口感滑溜，整個大海的味道在舌尖擴散，非常過癮。1月至3月爲魩仔魚的禁漁期間，其他時期若天氣不好，漁船無法出海捕魚時也吃不到，想要一親芳澤就得靠運氣囉。每年的4～5月、7月、10月是魩仔魚生產的旺季，特別是10月漁師們一天出海2、3次，有很多機會可享受生魩仔魚的滋味。

除了上述的魩仔魚丼和生魩仔魚丼，在擁有豐富觀光資源的湘南地區，還有機會在各處的觀光勝地如鎌倉、江之島吃到使用魩仔魚的各種小吃。像是魩仔魚可樂餅、魩仔魚霜淇淋、魩仔魚披薩等，都深受觀光客的青睞，有機會的話一定要試試看喔。

單字

1. **釜揚《かまあ》げ**：原爲「釜揚げうどん」的簡稱，指剛燙熟直接從鍋中盛到碗裡沾著沾露吃的烏龍麵，在此「釜揚げシラス」指燙熟而未經任何加工料理的魩仔魚。
2. **たっぷり**：滿滿的。
3. **おろし**：將食材磨碎，或指磨碎的食材。
4. **艶《つや》やか**：具有光澤、美麗的樣子。
5. **ありつける**：「ありつく」的可能形，「ありつく」意指長期夢寐以求的東西終於到手。

句型

●**～次第《しだい》だ：根據～而定。**

名詞　次第《しだい》だ／次第《しだい》で／次第《しだい》では

例句：

今度《こんど》のプロジェクトが成功《せいこう》するかどうかは、君《きみ》の努力次第《どりょくしだい》だ。

這次的案子能否成功，就看你的努力了。

28

千葉県《ちばけん》のなめろう・山家焼《さんがや》き——

皿《さら》まで舐《な》めたくなる美味《おい》しさ

なめろうは千《ち》葉《ば》県《けん》で一番人気《いちばんにんき》の郷土料理《きょうどりょうり》。房総半島沿岸《ぼうそうはんとうえんがん》が発祥《はっしょう》で、漁船《ぎょせん》の上《うえ》で作《つく》られていた漁師料理《りょうしりょうり》だ。細《こま》かく**刻《きざ》ん**[1]だアジ、ネギ、ショウガ、ミョウガ、シソの葉《は》に日本酒《にほんしゅ》、味噌《みそ》を加《くわ》え、粘《ねば》り気《け》が出《で》るまで叩《たた》いたもので、アジの代《か》わりにイワシ、サンマ、カツオ、イカを使《つか》うこともある。醤油《しょうゆ》だと揺《ゆ》れる漁船《ぎょせん》の上《うえ》では**こぼれ**[2]てしまうということで、味噌《みそ》で味付《あじつ》けをするようになった。なお、なめろうという名称《めいしょう》は、皿《さら》に残《のこ》った身《み》まで舐《な》めてしまうほど絶品《ぜっぴん》だったことからついたといわれており、**いかに**[3]美《お》味《い》しいかがわかる。

なめろうは新鮮《しんせん》なうちに食《た》べたほうがいいのだが、すぐに食《た》べない場合《ばあい》は「山《さん》家《が》焼《や》き」にするといい。山《さん》家《が》焼《や》きとはなめろうを鉄板《てっぱん》で直接《ちょくせつ》、またはアワビ、ホタテなどの貝殻《かいがら》に詰《つ》めて焼《や》いた料理《りょうり》で、**一《ひと》言《こと》**[4]でいうと「なめろう焼《や》き」

だ。漁師《りょうし》たちが山《やま》へ仕事《しごと》に行《い》く時《とき》に、貝殻《かいがら》になめろうを入《い》れ、山小屋《やまごや》で焼《や》いて食《た》べていたことから山家焼《さんがや》きと呼《よ》ばれるようになったらしい。生《なま》のも焼《や》いたのも地元《じもと》では大変人気《たいへんにんき》がある。**薬味**《やくみ》[5]を加《くわ》えて粘《ねば》り気《け》が出《で》るまで叩《たた》いた魚《さかな》は味《あじ》が濃厚《のうこう》で、生臭《なまぐさ》みがなく、しかも柔《やわ》らかな食感《しょっかん》で、おつまみやおかずに最高《さいこう》の一品《いっぴん》だ。現在《げんざい》は県外《けんがい》の居酒屋《いざかや》でも提供《ていきょう》されている。

なめろうには、山家焼《さんがや》き以外《いがい》の食《た》べ方《かた》もある。そのうちの一《ひと》つが「孫《まご》茶《ちゃ》」と呼《よ》ばれるお茶漬《ちゃづ》けで、なめろうをご飯《はん》の上《うえ》に盛《も》って熱《あつ》いお茶《ちゃ》を注《そそ》ぎ、刻《きざ》み海苔《のり》やネギをのせれば完《かん》成《せい》。食《た》べやすく、消化《しょうか》にもいいので、食欲《しょくよく》のない時《とき》にお薦《すす》めだ。また、なめろうを氷水《こおりみず》にとった「水《みず》なます」という食《た》べ方《かた》もある。**すっきり**[6]とした味《あじ》わいで、食欲《しょくよく》が出《で》ない暑《あつ》い夏《なつ》にぴったりだ。新鮮《しんせん》な魚《さかな》が手《て》に入《はい》ったら、試《ため》しに作《つく》ってみるといいだろう。食欲全開《しょくよくぜんかい》になること間違《まちが》いなしだ。

千葉縣碎切味噌刺身與山家燒——連盤子都想舔乾淨的美味

碎切味噌刺身是千葉縣人氣第一的鄉土料理，發源於房總半島沿岸周邊，爲漁師在船上做來吃的漁師料理。方法是將竹筴魚肉、蔥、薑、茗荷、紫蘇葉切碎，加上日本酒、味噌，再剁到產生黏性爲止。除了竹筴魚，也可以用沙丁魚、秋刀魚、鰹魚、花枝來代替。爲什麼用味噌調味，是因爲漁船會晃動，用醬油調味的話很容易灑出來，所以用味噌取代。至於名稱的由來，是因爲好吃到連最後黏在盤子上的碎切刺身都捨不得放過，硬要舔乾淨而得名，美味的程度可見一斑。

碎切味噌刺身要趁新鮮吃，如果不馬上吃的話也可做成「山家燒」，山家燒是將碎切味噌刺身放在鐵板上或是鮑魚、扇貝殼上經過燒烤的料理，簡而言之就是烤碎切味噌刺身。據說漁師上山工作時會把碎切味噌刺身放在貝殼上，在山上小屋烤來吃，所以被命名爲山家燒，不論是有烤過的或是沒烤過的都深受當地人的喜愛。加上各種佐料剁碎產生黏性的魚肉吃起來味道濃厚，沒有魚腥味，且口感柔軟細緻，是下酒下飯的絕佳聖品，目前在縣外其他城市的居酒屋也吃得到。

除了山家燒，碎切味噌刺身也有其他變化的吃法，例如被稱爲「孫茶」的茶泡飯，只要把碎切味噌刺身放在飯上，澆上熱茶，最後再撒些海苔絲或蔥卽可，吃起來順口又好消化，很推薦在食慾不佳時享用。另外，用冰開水把碎切味噌刺身化開，就是「水膾」，清爽宜人很適合炎熱夏季吃不下飯的時候。若有機會買到新鮮尙青的魚類，不妨動手做做看，相信一定會讓您食慾大開。

單字

1. **刻《きざ》む**：用刀子把東西切得細碎。
2. **こぼれる**：外溢或潑灑出來。
3. **いかに**：如何地。表現程度的推量詞。
4. **一言《ひとこと》**：一個詞、一句話。常用於「一言でいうと」、「一言で言えば」（一言以蔽之）。
5. **薬味《やくみ》**：料理中用來提味的辛香料食材，如蔥、薑、蒜、芥末、辣椒等。
6. **すっきり**：清爽、洗練的。

29

茨城県《いばらきけん》のスタミナラーメン——

パワーみなぎる[1]スタミナ料理《りょうり》

スタミナラーメンは、茨城県《いばらきけん》ひたちなか市《し》、水戸市《みとし》を中心《ちゅうしん》とする郷土料理《きょうどりょうり》。**油通《あぶらとお》し**[2]した豚《ぶた》レバー、カボチャ、ニンジン、キャベツなどの入《はい》った「カシラ」と呼《よ》ばれる醤油《しょうゆ》あんかけを醤油《しょうゆ》ラーメンの上《うえ》にかけたスープ入《い》りの「ホット」と、冷水《れいすい》でしめた麺《めん》にかけるスープなしの「冷《ひ》やし」の二種類《にしゅるい》があり、一年中《いちねんじゅう》いつでも味《あじ》わえる。栄《えい》養豊富《ようほうふ》でスタミナ補給《ほきゅう》にぴったりの豚《ぶた》レバーが入《はい》っていることなどからスタミナラーメンと呼《よ》ばれる。

スタミナラーメンは甘辛《あまから》い味《あじ》で、豆板醤《トウパンジャン》や唐辛子粉《とうがらしこ》で風味《ふうみ》を加《くわ》える店《みせ》も多《おお》い。麺《めん》は歯《は》ごたえのある太《ふと》麺《めん》で、「冷《ひ》やし」なら小麦粉《こむぎこ》の香《かお》りも感《かん》じられる。豚《ぶた》レバーは生臭《なまぐさ》さがなく、食感《しょっかん》も柔《やわ》らかいので、豚《ぶた》レバーは苦手《にがて》という人《ひと》でも美味《おい》しく食《た》べられるだろう。また、柔《やわ》らかいカボチャやシャキシャキのキャベツも入《はい》ってさらに栄養価《えいようか》

アップだ。見《み》た目《め》は**こってり**[3]だが、実際《じっさい》はあっさりとした味《あじ》わいで、広《ひろ》く人気《にんき》を集《あつ》めている。

スタミナラーメンは、一九七〇年《ねん》代《だい》に勝田駅周辺《かつたえきしゅうへん》のラーメン店《てん》店長《てんちょう》だった長井順一氏《ながいじゅんいちし》が考案《こうあん》した。当《とう》時《じ》、豚《ぶた》レバーなどの内臓《ないぞう》は捨《す》てられることが多《おお》く、さらに茨城県《いばらきけん》の野菜《やさい》は安《やす》かった。そこで、学生《がくせい》に安《やす》くて栄養《えいよう》のあるものを食《た》べさせてあげたいという思《おも》いから、この料理《りょうり》を作《つく》り出《だ》したそうだ。つまり、安《やす》くて美味《おい》しいだけでなく、作《つく》り手《て》の愛《あい》も詰《つ》まった料理《りょうり》なのだ。その後《ご》、長井氏《ながいし》は独立《どくりつ》し、水戸市《みとし》に「スタミナラーメン松五郎《まつごろう》」を開店《かいてん》。現在《げんざい》は二代目《にだいめ》に受《う》け継《つ》がれているが、今《いま》でも評判《ひょうばん》を**聞《き》きつけ**[4]た多《おお》くのグルメ客《きゃく》が遠《とお》くからやって来《く》る。スタミナラーメンは同店《どうてん》だけでなく、水戸市《みとし》を中心《ちゅうしん》とする県内四十軒以上《けんないよんじゅっけんいじょう》の店《みせ》で堪能《たんのう》することができ、店《みせ》それぞれに特色《とくしょく》がある。機会《きかい》があれば、ぜひ味《あじ》わってみてほしい。

茨城縣精力拉麵——養精蓄銳的活力料理

精力拉麵是以茨城縣常陸那珂市、水戶市爲中心的鄉土料理，主要以兩種方式提供。一個是將豬肝、南瓜、紅蘿蔔、高麗菜等配料過油後，用醬油調味，再勾芡成芡料（在地人稱爲「kashira」），放在醬油拉麵上的溫麵（稱爲「ホット」），或是將芡料放在用冷水漂涼過的拉麵上的冷麵（稱爲「冷《ひ》やし」），前者帶有湯汁，後者不帶湯汁，一年四季都可享用。至於爲什麼會叫做精力拉麵，主要是因爲餡料裡面放有豬肝，豬肝含豐富營養，是補充精力的名品，故得名。

精力拉麵吃起來味道甜甜鹹鹹的，很多店家都還會加上豆板醬或辣椒粉來增添風味。因使用的是粗麵，富嚼勁與韌性，冷麵還可感受到麵粉的香味。至於芡料，經過處理的豬肝不僅不會有腥味，口感還非常軟嫩，即使平常不喜歡吃豬肝的人也能接受。而鬆軟的南瓜與清脆的高麗菜等配料，更讓營養加分。雖然看起來有點重口味，吃起來卻很清爽，深受大衆的喜愛。

精力拉麵是在1970年代，由勝田車站附近的拉麵店長長井順一所創。據說當時，豬肝等內臟類常被丟棄不用，加上茨城縣的蔬菜很便宜，在這樣的背景之下，爲了讓學生們能吃到便宜又營養的東西，於是創作了這道料理。原來除了美味價廉之外，還包含了創作者滿滿的愛。之後，長井獨立在水戶市開了一家叫「松五郎」的拉麵店，目前已經傳到第二代，至今依然有很多饕客慕名遠道而來，除了松五郎之外，以水戶市爲中心的縣內約有40多家的拉麵店可品嚐到精力拉麵，各有各的特色，有機會不妨一嚐爲快。

單字

1. **みなぎる**：某種力量或情感豐沛旺盛、像是要滿溢出來的樣子。
2. **油通《あぶらどお》し**：將食材過油。
3. **こってり**：油膩的。
4. **聞《き》きつける**：耳聞。語感中有偷聽的意思，近似「立《た》ち聞《ぎ》き」，但在此單純指著從第三者聽到店家的評價、傳聞。常用的有「評判《ひょうばん》を聞《き》きつける」、「噂《うわさ》を聞《き》きつける」。

30

栃木県《とちぎけん》の宇都宮餃子《うつのみやぎょうざ》—

B

パリッとジューシーな焼《や》き餃子《ぎょうざ》から滑《なめ》らか水餃子《すいぎょうざ》まで勢揃《せいぞろ》い[1]

栃木県《とちぎけん》の県庁所在地《けんちょうしょざいち》、宇都宮市《うつのみやし》は餃子《ぎょうざ》で有名《ゆうめい》だ。統計《とうけい》によれば、家庭《かてい》の餃子消費量《ぎょうざしょうひりょう》は日本一《にほんいち》という。ＪＲ宇都宮駅《うつのみやえき》を出《で》ると、餃子《ぎょうざ》のビーナス像《ぞう》が**出迎《でむか》え**[2]てくれる。駅周辺《えきしゅうへん》には無数《むすう》の餃子店《ぎょうざてん》が建《た》ち並《なら》んでおり、餃子《ぎょうざ》の都《みやこ》といっても過言《かごん》ではない。

宇都宮餃子《うつのみやぎょうざ》の歴史《れきし》は、先《さき》の大戦《たいせん》中《ちゅう》、宇都宮《うつのみや》に駐屯《ちゅうとん》していた軍隊《ぐんたい》が中国東北部《ちゅうごくとうほくぶ》に動員《どういん》され、戦後《せんご》、復員《ふくいん》した兵隊《へいたい》が現地《げんち》で覚《おぼ》えた餃子《ぎょうざ》を広《ひろ》めたのが始《はじ》まりとされる。宇都宮《うつのみや》に餃子《ぎょうざ》が根付《ねづ》いた理由《りゆう》としては、宇都宮《うつのみや》の気候《きこう》が内陸性《ないりくせい》で、夏《なつ》は暑《あつ》く冬《ふゆ》は寒《さむ》い気候《きこう》に対応《たいおう》するために栄養豊富《えいようほうふ》な餃子《ぎょうざ》で**スタミナ**[3]をつけたという説《せつ》がある。また、宇都宮《うつのみや》は餃子《ぎょうざ》の材料《ざいりょう》となる小麦《こむぎ》、豚肉《ぶたにく》、ニラなどの産地《さんち》で、餃子《ぎょうざ》を商品化《しょうひんか》しやすかったことも普及《ふきゅう》した背景《はいけい》にあるようだ。餃子消費量《ぎょうざしょうひりょう》で宇都宮《うつのみや》と日本一《にほんいち》を争《あらそ》う浜松《はままつ》（静岡県《しずおかけん》）

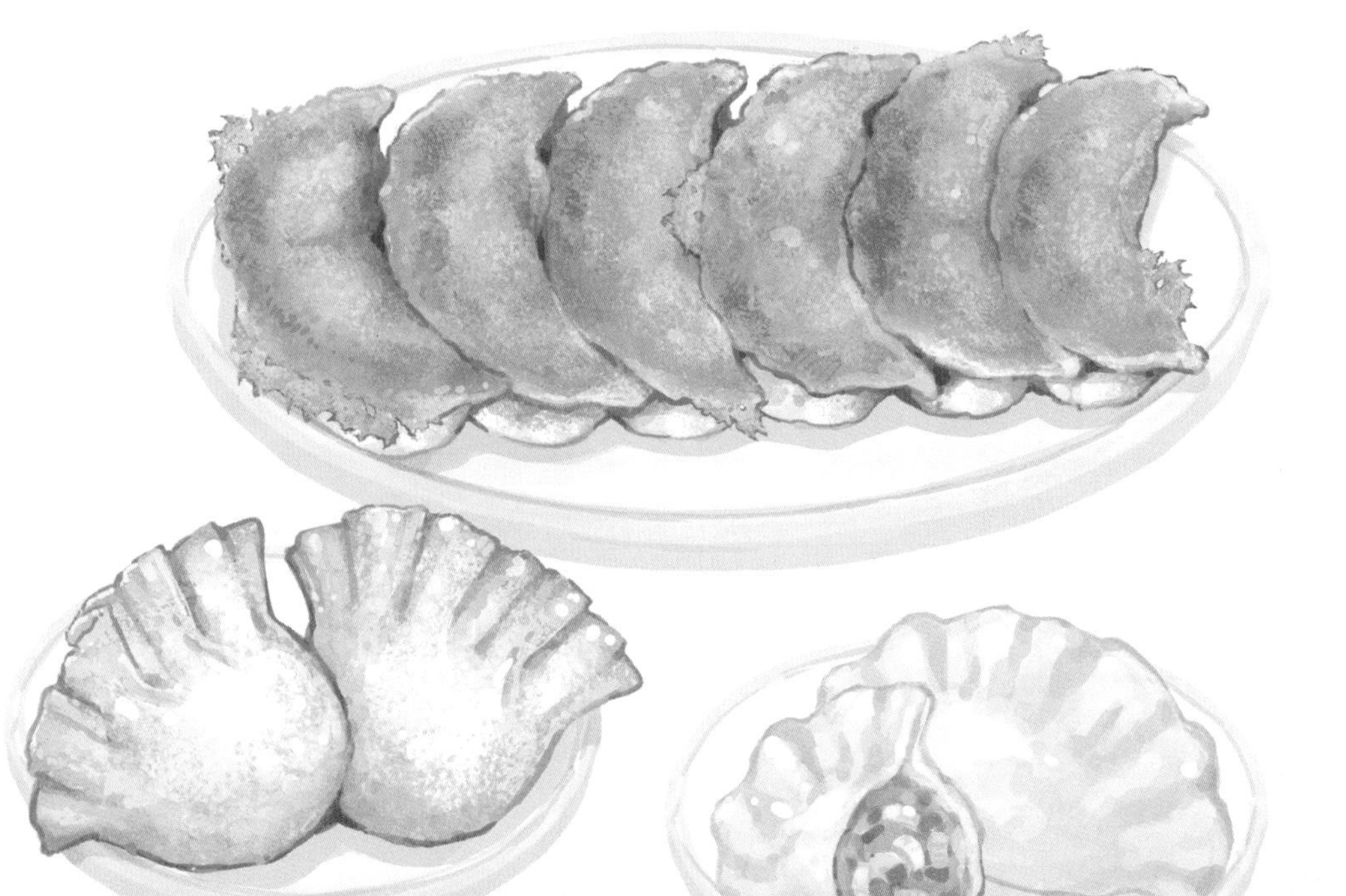

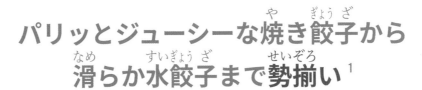

は焼《や》き餃子《ぎょうざ》が中心《ちゅうしん》だが、宇都宮《うつのみや》では焼《や》き餃子《ぎょうざ》ほか、水餃子《すいぎょうざ》、スープ餃《ぎょう》子《ざ》、揚《あ》げ餃子《ぎょうざ》、蒸《む》し餃子《ぎょうざ》など**バラエティーに富《と》み**[4]、使用《しよう》される野菜《やさい》の種類《しゅるい》も豊富《ほうふ》なので飽《あ》きにくい。

宇都宮《うつのみや》は餃子店《ぎょうざてん》が多《おお》いので、どの店《みせ》も**独自色《どくじしょく》**[5]を出《だ》そうと皮《かわ》や餡《あん》はもちろん、タレにまでこだわっている。そのため、自分好《じぶんごの》みの味《あじ》の店《みせ》を見《み》つけるのは容易《ようい》ではない。そこでお薦《すす》めなのが、毎年十一月《まいとしじゅういちがつ》の第一土《だいいちど》日《にち》に宇都宮城址公園《うつのみやじょうしこうえん》で開催《かいさい》される「宇都宮餃子祭《うつのみやぎょうざまつ》り」だ。「宇都宮餃《うつのみやぎょう》子《ざ》会《かい》」の会員《かいいん》がブースを出展《しゅってん》しており、一皿百円《ひとさらひゃくえん》で各店《かくてん》の味《あじ》を**食《た》べ比《くら》べる**[6]ことができる。また、宇都宮市《うつのみやし》内《ない》にある年中無休《ねんじゅうむきゅう》の餃子《ぎょうざ》テーマパーク「来《き》らっせ本店《ほんてん》」（「来《き》らっせ」は栃木《とちぎ》の方言《ほうげん》で「いらっしゃい」の意味《いみ》）に**足《あし》を運《はこ》ぶ**[7]のもいいだろう。常設店舗《じょうせつてんぽ》と日替《ひが》わり店《てん》があり、行列《ぎょうれつ》のできる各名店《かくめいてん》の味《あじ》を効率《こうりつ》よく食《た》べ比《くら》べることが可能《かのう》だ。

栃木縣宇都宮餃子——從脆皮爆汁煎餃到滑溜水餃通通有

栃木縣政府所在地的宇都宮以餃子聞名，據統計家庭餃子的消費量高達日本全國第一。當您跨出JR宇都宮車站，就可看到包著餃子皮的維納斯女神像出迎，而車站周邊也有難以罄數的餃子專門店互相較勁，說是日本的餃子之都一點也不爲過。

據說宇都宮開始吃餃子是在第二次世界大戰之後，屯駐在宇都宮的軍隊因曾出兵中國東北，撤退後便將中國餃子的做法帶回宇都宮。而餃子之所以能在宇都宮根深蒂固，是因爲宇都宮的氣候屬內陸性，夏季酷熱，冬季嚴寒，含豐富營養的餃子剛好可以補充精力，再加上宇都宮盛產麵粉、豬肉、韭菜等餃子的食材，很容易商品化，便普及起來。並稱餃子雙雄的濱松（靜岡縣），主要是以煎餃爲主，而宇都宮除了煎餃，還有水餃、湯餃、炸餃和蒸餃等多樣的種類，且含多樣的蔬菜，吃起來一點也不會膩。

因爲專門店很多，爲凸顯自家的特色，各店家無論是在餃子皮、內餡，甚至是沾料都有獨到工夫與堅持，在這麼多家餃子店中要挑選出自己的對味的店家實屬不易。這時候，很建議大家參加每年１１月的第一個星期六、日，在宇都宮城址公園舉辦的「宇都宮餃子祭」，可在「宇都宮餃子會」會員擺設的攤子，以一盤１００日圓的價格品嚐各家的風味。此外，在平時也可以造訪市內的餃子主題園區「来《き》らっせ」（栃木的方言「いらっしゃい」歡迎光臨的意思）。園內設有常駐店鋪和每日輪替店鋪兩區，可讓大家一次品嚐多家排隊名店的美妙滋味，非常有效率。

單字

1. **勢揃《せいぞろ》い**：爲了某共同目的大量聚集於一處。
2. **スタミナ**：體力、精力、持久力。
3. **バラエティーに富《と》む**：充滿變化。
4. **独自色《どくじいろ》**：非既成、擁有自己旨趣的風格。
5. **食《た》べ比《くら》べる**：相同食材或同一道料理，吃遍不同料理方式或店家做評比。
6. **足《あし》を運《はこ》ぶ**：特地爲了某目的前往某處，通常表達遠道而來的意思。

句型

●～といっても過言《かごん》ではない：**即使說成～也不爲過。**

｛普通形｝といっても過言《かごん》ではない

例句：

彼《かれ》は私《わたし》の命《いのち》の恩人《おんじん》だといっても過言《かごん》ではない。

說他是我的救命恩人一點也不爲過。

31

群馬県《ぐんまけん》の伊勢崎《いせさき》もんじゃ——

いちごシロップ入《い》りの不思議《ふしぎ》な味《あじ》わい

B

もんじゃ焼《や》きといえば、東京下《とうきょうした》町《まち》のもんじゃをイメージする人《ひと》が多《おお》いかもしれない。豊富《ほうふ》な具材《ぐざい》を鉄板《てっぱん》で軽《かる》く炒《いた》めて**土手**《どて》[1]を作《つく》り、**生地**《きじ》[2]を流《なが》し込《こ》んで**とろみ**[3]が出《で》てきたところでかき混《ま》ぜたら完成《かんせい》、というのが一般的《いっぱんてき》なもんじゃだが、群馬県伊勢崎市《ぐんまけんいせさきし》のもんじゃは少《すこ》し違《ちが》っていて、驚《おどろ》きの創意工夫《そういくふう》が凝《こ》らされている。

伊勢崎《いせさき》もんじゃの最大《さいだい》の特徴《とくちょう》は、かき氷用《ごおりよう》のいちご**シロップ**[4]を使用《しよう》することだ。その不思議《ふしぎ》のルーツは明治時代《めいじじだい》に遡《さかのぼ》る。東武伊勢崎線《とうぶいせさきせん》の開通後《かいつうご》、伊勢崎《いせさき》の織物商人《おりものしょうにん》が東京《とうきょう》からもんじゃを持《も》ち帰《かえ》るようになり、それを**きっかけ**[5]にして、子供《こども》向《む》けの駄菓子屋《だがしや》が店内《てんない》の一角《いっかく》に設《もう》けた鉄板台《てっぱんだい》でもんじゃを調理《ちょうり》して提供《ていきょう》するようになった。そんなある日《ひ》、ソースを**切**《き》**らし**[6]たとある駄菓子屋《だがしや》の店主《てんしゅ》が、子供《こども》なら甘《あま》い味《あじ》でも抵抗《ていこう》はないだろうと考《かんが》え、

かき氷用《ごおりよう》のシロップを入《い》れたのが伊勢《いせ》崎《さき》もんじゃの原型《げんけい》になったとされる。

伊勢崎《いせさき》もんじゃは、いちごシロップを入《い》れた「アマ」とカレー粉《こ》を入《い》れた「カラ」の二種類《にしゅるい》が基本《きほん》で、両方《りょうほう》をミックスした「アマカラ」味《あじ》もある。また、東京《とうきょう》のもんじゃはまず具材《ぐざい》を炒《いた》めて土手《どて》を作《つく》るが、伊勢《いせ》崎《さき》もんじゃは具材《ぐざい》と生地《きじ》を混《ま》ぜて焼《や》く。食《た》べたことがない人《ひと》にとっては、その味《あじ》はなかなか想像《そうぞう》できないだろうし、想像《そうぞう》しただけで敬遠《けいえん》したくなる人《ひと》も多《おお》いかもしれない。だが、いちごシロップを入《い》れると、照《て》り焼《や》きソースのような甘辛《あまから》い風味《ふうみ》となり、照《て》り焼《や》きチキンのタレにしても合《あ》いそうだ。伊勢崎《いせさき》もんじゃはシンプルな材料《ざいりょう》を使用《しよう》した素朴《そぼく》な一品《いっぴん》だが、懐《なつ》かしさを感《かん》じさせるところがある。だからこそ、地元《じもと》の人《ひと》に愛《あい》され、家庭《かてい》やお店《みせ》で食《しょく》されているだけでなく、キャンプ先《さき》で作《つく》る料理《りょうり》の一《ひと》つにもなっているのだろう。

群馬縣伊勢崎文字焼——衝擊的粉紅糖漿，不可思議的味道

說到文字焼大家可能馬上連想到東京下町的文字焼，大家所熟悉的文字焼是將豐富的配料撥在鐵板略炒，推成圍堤，再倒入碗裡剩餘的麵糊，待麵糊呈黏稠狀，充分攪拌便大功告成。不過這文字焼一搬到群馬縣的伊勢崎市就變成一道讓人難以想像的創意料理。

伊勢崎文字焼最大的特色就是使用淋在刨冰上的草莓糖漿。要知爲什麼會使用這個不可思議的食材，就得回溯到明治時代。據說是從事紡織品貿易的商人，利用東武伊勢崎線將文字焼從東京帶回伊勢崎市。當時主要是在孩童專用的零食店，利用角落簡單的空間，放上架有鐵板的桌子來提供。某天因醬料不足，店家想到小孩子對甜的東西應該不會抗拒，便靈機一動把刨冰的糖漿加了進去，這便是伊勢崎文字焼的雛型。

現在的文字焼基本上有兩種口味，一個是加了草莓糖漿的「甘」味（甜），一個是加了咖哩粉的「辛」味（鹹），也有將兩者加在一起的「甘辛」味（又甜又鹹）。另外，在製作過程中，東京的文字焼會將炒熟的配料做成圍堤，伊勢崎版是直接把麵糊與配料倒在鐵板上炒。至於口味，沒有嘗試過的朋友應該很難想像，而且光靠想像，搞不好有很多人會敬而遠之。其實加了草莓糖漿的文字焼，吃起來有點像照燒醬的口味，鹹鹹甜甜的，用來做照燒雞肉應該也很搭。雖然伊勢崎文字焼的用料極爲樸素簡單，卻能引人懷舊思古的幽情，難怪深受當地人的喜愛，不論是外食，還是在家享用，甚至外出郊遊野餐時也會做這道文字焼來助興呢。

單字

1. **土手《どて》**：一般指堤防，此處指著文字焼製作過程中，外圍堆成比中央處高起的部分，就像堤防似的。
2. **生地《きじ》**：生麵糊。
3. **とろみ**：黏稠。
4. **シロップ**：糖漿。
5. **きっかけ**：契機。
6. **切《き》らす**：備品用光了。

中部地方

（ちゅう ぶ ち ほう）

32

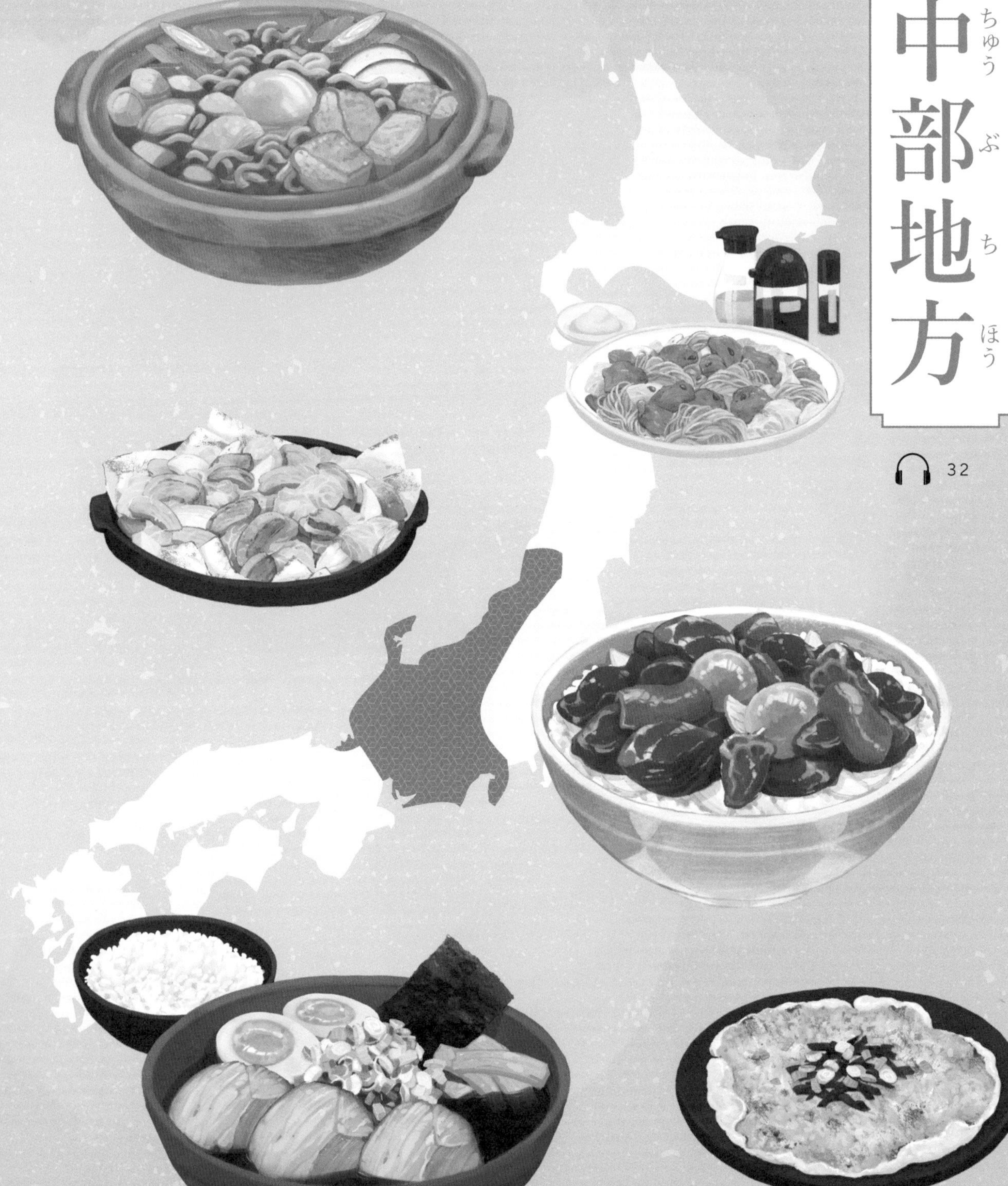

中部地方《ちゅうぶちほう》とは太平洋側《たいへいようがわ》の愛知《あいち》、静岡《しずおか》、岐阜《ぎふ》と北陸地方《ほくりくちほう》の福井《ふくい》、石川《いしかわ》、富山《とやま》から成《な》る地域《ちいき》のこと。いわゆる「甲信越《こうしんえつ》」の山梨《やまなし》、長野《ながの》、新潟《にいがた》を含《ふく》めることもある。様々《さまざま》な地理的環境《ちりてきかんきょう》を有《ゆう》する地域《ちいき》のため、食文化《しょくぶんか》にも多様性《たようせい》がある。

日本海《にほんかい》と太平洋《たいへいよう》の両方《りょうほう》に面《めん》する中部地方《ちゅうぶちほう》のグルメは、親潮《おやしお》と黒潮《くろしお》が運《はこ》んでくる豊富《ほうふ》な海《うみ》の幸《さち》が看板《かんばん》食材《しょくざい》だ。マグロ水揚《みずあ》げ量《りょう》が日本一《にほんいち》の清水港《しみずこう》を有《ゆう》する静岡《しずおか》にはマグロ山盛《やまも》りのマグロ丼《どん》が、福井《ふくい》にはシーズンになると無数《むすう》のグルメ客《きゃく》の食欲《しょくよく》をそそる越前《えちぜん》ガニがある。富山《とやま》では肉体労働《にくたいろうどう》のため濃《こ》い塩味《しおあじ》を好《この》む漁師《りょうし》にぴったりの富山《とやま》ブラックが誕生《たんじょう》した

内陸部《ないりくぶ》の長野《ながの》、山梨《やまなし》などは、稲作《いなさく》に適《てき》した土地《とち》が少《すく》なく、米《こめ》の不足《ふそく》を補《おぎな》うために雑穀《ざっこく》の栽培《さいばい》が行《おこな》われてきたが、そのことが驚《おどろ》きのグルメを生《う》み出《だ》すきっかけとなった。山梨《やまなし》のほうとうは、うどんを野菜《やさい》と一緒《いっしょ》に煮込《にこ》んだものだが、カボチャとゴボウこそがこの料理《りょうり》の命《いのち》なのだと感動《かんどう》させられる。また、中部地方《ちゅうぶちほう》には良質《りょうしつ》の蕎麦《そば》の産地《さんち》が多《おお》く、例《たと》えば、長野《ながの》の小諸《こもろ》の蕎麦《そば》は全国的《ぜんこくてき》にその名《な》を知《し》られる。このほか、岡崎《おかざき》の八丁味噌《はっちょうみそ》は全国的《ぜんこくてき》に珍《めずら》しい赤味噌《あかみそ》で、その歴史《れきし》は古《ふる》い。濃厚《のうこう》な赤味噌《あかみそ》が中部地方《ちゅうぶちほう》のグルメの代名詞《だいめいし》といっても異論《いろん》はないだろう。

中部地方

中部地方是由太平洋側的愛知、靜岡、岐阜，加上北陸地方的福井、石川、富山。有時也會加入俗稱爲「甲信越」的山梨、長野、新潟。本區橫跨了許多地理環境，自然造就出多樣的食文化特色。

由於同時濱臨日本海與太平洋，親潮與黑潮帶來的豐富漁獲也勾勒出本區美食的面貌。靜岡清水港的金槍魚產量是日本第一，鮪魚丼內的鮪魚是堆得像座小山。產季時，福井的越前蟹挑動了無數饕客的食慾。漁業需要重勞力，討海人的口味偏向重鹹，富山縣的黑拉麵因此順勢誕生。

位處內陸的長野、山梨等縣的稻田耕地不足，只能以栽種雜糧的方式補足，卻意外地衍生出令人驚豔的美食。山梨的ほうとう（註1），雖說就是將うどん與野菜同鍋雜煮，卻不禁讓人讚嘆南瓜與牛蒡才是其中的靈魂。中部地方有許多優質的蕎麥產區，例如長野的小諸，發展出享譽全日本的蕎麥麵。岡崎的八丁味噌歷史悠久，是全日本少有的赤味噌（註2）。若說濃郁的赤味噌就是本區美食的代名詞，一定沒人會反對。

註1 山梨縣著名的鄉土料理。據說源自武田軍的陣中食（出兵時的軍用食物）。以うどん佐以各種蔬菜一起燉煮。並以味噌提味。

註2 日本的味噌可依原料之不同可分「米味噌」、「麥味噌」及「豆味噌」。赤味噌是以豆類釀造。風味濃郁口味較重。

33

愛知県《あいちけん》の味噌煮込《みそにこ》みうどん—

噛《か》むほどに香《かお》り広《ひろ》がる濃厚《のうこう》な味《あじ》わい

土

味噌煮込《みそにこ》みうどんは、カツオのだし汁《じる》に八丁味噌《はっちょうみそ》を溶《と》き、鶏肉《とりにく》、油揚《あぶらあ》げ、卵《たまご》、シイタケ、餅《もち》、ネギなどとうどんを加《くわ》えて煮込《にこ》んだ郷土料理《きょうどりょうり》だ。八丁味噌《はっちょうみそ》は名古屋圏《なごやけん》では必須《ひっす》の調味料《ちょうみりょう》で、徳川家康《とくがわいえやす》に**仕《つか》え**[1]た三河武士《みかわぶし》が兵糧《ひょうりょう》として持《も》ち歩《ある》いていたとされる。豆味噌《まめみそ》なので他《ほか》の地域《ちいき》の米味噌《こめみそ》や麦味噌《むぎみそ》より色《いろ》が濃《こ》く、味《あじ》も濃厚《のうこう》だ。また、煮込《にこ》んだ際《さい》に風味《ふうみ》が落《お》ちにくく、味噌《みそ》カツや豆腐田楽《とうふでんがく》といった有名《ゆうめい》な料理《りょうり》の調味料《ちょうみりょう》として用《もち》いられることも多《おお》い。

味噌煮込《みそにこ》みうどんは、戦国時代《せんごくじだい》、武田信玄《たけだしんげん》の陣中食《じんちゅうしょく》だった「ほうとう」が、武田家滅亡後《たけだけめつぼうご》に徳川家《とくがわけ》に召《め》し抱《かか》えられた武田家遺臣《たけだけいしん》によって徳川家《とくがわけ》に伝《つた》えられたのが起源《きげん》といわれている。また、明治時代《めいじじだい》、愛知県一宮市周辺《あいちけんいちのみやししゅうへん》で盛《さか》んだった繊維産業《せんいさんぎょう》に従事《じゅうじ》していた女性従業員《じょせいじゅうぎょういん》たちが、ほうとうを参考《さんこう》にう

どんと具材《ぐざい》を豆味噌《まめみそ》で煮込《にこ》んだものが**広《ひろ》まっ**[2]たという説《せつ》もある。

味噌煮込《みそにこ》みうどんは生《なま》のうどんを**直《じか》に**[3]煮込《にこ》むため、打《う》ち粉《こ》が溶《と》け出《だ》し、汁《しる》にとろみが出《で》る。また、使用《しよう》されるうどんは小麦粉《こむぎこ》と水《みず》だけで作《つく》られ、塩《しお》が入《はい》っていないため、固《かた》くてコシがあり、初《はじ》めて食《た》べる人《ひと》は、**茹《ゆ》で上《あ》がっ**[4]ていないのではないかと思《おも》うかもしれないが、これも味噌《みそ》煮込《にこ》みうどんの特徴《とくちょう》の一《ひと》つで、噛《か》むほどに小麦《こむぎ》の香《かお》りが広《ひろ》がる。また、味噌煮込《みそにこ》みうどんは一人用《ひとりよう》の土鍋《どなべ》で煮立《にた》てる。土鍋《どなべ》の蓋《ふた》には空気孔《くうきこう》がなく、この蓋《ふた》をお碗代《わんが》わりにうどんを**よそっ**[5]て冷《さ》ましながら食《た》べるといい。地元《じもと》ではご飯《はん》と一緒《いっしょ》に食《た》べたり、余《あま》った汁《しる》で雑炊《ぞうすい》にする人《ひと》も多《おお》い。食《た》べると体《からだ》がポカポカ温《あたた》まるので、寒《さむ》さ対策《たいさく》の絶品料理《ぜっぴんりょうり》といっても過言《かごん》ではなく、寒《さむ》い季節《きせつ》に特《とく》にお薦《すす》めだ。名古屋《なごや》では袋入《ふくろい》りやカップ入《い》りの即席《そくせき》タイプも販売《はんばい》されているので、家族《かぞく》や友人《ゆうじん》へのお土産《みやげ》に便利《べんり》だ。

愛知縣味噌烏龍麵——味濃馥郁，越嚼越香

味噌烏龍麵是利用柴魚高湯和八丁味噌調味，再放進雞肉、油豆腐、雞蛋、香菇、年糕、蔥等配料，直接將烏龍麵丟進去熬煮的鄉土料理。八丁味噌爲名古屋圈不可或缺的調味料，據說德川家康的三河武士經常隨身攜帶，來補充能源。和其他地方由米或小麥製成的味噌比較起來，由大豆製成的八丁味噌，顏色較深，味道濃厚，而且不會因爲熬煮而失去風味，因此常被拿來做基本調味，除了味噌烏龍麵，還有味噌炸豬排和豆腐田樂等著名的料理。

味噌烏龍麵據說源自「ほうとう」（餺飥），爲戰國時代武田信玄的軍食，武田家滅亡後，經由德川家雇用的武田遺臣傳進德川家。另外還有一個說法是明治時代愛知縣一宮市周邊因纖維產業興盛，女工們參考餺飥的做法，將材料和調味料用烏龍麵和豆味噌取代，而普遍起來。

因爲是直接把烏龍麵放進調味的湯汁熬煮，表面的麵粉溶化之後，會使湯汁帶有黏性，再加上使用的烏龍麵僅使用水和麵粉不加鹽，吃起來會很硬且帶有韌性，初次品嘗的人或許會嚇一跳，以爲麵沒煮熟呢。不過這樣的麵卻能越嚼越感覺到麥香，這也是特色之一。味噌烏龍麵都是用一人份的砂鍋熬煮而成，因爲鍋蓋沒有空氣孔，食用時可把鍋蓋當作小碗，盛麵後稍微放涼再行食用。當地人也會把味噌烏龍麵拿來配飯，或是吃完麵後，再利用剩餘的湯汁，加入白飯煮成雜炊。非常推薦在寒冷的季節享用，吃起來整個人暖烘烘的，說是禦寒聖品一點也不爲過。在名古屋地區也買得到速食版的袋裝麵和碗麵，很方便和親朋好友分享喔。

單字

1. **仕《つか》える**：侍奉。
2. **広《ひろ》まる**：普及。
3. **直《じか》に**：直接。
4. **茹《ゆ》で上《あ》がる**：煮熟。
5. **よそう**：盛裝。

34

岐阜県《ぎふけん》の鶏《けい》ちゃん—
旨《うま》さの秘密《ひみつ》は特製《とくせい》タレ

鶏《けい》ちゃんは飛騨《ひだ》地方《ちほう》南部《なんぶ》や奥美《おくみ》濃《の》地方《ちほう》の郷土料理《きょうどりょうり》。一口大《ひとくちだい》に切《き》った鶏肉《とりにく》を、味噌《みそ》と醤油《しょうゆ》をベースに ニンニクや唐辛子《とうがらし》などの薬味《やくみ》を加《くわ》えたタレに漬《つ》け込《こ》み、キャベツやタマネギなどの野菜《やさい》と一緒《いっしょ》に鉄板《てっぱん》やフライパンで焼《や》いて食《た》べる。旨《うま》さの秘密《ひみつ》はタレにあり、地元《じもと》のスーパーには**下味《したあじ》**[1]のついた鶏肉《とりにく》がよく並《なら》んでいる。おかずやおつまみにすることが多《おお》いが、最後《さいご》の締《し》めとして、余《あま》ったタレでうどんや焼《や》きそばを作《つく》る人《ひと》もいる。

シンプルな料理《りょうり》ではあるが、店《みせ》によっては**門外不出《もんがいふしゅつ》**[2]の自家製《じかせい》タレを使用《しよう》したり、漬《つ》け込《こ》む時間《じかん》や具《ぐ》材《ざい》を変《か》えたりと独自《どくじ》の工夫《くふう》を**凝《こ》らし**[3]ているため、味《あじ》にはバリエーションがある。主役《しゅやく》の具材《ぐざい》である鶏肉《とりにく》には当初《とうしょ》、肉質《にくしつ》が固《かた》く歯《は》ごたえのある**ひね**[4]鶏《どり》が使用《しよう》されていたが、現在《げんざい》は柔《やわ》らかい若鶏《わかどり》の肉《にく》が主《しゅ》流《りゅう》だ。どちらにも特色《とくしょく》があり、人《ひと》

によって好《この》みは分《わ》かれる。

鶏《けい》ちゃんが食《しょく》され始《はじ》めたのは一九五〇年代《ねんだい》で、ジンギスカンブームが去《さ》った後《あと》のことだ。国策《こくさく》で羊《ひつじ》の飼育《しいく》が奨励《しょうれい》されていたものの、物資《ぶっし》不足《ぶそく》が解消《かいしょう》されたことに加《くわ》え、日本《にほん》人《じん》は従来《じゅうらい》、羊肉《ようにく》を食《た》べる習慣《しゅうかん》がほとんどなかったため、ブームが去《さ》るや羊肉《ようにく》は食卓《しょくたく》から姿《すがた》を消《け》していき、その後《ご》、ジンギスカン用《よう》の鉄板《てっぱん》で、タレに漬《つ》け込《こ》んだ鶏肉《とりにく》を焼《や》いて食《た》べるようになった。当時《とうじ》は多《おお》くの家庭《かてい》で採卵用《さいらんよう》に鶏《にわとり》が飼《か》われていて、歳《とし》をとって卵《たまご》を産《う》めなくなった親鶏《おやどり》の肉《にく》が羊肉《ようにく》に**取《と》って代《か》わっ**[5]たのだ。

鶏《けい》ちゃんは精肉店《せいにくてん》や居酒屋《いざかや》で改良《かいりょう》を加《くわ》えられ、一九七〇年代頃《ねんだいごろ》から普《ふ》及《きゅう》し始《はじ》めた。伊勢湾台風《いせわんたいふう》の復旧工事《ふっきゅうこうじ》に続《つづ》いて高度経済成長《こうどけいざいせいちょう》に突入《とつにゅう》し、**至《いた》る所《ところ》**[6]が工事現場《こうじげんば》となり、肉体労働《にくたいろうどう》者《しゃ》にとって栄養豊富《えいようほうふ》な鶏《けい》ちゃんは最《さい》高《こう》のスタミナ食《しょく》だった。機会《きかい》があれば、ぜひ一度《いちど》食《た》べてみてほしい。

岐阜縣雞肉味噌蒜味燒——精心調製的醬汁是美味的關鍵

雞肉味噌蒜味燒是南飛驒和奧美濃地方的鄉土料理。作法是將雞肉切成一口的大小，放進以味噌、醬油爲基底，以及蒜頭、辣椒等佐料所製成的醬汁中醃至入味，再和高麗菜、洋蔥等蔬菜，用鐵板或平底鍋炒熟。這道料理醬汁是美味的關鍵，現成醃好的雞肉在當地的超市也很常見。一般多拿來下酒配飯，也有人會在食後把剩餘的醬汁用來煮烏龍麵或炒麵，迎接完美的終結。

雞肉味噌蒜味燒的烹調方式雖然簡單，但會因爲各家巧思與獨門功夫展現多樣的滋味，像是使用門外不出的獨門醬汁、變化醃製的時間與配料等等。順道一提的是這道料理的主角，剛開始是使用的是老母雞，肉質較硬，但有嚼勁。目前的主流是使用雛雞，口感較爲柔軟，不過兩派各有特色，也有各自的支持者。

雞肉蒜味燒大約是在五〇年代開始被食用，時間正好是在成吉思汗烤羊肉退流行之後。過去因國家政策獎勵養羊，在物資不足的問題解決之後，再加上日本人本來就不太吃羊肉，熱潮一過，羊肉便急速消失在餐桌上。爲了利用剩下的成吉思汗烤鍋，於是把羊肉換成醃好的雞肉烤來吃。會使用雞肉是因爲當時很多家庭都會飼養母雞來生蛋，過了幾年下不了蛋的老母雞就被拿來代替羊肉。

雞肉味噌蒜味燒是在經過精肉店與居酒屋的改良之後，於七〇年代開始普及起來，當時正逢伊勢灣颱風復興工程後的經濟高度成長期，各地到處都是工地，營養豐富的雞肉蒜味燒便成了這些體力勞動者最佳能量補給來源。有機會的話一定要試試看。

單字

1. **下味《したあじ》**：料理前事先醃入味。
2. **門外不出《もんがいふしゅつ》**：非常重要的技術絕不外流。
3. **凝《こ》らす**：專心一意、將心思集中在某件事。
4. **ひね**：老成的。
5. **取《と》って代《か》わる**：取而代之。
6. **至《いた》る所《ところ》**：到處。

句型

～に加《くわ》え：**不僅～還加上……。**

名詞　に加《くわ》え

例句：

新発売《しんはつばい》されたマスクは、**防疫効果《ぼうえきこうか》に加《くわ》え**、保湿《ほしつ》や紫外線《しがいせん》カットなどの機能《きのう》も備《そな》えている。

新上市的口罩，除了有防疫效果，還具備了保濕和防紫外線等功能。

35

静岡県《しずおかけん》の たまごふわふわ—

日本最古《にほんさいこ》の卵料理《たまごりょうり》

たまごふわふわは、**煮《に》立《た》て**[1]た鰹《かつお》と昆布《こんぶ》の出汁《だし》に**泡《あわ》立《だ》て**[2]た卵《たまご》を流《なが》し入《い》れ、蓋《ふた》をして蒸《む》した卵料理《たまごりょうり》だ。その名《な》の通《とお》り、見《み》た目《め》はスフレのようにふわふわで、口《くち》に入《い》れると溶《と》けてしまうほどしっとりとした食感《しょっかん》だ。出汁《だし》の香《かお》りもいい。日本《にほん》最古《さいこ》の卵料理《たまごりょうり》で、茶碗蒸《ちゃわんむ》しの原型《げんけい》といわれている。

名前《なまえ》**こそ**[3]かわいいが、実《じつ》は**由緒《ゆいしょ》**[4]ある料理《りょうり》で、江戸時代初期《えどじだいしょき》の一六二六年《ねん》に徳川家光《とくがわいえみつ》が京都《きょうと》の二《に》条城《じょうじょう》で後水尾天皇《ごみずのおてんのう》をもてなした際《さい》にも出《だ》されたそうだ。また、一八一三年《ねん》に大阪《おおさか》の豪商《ごうしょう》・升屋《ますや》平《へい》右衛門《えもん》が書《か》いた『仙台下向日記《せんだいげこうにっき》』には、袋井宿《ふくろいしゅく》での朝食《ちょうしょく》にたまごふわふわが出《で》てきたと記《しる》されており、十返舎一九《じっぺんしゃいっく》の『東海道中膝栗毛《とうかいどうちゅうひざくりげ》』では茶店《ちゃみせ》の食事《しょくじ》に登場《とうじょう》する。**かの**[5]有名《ゆうめい》な新撰組隊長《しんせんぐみたいちょう》、近藤勇《こんどういさみ》の大好《だいこう》物《ぶつ》でもあったらしい。当時《とうじ》は豪商《ごうしょう》や上級武士《じょうきゅうぶし》しか食《た》べられない高級《こうきゅう》

料理《りょうり》だったという。

今《いま》では静岡県袋井市《しずおかけんふくろいし》の名物料理《めいぶつりょうり》となっている。袋井市《ふくろいし》がどのあたりにあるのか知《し》らない人《ひと》も多《おお》いだろうが、東海道五十三次《とうかいどうごじゅうさんつぎ》のちょうど中間《ちゅうかん》の元宿場町《もとしゅくばまち》で、宿《やど》の朝食《ちょうしょく》でたまごふわふわが出《だ》されていた。この料理《りょうり》に**目《め》を付《つ》け**[6]たのが袋井市観光協会《ふくろいしかんこうきょうかい》だ。**まちおこし**[7]の一環《いっかん》として、市《し》内《ない》の飲食店《いんしょくてん》と江戸料理研究家《えどりょうりけんきゅうか》の協力《きょうりょく》のもと、当時《とうじ》の文献《ぶんけん》を参考《さんこう》にこの日《に》本最古《ほんさいこ》の卵料理《たまごりょうり》を再現《さいげん》し、PRを進《すす》めた。そして二〇〇七年《ねん》の第二回《だいにかい》B-1グランプリへの出場《しゅつじょう》をきっかけに、その名《な》が全国的《ぜんこくてき》に知《し》られることになった。

材料《ざいりょう》は卵《たまご》と出汁《だし》だけなので、興味《きょうみ》があれば、ぜひ作《つく》ってみてほしい。注意点《ちゅういてん》は、卵《たまご》は泡立《あわだ》つまでよくかき混《ま》ぜること、そして蒸《む》らす時《とき》にあまり強火《つよび》にしないことだ。なお袋井市《ふくろいし》では、たまごふわふわをアレンジしたケーキ、パン、アイスなど、今《いま》の時代《じだい》にマッチした創作《そうさく》グルメを提供《ていきょう》する店《みせ》も登場《とうじょう》している。

靜岡縣蓬蓬雞蛋──日本最古老的雞蛋料理

蓬蓬雞蛋煮是將打成泡的雞蛋放入煮沸的柴魚昆布高湯中，蓋上鍋蓋燜煮而成的雞蛋料理。做出來的雞蛋煮正如其名，外型看起來蓬蓬的，感覺有點像是舒芙蕾，而且吃起來口感綿密細緻，入口卽化，並且帶有怡人的高湯清香。據說是日本最古老的雞蛋料理，也是茶碗蒸的前身。

蓬蓬雞蛋煮這個名稱聽起來很可愛，卻來歷不淺，據說在江戶時代初期一六二六年，德川家光就曾在京都的二条城用這道料理款待過後水尾天皇。此外，在一八一三年大阪富商升屋平右衛門的「仙台下向日記」中，也提到在袋井宿旅館的早餐有蓬蓬雞蛋煮。而十返舍一九的『東海道中膝栗毛』一書，也出現被當作茶屋料理提供的場景。大名鼎鼎的新撰組局長「近藤勇」據說也很喜歡吃雞蛋蓬蓬煮，是過去只有政商名流才吃得到的高級料理。

現在蓬蓬雞蛋煮成了靜岡縣袋井市的名物料理，說到袋井市的地理位置或許大家不太熟悉，其實袋井市曾是東海道五十三次正中間的宿場町，當時旅館的早餐就有提供蓬蓬雞蛋煮。爲了地方振興，袋井市觀光協便著眼於這道料理，透過地方餐飲店的合作與江戶料理研究家的建議，按照舊時文獻，重現這道日本最古老的雞蛋料理並積極向外推廣，因二〇〇七年的第二回B-1冠軍賽名遍全國。

有興趣的朋友，不妨自己動手做做看，材料非常簡單，只需雞蛋和高湯。不過要注意蛋要打到完全起泡，燜煮時火也不要開太大。爲了因應當今時代的需求，袋井市還買得到蛋糕、麵包和冰淇淋的創新變化版，將蓬蓬蛋發揮到極致。

單字

1. **煮立《にた》てる**：煮滾。
2. **泡立《あわだ》てる**：打出許多泡沫。
3. **こそ**：強調前接的事物或原因。
4. **由緒《ゆいしょ》**：經歷、來頭不小。
5. **かの**：衆人皆知的那個、那位。
6. **目《め》を付《つ》ける**：看上、特別關注。
7. **まちおこし**：地方自治團體以振興當地經濟、文化、產業爲目標興起之活動。

36

山梨県《やまなしけん》の鳥《とり》もつ煮《に》—
ご当地《とうち》お墨付《すみつ》きの美味《おい》しさ

鳥《とり》もつ煮《に》は山梨県《やまなしけん》甲府《こうふ》のご当地《とうち》グルメ。砂肝《すなぎも》、レバー、ハツ、キンカン（産卵前《さんらんまえ》の卵《たまご》）などのもつを醤油《しょうゆ》と砂糖《さとう》ベースのタレで煮《に》た料理《りょうり》だ。一九五〇年頃《ねんごろ》、それまで捨《す》てられていた鳥《とり》もつを有効利用《ゆうこうりよう》しようと甲府《こうふ》市内《しない》の蕎麦屋《そばや》が考案《こうあん》したのが始《はじ》まりとされる。

もつ煮《に》はたっぷりの煮汁《にじる》で**じっくり**[1]煮込《にこ》んだものが多《おお》いが、甲府《こうふ》鳥《とり》もつ煮《に》の特徴《とくちょう》は少量《しょうりょう》のタレを強《つよ》火《び》でサッと煮《に》る「照《て》り煮《に》」という調理法《ちょうりほう》にあり、タレの糖分《とうぶん》により表面《ひょうめん》に照《て》りを出《だ》し、もつの旨味《うまみ》を封《ふう》じ込《こ》め、独特《どくとく》の食感《しょっかん》を残《のこ》す。甘《あま》辛《から》いその味《あじ》わいはメインのおかず、蕎麦《そば》の付《つ》け合《あ》わせ、酒《さけ》のつまみになり、丼物《どんぶりもの》にしても美味《おい》しいので地元《じもと》で人気《にんき》があり、蕎麦屋《そばや》や定食《ていしょく》屋《や》、居酒屋《いざかや》などで提供《ていきょう》されている。

二〇〇八年《ねん》、甲府《こうふ》鳥《とり》もつ煮《に》を地《ち》域《いき》ブランドにしようと甲府市《こうふし》でまちおこし団体《だんたい》「みなさまの縁《えん》を**と**

りもつ[2]隊《たい》」が**発足《ほっそく》し**[3]た。二〇一一年《ねん》には、二〇一〇年《ねん》のB-1グランプリで優勝《ゆうしょう》した甲府鳥《こうふとり》もつ煮《に》をベースに、甲府《こうふ》を訪《おとず》れる人《ひと》の利便性《りべんせい》を**図《はか》る**[4]ため、調理方法《ちょうりほうほう》や具材《ぐざい》などの基準《きじゅん》をクリアした鳥《とり》もつ煮《に》を提供《ていきょう》する店《みせ》に**お墨《すみ》付《つ》き**[5]を与《あた》える「甲府鳥《こうふとり》もつ煮認定店制度《ににんていてんせいど》」が導入《どうにゅう》された。認定《にんてい》には、（一）甲府鳥《こうふとり》もつ煮《に》で甲府《こうふ》を元気《げんき》にすること（二）おもてなしの心《こころ》をもって提供《ていきょう》すること（三）砂《すな》肝《ぎも》、レバー、ハツ、キンカンが入《はい》っていること（四）注文《ちゅうもん》を受《う》けた後《あと》に生《なま》の食材《しょくざい》から調理《ちょうり》すること（五）タレは醤油《しょうゆ》と砂糖《さとう》をベースとすること——の五箇条《ごかじょう》を満《み》たす必要《ひつよう》があり、認定店《にんていてん》は店先《みせさき》に「甲府鳥《こうふとり》もつ煮《に》のぼり旗《ばた》（註）」を立《た》てることができる。甲府《こうふ》では認定店《にんていてん》を探《さが》せば安心《あんしん》と言《い》える。地元《じもと》の物産店《ぶっさんてん》では眞空《しんくう》パックの鳥《とり》もつ煮《に》も販売《はんばい》されているので、足《あし》を運《はこ》んでみるといいだろう。

山梨縣雞內臟煮——經過認證的美味

雞內臟煮爲山梨縣甲府地方特有的美食，是用雞胗、雞肝、雞心和雞卵丹（產前的雞卵）等內臟，以醬油和砂糖烹調而成。這道料理誕生於一九五〇年，是甲府市內的一家蕎麥麵店爲了活用當時被丟棄的雞內臟所創。

一般的內臟煮大部分是花費長時間、用大量的湯汁燉煮而成，但甲府的雞內臟煮卻是以獨特的「照《て》り煮《に》」手法，用大火在短時間內將醬汁的水分收乾做成糖漿巴附在雞內臟上，使呈現漂亮的光澤。這樣的料理方式可鎖住雞內臟的鮮甜，並保持各部內臟獨特的口感，鹹鹹甜甜的滋味，除了當作主菜，還可用來搭配蕎麥麵、當作下酒菜，或直接做成蓋飯，廣受當地人的喜愛，不論是蕎麥麵店、定食店還是居酒屋都吃得到。

爲了振興地方，讓甲府雞內臟煮成爲當地的品牌，甲府市政府在二〇〇八年組成「撮和大家緣分隊」，而且爲了讓這道曾經在二〇一〇年 B-1 美食大賽奪冠的好味道持續下去，在二〇一一年成立了「甲府雞內臟煮認證店制度」，對於內臟煮的烹調方式、配料等細節制定出一定的標準，方便顧客尋找口味道地的店家。要通過認證，必須遵守下列五項守則。一、藉由甲府雞內臟煮爲甲府帶來朝氣與活力。二、抱持熱情款待的心來提供。三、要放雞胗、雞肝、雞心和雞卵丹。四、接受點餐後才用生的食材烹煮。五、醬汁要用醬油和砂糖做基底。通過這些考驗的店家會在門口放上「甲府雞內臟煮認證」的旗子提供辨識，若有機會前往甲府，找經過認證的店家就對了。而當地的物產店也銷售眞空包裝的雞內臟煮，不妨也參考看看哦。

註のぼり旗《はた》：即「のぼり」，意指廣告用、直立於地面上的旗幟。有別於「旗《はた》」只有一個邊被固定住，「のぼり」則是由數個被稱爲「ちち」的部分固定在橫豎兩方向的竿子上。通常，「旗《はた》」的材質較厚硬，「のぼり」材質較輕軟容易隨風飄揚；「旗《はた》」多用來當作比賽場合加油或交通指揮等，「のぼり」多用於店家放在店面周邊宣傳吸引客人、或於活動會場周邊作指引。

單字

1. **じっくり**：十分仔細地。
2. **とりもつ**：於兩者間斡旋、保持兩者的良好關係。
3. **発足《ほっそく》する**：組織團體發起某個活動。
4. **図《はか》る**：追求、致力於。
5. **お墨《すみ》付《つ》き**：權威人士的背書。

37

長《なが》野《の》県《けん》のローメン——

自《じ》分《ぶん》好《ごの》みに味《あじ》付《つ》けできるグルメ

B

「ローメン」は長野県《ながのけん》伊那市《いなし》のご当《とう》地《ち》グルメ。当初《しょ》は「炒肉麺（チャーローメン）」という名称《めいしょう》だったが、ラーメンブームに乗《の》って、**いつしか**[1]「ローメン」と呼《よ》ばれるようになったという。

ローメンにはスープ麺《めん》タイプと焼《や》きそばタイプの二種類《にしゅるい》がある。前者《ぜんしゃ》は醤油《しょうゆ》ベースの**マイルド**[2]な味《あじ》で、高齢者《こうれいしゃ》に人気《にんき》があり、後者《こうしゃ》はソース**仕立《じた》て**[3]の濃《こ》い味《あじ》で、若者《わかもの》**向《む》き**[4]だ。**いずれも**[5]蒸《む》した茶色《ちゃいろ》の太《ふと》い中華麺《ちゅうかめん》と羊肉《ようにく》を使用《しよう》している。

ローメンは一九五五年《ねん》に伊那市内《いなしない》の中華料理店《ちゅうかりょうりてん》が考案《こうあん》した。当時《とうじ》は冷蔵庫《れいぞうこ》が普及《ふきゅう》していなかったため、

麺《めん》を蒸《む》すことで翌日《よくじつ》まで日持《ひも》ちさせていたこと、さらに伊那地方《いなちほう》は羊毛《ようもう》産業《さんぎょう》が盛《さか》んで、羊肉《ようにく》が安《やす》く手《て》に入《はい》ったことから、ローメンが誕生《たんじょう》したといわれている。

ローメンの最大《さいだい》の特徴《とくちょう》は、食《た》べる人《ひと》が自分好《じぶんごの》みに味付《あじつ》けができる点《てん》だ。初《はじ》めて食《た》べる人《ひと》は、なぜこんなに味《あじ》が薄《うす》いのかと疑問《ぎもん》に思《おも》うことも多《おお》いらしい。実《じつ》は大半《たいはん》の店《みせ》では基本《きほん》的《てき》な味付《あじつ》けしかしておらず、テーブルに置《お》かれた醤油《しょうゆ》、酢《す》、ゴマ油《あぶら》、ウスターソース、七味唐辛子《しちみとうがらし》、カレー粉《こ》などで客《きゃく》が自由《じゆう》に味付《あじつ》けができるようになっている。まずはそのまま食《た》べ、それから順《じゅん》に調味料《ちょうみりょう》を加《くわ》えて様々《さまざま》な味《あじ》わいを楽《たの》しむのがお薦《すす》めだ。蒸《む》した麺《めん》は一般的《いっぱんてき》なラーメンの麺《めん》や焼《や》きそばの麺《めん》よりコシがあり、炒《いた》めた羊肉《ようにく》は濃厚《のうこう》な味《あじ》わいで深《ふか》みがある。

ローメンは今《いま》では地元《じもと》にすっかり定着《ていちゃく》している。伊那市内《いなしない》にはローメンを提供《ていきょう》する店《みせ》が九十軒《きゅうじゅっけん》以上《いじょう》あり、家庭《かてい》の食卓《しょくたく》や学校《がっこう》の給食《きゅうしょく》にもよく登場《とうじょう》する。しかも、六月四日《ろくがつよっか》が「ローメンの日《ひ》」になっているほどだ。伊那市《いなし》に足《あし》を運《はこ》ぶことがあれば、ぜひ一度《いちど》味《あじ》わってみてほしい。きっと印象深《いんしょうぶか》い思《おも》い出《で》となるはずだ。

長野縣羊肉炒麵——能享受自己調味樂趣的美食

「ローメン」（羊肉炒麵）是長野縣伊那市的在地美食，剛推出時叫「炒《チャー》肉麵《ローメン》」，不知何時就變成了「ローメン」，據稱很可能是遇到拉麵熱潮，爲了跟上流行，而改稱「ローメン」。

羊肉炒麵有兩種，一種是像拉麵有湯的型態，一種是像炒麵沒湯的型態。前者主要是以醬油調味，味道較溫和，多受老年人的喜愛，後者則是醬汁，味道較爲濃厚，很適合年輕人。兩者的共同點都是使用蒸成茶色的中華粗麵和羊肉。羊肉炒麵創始於一九五五年伊那市內的一家中華料理店，據說當時因冰箱還不普遍，爲了讓麵能保存到隔天，於是把麵蒸熟。再加上當時伊那地方盛行羊毛產業，羊肉能便宜入手，就這樣蒸熟的中華麵遇見了羊肉就成了羊肉炒麵。

羊肉炒麵最大的特色就是「顧客可按自己的喜好來完成調味」。據說很多初次品嘗羊肉炒麵的人心裡都會冒問號，怎麼如此平淡無味？原來大部分的店家只做基礎調味。也因此每家店的桌面上都會擺滿醬油、醋、麻油、辣醬油、辣椒粉、咖哩粉等多樣的調味料讓顧客自行發揮。建議先吃一口原味，再分階段嘗試調味，就能領會其中的奧妙。蒸過的麵吃起來會比一般的拉麵或炒麵較有嚼勁，加上味道濃厚的炒羊肉，非常耐人尋味。

目前羊肉炒麵已根深蒂固在當地人的生活中。除了伊那市內有九〇家以上的飲食店提供這道料理，家庭的餐桌和學校的營養午也經常出現，甚至在六月四日還定爲「羊肉炒麵日」呢。有機會造訪伊那市的話，不妨嚐嚐看，相信一定會留下深刻的記憶。

單字

1. **いつしか**：不知從過去的何時開始。
2. **マイルド**：溫和的。在此形容味覺，也可形容人的個性。
3. **仕立《した》て**：以某目標爲目的、做成那樣風格的。在此前面加了名詞「ソース」，故「仕《し》」的讀音變成「仕《じ》」。
4. **向《む》き**：適合某對象的。前面加上名詞。
5. **いずれも**：無論何者。

38

富山県《とやまけん》の富山《とやま》ブラック――
眞《ま》っ黒《くろ》スープの秘密《ひみつ》

B

「富山《とやま》ブラック」は、富山県《とやまけん》富山市《とやまし》の代表的《だいひょうてき》なラーメンだ。その名《な》の通《とお》り、眞《ま》っ黒《くろ》なスープが特徴《とくちょう》で、見《み》た目《め》の**インパクト**[1]だけで興味《きょうみ》を**そそられる**[2]。一九五五年頃《ねんごろ》、市内《しない》のラーメン店《てん》「大喜《たいき》」が、食《た》べ盛《ざか》りの若者《わかもの》や肉体労働者《にくたいろうどうしゃ》のために、塩分補給《えんぶんほきゅう》ができ、さらに彼《かれ》らが**持参《じさん》し**[3]ていたご飯《はん》にも合《あ》う「おかず」として、塩気《しおけ》を濃《こ》くしたスープのラーメンを作《つく》ったのが始《はじ》まりだ。この前代未聞《ぜんだいみもん》の一品《いっぴん》はすぐに話題《わだい》となり、他《ほか》の店《みせ》が追随《ついずい》したことから普及《ふきゅう》していった。

スープが眞《ま》っ黒《くろ》なのはイカスミや竹炭《たけすみ》を入《い》れているからではないのかと思《おも》うかもしれないが、実際《じっさい》は煮込《にこ》んで濃縮《のうしゅく》された濃口醤油《こいくちしょうゆ》の色《いろ》で、そのため味《あじ》は塩辛《しおから》いが、鶏《とり》がらと魚介類《ぎょかいるい》の出汁《だし》がベースのため、極度《きょくど》に塩辛《しおから》いわけではな

い。麺《めん》はやや太《ふと》くて硬《かた》く、コシがある。具《ぐ》は定番《ていばん》のメンマ、煮卵《にたまご》、ノリ、大量《たいりょう》のネギと味《あじ》の染《し》み込《こ》んだチャーシューを使用《しよう》。チャーシューの脂身《あぶらみ》がスープに溶《と》けて、コクのある滑《なめ》らかな味《あじ》わいを**堪能《たんのう》**[4]できる。胡椒《こしょう》の刺激的《しげきてき》な辛味《からみ》もいい。

富山《とやま》ブラックには美味《おい》しく味《あじ》わうための正《ただ》しい食《た》べ方《かた》がある。まずはチャーシュー、メンマ、ネギなどの具《ぐ》をスープの中《なか》でよく混《ま》ぜること。全《すべ》ての具《ぐ》をスープに**なじませる**[5]ことで味《あじ》が均等《きんとう》になるのだ。次《つぎ》に、なるべくご飯《はん》と一緒《いっしょ》に食《た》べ、ラーメンの塩辛《しおから》さを中和《ちゅうわ》させること。最後《さいご》にスープはあまり、あるいは全《まった》く飲《の》まないようにすること。塩分《えんぶん》が濃《こ》いので飲《の》み過《す》ぎると大量《たいりょう》の水《みず》が欲《ほ》しくなってしまうからだ。

北陸新幹線《ほくりくしんかんせん》の開通《かいつう》により、東京《とうきょう》•首都圏《しゅとけん》から富山《とやま》までの所要時間《しょようじかん》は二《に》時間余《じかんあま》りに短縮《たんしゅく》され、ご当地《とうち》グルメを堪能《たんのう》しに行《い》きやすくなった。地元《じもと》では富山《とやま》ブラックのカップラーメンや袋入《ふくろい》りの冷蔵《れいぞう》タイプも販売《はんばい》されているので、家族《かぞく》や友人《ゆうじん》へのお土産《みやげ》にお薦《すす》めだ。

富山縣黑拉麵——黑湯頭的秘密

被稱爲「富山《とやま》ブラック」的富山黑拉麵，是富山縣富山市的代表美食。正如其名漆黑的湯頭是富山黑拉麵的一大特色，光是視覺的衝擊，就非常引人矚目。黑拉麵是在一九五五年左右，由富山市內的拉麵店「大喜」所創。店主爲了讓正會吃的年輕人和幹粗活的工人們有合適的「菜餚」可搭配自行攜帶的米飯，便將自家拉麵的湯頭刻意做得鹹一點，既好下飯，又可補充體力消耗後的鹽分。這前所未有的滋味很快就成爲話題，之後因多家麵店跟進，逐漸普遍起來。

爲什麼湯頭是黑色的，或許很多朋友會以爲是不是用了花枝的墨囊或竹炭。其實黑色的湯頭來自經過熬煮濃縮的黑醬油，也因此味道偏鹹。幸好湯底是以雞骨和魚貝類熬製而成，吃起來不至於死鹹。黑拉麵使用的麵條較粗較硬，且帶有嚼勁，至於配料除了常見的筍干、滷蛋、海苔、大量的蔥，還有煮得非常入味的叉燒，叉燒適當的油脂融化在湯中，吃起來更香醇順口，加上胡椒，的確會帶給味蕾不小的衝擊。

要駕馭黑拉麵，吃法要對，否則滋味會大大減分。第一要把叉燒、筍干、蔥等配料充分和湯頭攪拌，讓配料均勻沾上湯汁，這樣吃起來口味才會一致。第二就是最好配飯吃，如此一來鹹度適中。最後記得不要喝太多湯，甚至可以不要喝，因爲偏鹹，喝完很可能要打破水缸。

因北陸新幹線的開通，從東京等首都圈到富山只要二個多小時，很方便繞道一訪品嚐道地的滋味。另外，當地也買得到黑拉麵的碗裝泡麵和冷藏袋裝麵，也可以買回家和親朋好友分享喔。

單字

1. **インパクト**：物理或心理上的衝擊。
2. **そそる**：誘發某種情感或行爲。
3. **持参《じさん》する**：自備。
4. **堪能《たんのう》**：充分地滿足。
5. **なじませる**：「なじむ」的使役形，意指使融入、合爲一體。

39

石川県《いしかわけん》のＴＫＧＹ――
ご飯《はん》・醤油《しょうゆ》・生卵《なまたまご》の絶妙《ぜつみょう》な組《く》み合《あ》わせ

B

ＴＫＧＹとは「卵《たまご》・かけ・ご飯《はん》・焼《や》き」の略《りゃく》で、石川県白山市《いしかわけんはくさんし》鶴《つる》来《ぎ》地区《ちく》の新《あら》たなご当地《とうち》グルメのこと。鶴来《つるぎ》は日本三名山《にほんさんめいざん》の一《ひと》つ、白《はく》山《さん》の**麓**《ふもと》[1]にあり、白山《はくさん》の**伏流水**《ふくりゅうすい》[2]を使用《しよう》した醤油《しょうゆ》、味噌《みそ》、麹《こうじ》、酢《す》、清《せい》酒《しゅ》の醸造業《じょうぞうぎょう》が盛《さか》んで、醸造《じょうぞう》の町《まち》として知《し》られる。ＴＫＧＹは鶴来《つるぎ》商《しょう》工会青年部《こうかいせいねんぶ》が町《まち》おこしのために、地元《じもと》の水《みず》、米《こめ》、醤油《しょうゆ》を使用《しよう》して開《かい》発《はつ》したもの。ＴＫＧＹの誕生《たんじょう》は、同青年部《どうせいねんぶ》が**打《う》ち上《あ》げ**[3]で訪《おとず》れたお好《この》み焼《や》き店《てん》で、一人《ひとり》の部員《ぶいん》が**何気《なにげ》なく**[4]卵《たまご》かけご飯《はん》を鉄板《てっぱん》で焼《や》き、それが意外《いがい》に美味《おい》しいと好評《こうひょう》を博《はく》したのがきっかけといわれている。そこで、地元《じもと》のグルメ大会《たいかい》に出展《しゅってん》したところ、一日《いちにち》で八百食《はっぴゃくしょく》を完売《かんばい》。市民《しみん》からの反響《はんきょう》も良《よ》く、**やがて**[5]市《し》内《ない》でＴＫＧＹを提供《ていきょう》する店《みせ》が登場《とうじょう》した。

卵《たまご》かけご飯《はん》は日本《にほん》でかなり普及《ふきゅう》している家庭料理《かていりょうり》で、ご飯《はん》に生卵《なまたまご》

を乗《の》せ、醤油《しょうゆ》をかけてかき混《ま》ぜるだけのものだ。TKGYは卵《たまご》かけご飯《はん》が進化《しんか》したものと言《い》え、フライパンで両面《りょうめん》を少《すこ》し焦《こ》げた**香《こう》ばしい**[6]香《かお》りが出《で》るまで焼《や》き、最後《さいご》に刻《きざ》みネギと海苔《のり》を添《そ》えれば完成《かんせい》。見《み》た目《め》はお好《この》み焼《や》きに酷似《こくじ》しており、外《そと》は**カリッと**[7]、中《なか》はふんわりとしていて、とても美味《おい》しい。店《みせ》によってはあんかけをかけて天津飯風《てんしんはんふう》にしたり、明太子《めんたいこ》、チーズ、ハムを乗《の》せてピザ風《ふう》にしたりするところもある。興味《きょうみ》があれば、ぜひ一度《いちど》作《つく》ってみてほしい。手慣《てな》れてきたら独自《どくじ》の味《あじ》を開発《かいはつ》してみるのもいいだろう。

ちなみに、TKGYは「鶴来《つるぎ》・から・元気《げんき》と・勇気《ゆうき》を」の略称《りゃくしょう》でもある。この鶴来《つるぎ》のご当地《とうち》グルメを食《た》べて、元気《げんき》と勇気《ゆうき》でいっぱいになってほしいという開発当初《かいはつとうしょ》の願《ねが》いが込《こ》められているのだ。美味《おい》しくて栄養《えいよう》もあるTKGYを食《た》べれば、たしかに元気《げんき》と勇気《ゆうき》が自然《しぜん》と湧《わ》いてくる。

石川縣 TKGY——白米醬油生雞蛋的絕妙融合

TKGY 爲日語「たまごかけごはん焼《や》き」（生雞蛋拌飯燒）的略語，是石川縣白山市鶴來地區新興的當地美食。位於日本三大名山之一白山山腳的鶴來，利用白山伏流水的醬油、味噌、麴、醋、酒的釀造業非常興盛，有釀造之都的美稱。TKGY 是由鶴來商工會青年部爲了地方振興，利用鶴來當地的水、米和當醬油開發而成。據說開發的契機是青年部在御好燒店舉辦慶功宴時，某位成員隨意將生雞蛋拌飯放在鐵板上煎烤，意外深獲好評，於是青年部便在當地的美食大會設攤嘗試銷售。沒想到當天八〇〇份很快就一掃而光，而且獲得很多市民回響，不久在白山市內便開始有店舖提供 TKGY。

生雞蛋拌飯是日本非常普遍的家庭料理，只要把生雞蛋放在飯上，淋上醬油，再加以攪拌卽可食用。TKGY 可說是生雞蛋拌飯的進化版，只要把生雞蛋拌飯放在平底鍋上將兩面煎得有些焦香，再灑些蔥和海苔卽可。外型酷似御好燒，吃起來外面焦脆，裡面鬆軟，非常美味。除了上述的基本款，也有些店家會淋上芡汁做成像天津飯、或是放上明太子、起士或火腿做成像披薩。有興趣的朋友不妨動手試試看，一旦上手，還可挑戰自己獨創的口味。

TKGY 還有一個含意，那就是「T＝鶴《つる》来《ぎ》，K＝から，G＝元《げん》気《き》と，Y＝勇《ゆう》気《き》を」（從鶴來獲得元氣與勇氣），這是創始之初對這道料理寄予的期許，希望大家吃了這道鶴來的地方料理，能夠獲得滿滿的元氣與勇氣。的確，吃了這麼美味又營養的 TKGY，自然會湧現元氣和勇氣囉。

單字

1. **麓《ふもと》**：山腳下。
2. **伏流水《ふくりゅうすい》**：地下水。
3. **打《う》ち上《あ》げ**：原指舞台劇或相撲等活動終止，現在多指某項工作的結束、或爲慶祝工作結束的或動、宴席。
4. **何気《なにげ》なく**：原形「何気《なにげ》ない」，不經意的。
5. **やがて**：不久之後。
6. **香《こう》ばしい**：香氣，通常指食物煎烤後的香氣。
7. **カリッと**：咬下堅硬東西的聲音、或食物酥脆貌。

40

福井県《ふくいけん》の越前《えちぜん》おろし蕎麦《そば》——あっさり美味《おい》しい健康食《けんこうしょく》

土

越前《えちぜん》おろし蕎麦《そば》は、主《おも》に福井県《ふくいけん》嶺北地方《れいほくちほう》で食《しょく》されている郷土料理《きょうどりょうり》。茹《ゆ》でてから水《みず》に**さらし**[1]た蕎麦《そば》にたっぷりの大根《だいこん》おろしをのせ、鰹《かつお》だしのつゆをかけて食《た》べる「ぶっかけ」や、大根《だいこん》おろしを加《くわ》えたつゆに浸《ひた》して食《た》べる「つけそば」など、食《た》べ方《かた》は店《みせ》や家庭《かてい》によって異《こと》なるが、削《けず》り**たて**[2]の鰹節《かつおぶし》や刻《きざ》み海《の》苔《り》をトッピングする点《てん》は共通《きょうつう》している。麺《めん》は蕎麦《そば》の実《み》を殻《から》まで**挽《ひ》き込《こ》ん**[3]だ蕎麦粉《そばこ》を使用《しよう》しているため、色《いろ》が濃《こ》く、風味《ふうみ》が強《つよ》い。また、強力粉《きょうりきこ》を**つなぎ**[4]に使《つか》っているため、やや硬《かた》めで歯《は》ごたえがある。少《すこ》し辛味《からみ》のきいた大根《だいこん》おろしも独《どく》特《とく》の味《あじ》わいを醸《かも》し出《だ》している。

蕎麦《そば》は成長《せいちょう》が速《はや》く、約七十五日《やくななじゅうごにち》で収穫《しゅうかく》できるため、古《ふる》くから天災《てんさい》や戦時《せんじ》に備《そな》えての栽培《さいばい》が奨励《しょうれい》されてきた。越前《えちぜん》おろし蕎麦《そば》の起源《きげん》は四百年《よんひゃくねん》以上前《いじょうまえ》の江戸時代《えどじだい》、府中《ふちゅう》（現在《げんざい》の越前市《えちぜんし》）の領主《りょうしゅ》として赴《ふ》

任《にん》してきた本田富正《ほんだとみまさ》が、京都《きょうと》から蕎《そ》麦職人《ばしょくにん》を連《つ》れてきたことが始《はじ》まりとされる。名前《なまえ》の由来《ゆらい》については、一九四七年《ねん》に昭和天皇《しょうわてんのう》が福井県《ふくいけん》を訪《ほう》問《もん》された際《さい》、おろし蕎麦《そば》を二杯《にはい》もお召《め》し上《あ》がりになり、皇居《こうきょ》にお戻《もど》りになった後《あと》も「あの越前《えちぜん》の蕎麦《そば》は大変《たいへん》美味《おい》しかった」と何度《なんど》も語《かた》られるほど**お気《き》に召《め》し**[5]たようで、それから「越前蕎麦《えちぜんそば》」という名《な》が定着《ていちゃく》したという逸話《いつわ》がある。

福井県《ふくいけん》は日本屈指《にほんくっし》の長寿県《ちょうじゅけん》で、越《えち》前《ぜん》おろし蕎麦《そば》は健康食《けんこうしょく》**として**も注目《ちゅうもく》を集《あつ》めている。蕎麦《そば》は動脈硬化《どうみゃくこうか》や高《こう》血圧《けつあつ》の予防《よぼう》に効果的《こうかてき》なルチンを多《おお》く含《ふく》んでいる。また、大根《だいこん》おろしも栄《えい》養《よう》があり、消化《しょうか》を助《たす》けるため、積極《せっきょく》的《てき》に食《た》べるようにするといいだろう。新蕎麦《しんそば》が**出回《でまわ》る**[6]のは十一月下《じゅういちがつげ》旬《じゅん》ごろなので、香《かお》り高《だか》い蕎麦《そば》を味《あじ》わいたいなら、この時期《じき》に訪《おとず》れるのがお薦《すす》めだ。一度《いちど》食《た》べたら、きっと病《や》み付《つ》きになるだろう。

福井縣越前蘿蔔泥蕎麥麵——清涼爽口、營養美味的健康食

越前蘿蔔泥蕎麥麵主要是福井縣嶺北地方的鄉土料理。吃法因店家或家庭而異，有的是「ぶっかけ」（涼麵），也就是把煮好用水漂涼的蕎麥麵加上份量十足的蘿蔔泥再淋上柴魚醬油。有的是「つけそば」（沾麵），也就是把蘿蔔泥放進沾麵的醬汁裡攪拌沾來吃。另外，不論哪種吃法，都會加上剛削好的柴魚片和海苔絲等配料。越前蕎麥麵是由帶殼的蕎麥粉製作而成，顏色較深，風味也較濃厚，因爲還摻有強力粉，吃起來的口感較硬且帶有嚼勁，加上略帶辣味微嗆的蘿蔔泥，別有特殊的風味。

蕎麥成長得很快，大約七十五天就可收成，自古以來就被獎勵當作天災或戰時備用的食糧。說到越前蘿蔔蕎麥麵的起源，則要回溯到四百多年前的江戶時代。據說當時府中（現越前市）領主本田富正赴任時，有一起帶著京都的蕎麥麵師傅。至於爲什麼會稱爲越前蕎麥麵，據說是一九四七年昭和天皇造訪福井縣時，非常中意這道料理，還連吃兩份，而且回到皇居之後仍念念不忘，說了好幾次「那個越前的蕎麥麵眞是好吃啊」，自此一傳十、十傳百，就被稱爲越前蕎麥麵，原來這名稱還有這樣的故事。

福井縣是日本屈指可數的長壽縣，目前蘿蔔泥蕎麥麵正被視爲健康食而備受矚目。蕎麥麵含有豐富的蘆丁，能有效防止動脈硬化和高血壓，加上蘿蔔泥營養又容易消化，更有益於健康，很推薦大家多吃。每年十一月下旬是新蕎麥麵上市的時節，此時蕎麥麵的香味比平時更勝一籌，推薦大家此時來享用，相信一定會上癮喔。

單字

1. **さらす**：將蔬菜等食物浸泡在水裏、去除澀味。
2. **たて**：接在動詞連用形後，表示剛剛完成某動作。
3. **挽《ひ》き込《こ》む**：碾碎並混入其中。
4. **つなぎ**：黏著劑。
5. **お気《き》に召《め》す**：非常中意，「気《き》に入《い》る」的尊敬語。
6. **出回《でまわ》る**：大量出現於市面上。

句型

●～として：**以～的身分或立場。**

名詞　として

例句：

名作《めいさく》『ベルサイユのバラ』の主人公《しゅじんこう》オスカルは、男《おとこ》として育《そだ》てられている。

名作《凡爾賽玫瑰》中的主角奧斯卡，被當作男孩撫養成人。

41

新潟県《にいがたけん》のへぎ蕎麦《そば》—
麺《めん》に隠《かく》された秘密《ひみつ》

へぎ蕎麦《そば》は、新潟県《にいがたけん》魚沼地方《うおぬまちほう》発祥《はっしょう》の蕎麦《そば》。蕎麦《そば》のつなぎに「布海苔《ふのり》」という海藻《かいそう》を使《つか》っているのが最大《さいだい》の特徴《とくちょう》だ。魚沼地方《うおぬまちほう》は古《ふる》くから麻織物《あさおりもの》の生産《せいさん》が盛《さか》んで、皺《しわ》と**毛《け》羽立《ばだ》ち**[1]を防《ふせ》ぐため、糊付《のりづ》けの際《さい》に布海苔《ふのり》を使用《しよう》していた。同地方《どうちほう》では小麦《こむぎ》が栽培《さいばい》されていなかったため、蕎麦《そば》のつなぎにはヤマイモや卵《たまご》が用《もち》いられていたのだが、ある人物《じんぶつ》が試《ため》しに布海苔《ふのり》を使《つか》ってみたのをきっかけに、織物文化《おりものぶんか》と蕎麦《そば》の食文化《しょくぶんか》が融合《ゆうごう》したこの郷土料理《きょうどりょうり》が誕生《たんじょう》した。

布海苔《ふのり》を使用《しよう》しているため、へぎ蕎麦《そば》は緑《みどり》**がかっ**[2]た色《いろ》をしており、さらに一般《いっぱん》の蕎麦《そば》よりコシが強《つよ》く、**ツルツル**[3]とした食感《しょっかん》が特徴《とくちょう》だ。また、魚沼地方《うおぬまちほう》では、蕎麦《そば》の薬味《やくみ》として使用《しよう》されることの多《おお》いワサビが栽培《さいばい》されていなかったため、当初《とうしょ》はカラシが使《つか》われ、これも特色《とくしょく》の一《ひと》つだったが、ワサビが

広《ひろ》く流通《りゅうつう》するようになると、ワサビも用《もち》いられるようになった。

へぎ蕎麦《そば》は、その名《な》の通《とお》り、「**へぎ**[4]」と呼《よ》ばれる、**剥《は》ぎ板《いた》**[5]で作《つく》った四角《しかく》い器《うつわ》に**盛《も》り付《つ》け**[6]て供《きょう》される。冷水《れいすい》にさらした蕎麦《そば》を一口程度《ひとくちていど》に**小《こ》分《わ》け**[7]し、丸《まる》めて並《なら》べる盛《も》り付《つ》け方《かた》で、その姿《すがた》はまるで織物《おりもの》の糸《いと》のようだ。また、手《て》を振《ふ》るように盛《も》り付《つ》けることから「手《て》振《ぶ》り蕎麦《そば》」とも呼《よ》ばれている。通常《つうじょう》は三《さん》～四人前《よにんまえ》が盛《も》り付《つ》けられ、何人《なんにん》かで**取《と》り囲《かこ》ん**[8]で食《た》べるのも特徴《とくちょう》だ。

へぎ蕎麦《そば》は、「越後十日町小嶋《えちごとおかまちこじま》屋《や》」の創業者《そうぎょうしゃ》によって考案《こうあん》され、発《はっ》展《てん》したといわれている。何度《なんど》も皇室《こうしつ》に献上《けんじょう》され、皇居《こうきょ》で天皇《てんのう》から謝辞《しゃじ》を受《う》けたこともあるほど由緒《ゆいしょ》ある名品《めいひん》なのだ。現在《げんざい》は、小嶋屋本店《こじまやほんてん》のある十日町市《とおかまちし》や、小千谷市《おぢやし》、長岡市《ながおかし》などで地元《じもと》ならではのへぎ蕎麦《そば》を味《あじ》わうことができる。この独特《どくとく》の風味《ふうみ》のある蕎麦《そば》。蕎麦好《そばず》きなら絶対《ぜったい》に食《た》べておきたい一品《いっぴん》だ。

新潟縣越後片木蕎麥麵——暗藏玄機的蕎麥麵體

越後片木蕎麥麵是發源於新潟縣魚沼地方的蕎麥麵。最大的特徵就是使用一種名叫「布海苔」（中文學名爲海蘿）的海藻當作黏著劑。魚沼地方自古以來就是麻織品的盛產地，爲了提高麻織品的品質，會在上漿時利用布海苔的黏性來防皺或防止麻線起毛。相傳這個地方過去因爲沒有生產小麥，因此只能使用山藥或雞蛋來當作蕎麥麵的黏著劑。後來有人突發奇想，試著使用身邊就有的布海苔，於是這道結合紡織文化與蕎麥文化的鄉土料理便應運而生。

因爲布海苔的特性，製作出來的蕎麥麵顏色偏綠，口感也較一般的蕎麥麵滑溜有彈性。此外，魚沼地方因爲沒有生產一般常用的綠色芥末，所以使用的佐料是以黃芥末來取代，這也是特色之一。不過因物產的流通，除了黃芥末，目前也會提供綠色的芥末。

正如其名，片木蕎麥麵是使用木片所製成的大型四角容器來盛裝。而且盛裝時會把放在冷水漂涼的蕎麥麵繞成一口大小的團狀，並整齊排放，宛如紡織品的縱橫線。另外，盛裝時手腕必須不斷揮轉，因此又有「手《て》振《ぶ》りそば」（手振蕎麥麵）的美稱。通常盛裝的分量約三～四人份，大家圍在一起享用也是特色之一。

越後片木蕎麥麵是由「越後十日町小嶋屋」的創始者研發並發揚光大，據說還多次進貢給皇室，曾被天皇請到皇居以表達感謝之意，可見來頭不小。目前在創始店的所在的十日町市、小千古市和長岡市等地都能品嚐到道地越後片木蕎麥麵，尤其是蕎麥麵控，千萬不要錯過這風味獨特的蕎麥麵喔。

單字

1. **毛羽立《けばだ》ち**：布或紙的表面起毛。
2. **がかる**：前接名詞，意指帶有～的感覺或色調。
3. **ツルツル**：滑溜溜的。
4. **へぎ**：用杉木或檜木等削成的薄板。
5. **剥《は》ぎ板《いた》**：合成木板
6. **盛《も》り付《つ》ける**：將料理有美感地裝盤。
7. **小《こ》分《わ》け**：分成小份。
8. **取《と》り囲《かこ》む**：圍繞著某物。

近《きん》畿《き》地《ち》方《ほう》

42

近畿《きんき》地方《ちほう》は古《ふる》くから天子《てんし》のお膝《ひざ》元《もと》であった。皇室《こうしつ》、公卿《くぎょう》、僧侶《そうりょ》が京都《きょうと》とその周辺《しゅうへん》に集中《しゅうちゅう》して住《す》む時《じ》期《き》が千年《せんねん》も続《つづ》いたため、この地域《ちいき》の食文化《しょくぶんか》からは華麗《かれい》なる貴族《きぞく》の風《ふう》格《かく》が滲《にじ》み出《で》ている。日本料理《にほんりょうり》の眞《しん》髄《ずい》である本膳料理《ほんぜんりょうり》や懐石料理《かいせきりょうり》が生《う》まれ、発展《はってん》したのもこの地域《ちいき》だ。京野菜《きょうやさい》を素材《そざい》とする「おばんざい」は一般家庭《いっぱんかてい》で作《つく》られてきた惣菜《そうざい》だが、どの品《しな》も精緻《せいち》な見《み》た目《め》と味《あじ》わいを備《そな》える。

江戸時代《えどじだい》に北海道《ほっかいどう》や日本海側《にほんかいがわ》の各地《かくち》の産物《さんぶつ》を大阪《おおさか》に運《はこ》ぶ西廻《にしまわ》り航《こう》路《ろ》が整備《せいび》され、大阪《おおさか》は「天下《てんか》の台《だい》所《どころ》」と呼《よ》ばれていた。各地《かくち》の美食《びしょく》が大阪《おおさか》に集《あつ》まったことから大阪人《おおさかじん》の「食《しょく》」に対《たい》するこだわりは強《つよ》い。さもなければ、大阪《おおさか》が「食《く》い倒《だお》れの街《まち》」と称《しょう》されることはなかっただろう。道頓堀《どうとんぼり》や新天地《しんてんち》を歩《ある》くと目《め》に入《はい》る、店頭《てんとう》に掲《かか》げられたフグ、カニ、和牛《わぎゅう》の看板《かんばん》は、道行《みちゆ》く人々《ひとびと》に「大阪《おおさか》のは産地《さんち》のより旨《うま》いで」と仄《ほの》めかしているかのようだ。

近畿《きんき》地方《ちほう》のグルメはどれも古《ふる》い歴史《れきし》がある。琵琶湖《びわこ》付近《ふきん》で目《め》にする強烈《きょうれつ》な臭《にお》いの鮒寿司《ふなずし》は日本《にほん》の寿《す》司《し》の原型《げんけい》とされる。和歌山《わかやま》には、日本人《にほんじん》が獣肉《じゅうにく》を食《た》べなかった時代《じだい》から漁師《りょうし》たちが紡《つむ》いできた悠久《ゆうきゅう》なる捕鯨《ほげい》の歴史《れきし》が残《のこ》っている。近畿《きんき》グルメにまつわる歴史《れきし》や風土《ふうど》、風《ふう》習《しゅう》を理解《りかい》した上《うえ》で味《あじ》わえば、美《お》味《い》しさが倍増《ばいぞう》するはずだ。

近畿地方

近畿地方自古就是天子腳下。千年來皇室、公卿、僧侶群集於京都及其周邊。因此本區的食文化中，總是流露著華麗的貴族風格。和食中的精華，如本膳料理與懷石料理，都是在此孕育與成長。以京野菜爲素材的「おばんざい」，雖是一般家庭所做的佐餐配菜，卻是道道精緻，不論視覺或味覺上。

江戸時代的西迴航路，將北海道及日本海側的各地物資，集運於大阪，致使大阪一直有著「天下的廚房」之美譽。各地美食匯集於大阪的傳統，使大阪人對於「吃」有很深的執著。否則，大阪人又憑什麼能得到「食い倒れ」（寧願爲吃而破產）的稱號呢？到道頓堀或新天地走一趟，高掛的河豚、螃蟹及和牛招牌，似乎是在向熙攘的人群暗示，大阪的比產地的還好吃喔！

古老的歷史浸透在本區各種美食裡。琵琶湖畔的鮒寿司，儘管氣味強烈，但被認定爲日本壽司的原型。在日本還是全民不吃獸肉的年代，和歌山的漁民就開始寫下悠久的捕鯨史。品嘗這區的美食，若能多了解一些歷史或風土民情，美味程度一定會倍增。

43

大阪府《おおさかふ》の串《くし》カツ—

何《なん》でも揚《あ》げてしまう魅力《みりょく》

大阪《おおさか》のB級《きゅう》グルメといえば、お馴染《なじ》みのお好《この》み焼《や》き、たこ焼《や》きのほかに、もう一《ひと》つ、地元《じもと》で大人気《だいにんき》の一品《いっぴん》がある。串《くし》カツだ。具材《ぐざい》が比較的《ひかくてき》大《おお》きい関東地方《かんとうちほう》の串揚《くしあ》げと違《ちが》い、大阪《おおさか》の串《くし》カツは小《ちい》さく切《き》った食材《しょくざい》を串《くし》に刺《さ》し、衣《ころも》をつけて揚《あ》げる。使用《しよう》する食材《しょくざい》の種類《しゅるい》が豊富《ほうふ》なのが特徴《とくちょう》の一《ひと》つで、各種《かくしゅ》の肉《にく》や旬《しゅん》の魚《ぎょ》介類《かいるい》、野菜《やさい》から、ソーセージ、紅生姜《べにしょうが》、餃子《ぎょうざ》、シュウマイといった加工食品《かこうしょくひん》まで何《なん》でも揚《あ》げてしまう。ソースは濃厚《のうこう》な豚《とん》カツソースではなく、あっさりとしたウスターソースが使用《しよう》されている。大抵《たいてい》の店《みせ》では**胃《い》もたれ**[1]防止《ぼうし》のため、テーブルに無料《むりょう》のキャベツが置《お》いてある。

大阪《おおさか》の串《くし》カツは、昭和初期《しょうわしょき》に新《しん》世界《せかい》に開店《かいてん》した「だるま」の**女将《おかみ》**[2]

が、肉体労働者《にくたいろうどうしゃ》のために串《くし》に刺《さ》した牛肉《ぎゅうにく》を揚《あ》げて供《きょう》したのが始《はじ》まりとされる。串《くし》カツが大阪名物《おおさかめいぶつ》となったのは二〇〇〇年前後《ねんぜんご》のことで、大阪出身《おおさかしゅっしん》の芸能人《げいのうじん》、赤井英和《あかいひでかず》がテレビ番組《ばんぐみ》で宣伝《せんでん》したことで人気《にんき》が広《ひろ》がった。

大阪《おおさか》の串《くし》カツは、揚《あ》げたてのものを卓上《たくじょう》のソースに漬《つ》けて食《た》べるのが基本《きほん》だ。**衣**《ころも》[3]のカリカリ感《かん》と食材《しょくざい》の旨味《うまみ》、あっさりとしたソースの味《あじ》わいが**奏でる**《かな》[4]ハーモニーは、**まさに**[5]この世《よ》の絶品《ぜっぴん》だ。ただしソースは他《ほか》の客《きゃく》と共用《きょうよう》で、衛生的《えいせいてき》な観点《かんてん》から、一口《ひとくち》食《た》べてからもう一度《いちど》ソースに漬《つ》けることを禁止《きんし》する「二度漬《にどづ》け禁止《きんし》」のルールが設《もう》けられているので注意《ちゅうい》が必要《ひつよう》だ。もう一度《いちど》漬《つ》けたい場合《ばあい》は、キャベツでソースを**すくっ**[6]てカツにかけるといい。

従来《じゅうらい》の串《くし》カツ店《てん》はカウンター式《しき》の店《みせ》が一般的《いっぱんてき》だったが、現在《げんざい》では自分《じぶん》で串《くし》に生地《きじ》とパン粉《こ》をつけ、テーブル備《そな》え付《つ》けのフライヤーで揚《あ》げて食《た》べるセルフ式《しき》の店《みせ》も多《おお》い。セルフ店《てん》ならではの**趣**《おもむき》[7]を楽《たの》しめるので、機《き》会《かい》があれば、ぜひ一度《いちど》試《ため》してみてほしい。

大阪府炸串——想得到的都可以拿來炸

說到大阪的美食，除了大家非常熟悉的御好燒、章魚燒，其實還有一個深受當地人喜愛的平價美食，那就是「串《くし》カツ」（炸串）。有別於關東塊頭較大的「串《くし》揚《あ》げ」（炸串），大阪炸串是將切成小塊的食材個別串起來，再沾上麵衣油炸的料理。豐富多變的食材是大阪串炸的特徵之一，舉凡各種肉類、應時的魚貝類、蔬菜，甚至是加工品如小香腸、紅薑、餃子、燒賣等，只要是想得到的都可以拿來炸。沾醬方面，使用的不是濃稠的炸豬排醬汁，而是較清爽的辣醬油。還有，爲了防止吃太多油炸物胃會不舒服，桌邊還會附上高麗菜任客人取用。

大阪串炸的起源據說是在昭和初期新世界的一家叫「達摩」的飲食店，該店的女主人爲了賣體力的工人們，特別製作了牛肉串。不過炸串成爲大阪名物是在二〇〇〇年左右，因爲大阪出身的藝人赤井英和在電視節目宣傳，才火紅起來。

大阪炸串基本上要現炸現吃，剛炸好的炸串，趁熱沾上桌上擺放的醬汁，如此一來，香酥的麵衣、食材本身的美味與清爽醬汁融爲一體，一口咬下，簡直就是人間絕品。要注意的是有個規則一定要遵守，那就是桌上的醬汁「禁沾兩次」。因爲桌上的醬汁是客人共用，基於衛生的考量，吃了一口，就不能再沾第二次。若眞想再沾的話，可以利用高麗菜舀一些醬汁淋在炸串上即可。

除了傳統櫃台式的炸串店，現在也有很多自助式的炸串店，利用桌上的小炸鍋，自己沾粉漿與炸粉，自己炸，別有一番風趣，有機會的話，不妨嘗試看看。

單字

1. **胃**《い》**もたれ**：消化不良
2. **女将**《おかみ》：料亭或旅館的女主人。是經營者，更是提供客人細緻服務的關鍵人物。
3. **衣**《ころも》：炸物或和菓子等包裹食材或內餡的外皮。
4. **奏**《かな》**でる**：演奏。原指演奏樂器，特別是絃樂類。
5. **まさに**：毫無疑問地。
6. **すくう**：舀取（液體或粉末）。
7. **趣**《おもむき》：風味情趣。

44

京《きょう》都《と》府《ふ》の一銭洋食《いっせんようしょく》
昔《むかし》流行《はや》ったお手軽《てがる》おやつ

B

一銭洋食《いっせんようしょく》は、いわば京《きょう》都風《とふう》のお好《この》み焼《や》きだ。小麦粉《こむぎこ》を水《みず》で溶《と》いた生地《きじ》にネギや**僅《わず》か**[1]な肉片《にくへん》を乗《の》せて焼《や》き、ウスターソースを塗《ぬ》った鉄板焼《てっぱんや》き料理《りょうり》で、当初《とうしょ》は大正《たいしょう》～昭和初期《しょうわしょき》に近畿地方《きんきちほう》の**駄菓子屋《だがしや》**[2]でおやつとして販売《はんばい》されていた。「一銭洋食《いっせんようしょく》」という名《な》は、当時《とうじ》は値段《ねだん》が一枚一銭《いちまいいっせん》だったこと、**エキゾチック**[3]な存在《そんざい》だった小麦粉《こむぎこ》とウスターソースを使用《しよう》した料理《りょうり》がほぼ全《すべ》て洋食《ようしょく》と呼《よ》ばれていたことに由来《ゆらい》する。

一銭洋食《いっせんようしょく》の正確《せいかく》な起源《きげん》は**定《さだ》か**[4]ではない。東京《とうきょう》の「どんどん焼《や》き」、北九州《きたきゅうしゅう》の「ぺったん焼《や》き」、神戸《こうべ》の「肉天《にくてん》」とも似《に》ているが、この種《しゅ》の料理《りょうり》を洋食《ようしょく》と呼《よ》ぶのは西日本《にしにほん》のみであるため、大阪《おおさか》か京都《きょうと》の発祥《はっしょう》とみられる。戦後《せんご》は食料供給《しょくりょうきょうきゅう》の安定化《あんていか》に伴《ともな》い、一銭洋食《いっせんようしょく》の具材《ぐざい》は豪華《ごうか》になっていき、ボリューム

も増《ま》して、「拾円焼《じゅうえんや》き」「五〇円焼《ごじゅうえんや》き」などと**銘打《めいう》つ**[5]店《みせ》が相次《あいつ》いだ。

こうして現在《げんざい》お馴染《なじ》みのお好《この》み焼《や》きに進化《しんか》していったことから、一銭《いっせん》洋食《ようしょく》はお好《この》み焼《や》きのルーツと言える。広島風《ひろしまふう》お好《この》み焼《や》きの焼《や》き方《かた》が重《かさ》ね焼《や》きであることもその**証左《しょうさ》**[6]だろう。時《とき》は流《なが》れ、各地《かくち》では主食《しゅしょく》にもなるお好《この》み焼《や》きが主流《しゅりゅう》となり、一銭洋《いっせんよう》食《しょく》は姿《すがた》を消《け》していった。

だが幸《さいわ》い、京都《きょうと》には今《いま》でも一銭洋《いっせんよう》食《しょく》を提供《ていきょう》する店《みせ》がある。中《なか》でも祇園《ぎおん》にある、この料理《りょうり》と同名《どうめい》の「壹銭洋《いっせんよう》食《しょく》」は観光客《かんこうきゃく》が訪《おとず》れるべき名店《めいてん》の一《ひと》つだ。同店《どうてん》の創業者《そうぎょうしゃ》は、この昔《むかし》ながらの美味《おい》しい手軽《てがる》なおやつを、より多《おお》くの人《ひと》に食《た》べてもらいたいという思《おも》いからレシピを現代風《げんだいふう》にアレンジした。食材《しょくざい》は牛肉《ぎゅうにく》、九条《くじょう》ネギ、卵《たまご》、天《てん》かす、こんにゃく、紅生姜《べにしょうが》、鰹節《かつおぶし》など昔《むかし》より豪華《ごうか》だが、お好《この》み焼《や》きより軽《かる》いので、おやつ感覚《かんかく》で楽《たの》しめる。大正《たいしょう》、昭和《しょうわ》の雰囲気《ふんいき》が漂《ただよ》う店《みせ》のデザインも特徴的《とくちょうてき》で、京都《きょうと》を訪《おとず》れた際《さい》はぜひ、ここで美食《びしょく》とレトロ感《かん》を堪能《たんのう》してみてほしい。

京都府一錢洋食——舊時時尚的速食點心

一錢洋食即京都風的御好燒。原是大正、昭和初期在近畿地方的零食店銷售的一種點心，是將水放進麵粉調成粉漿，再放上蔥和少許的肉片在鐵板上煎熟，最後淋上辣醬油享用。名稱的來源是當時的售價爲一錢，至於爲什麼會被稱爲洋食，是因爲麵粉和辣醬油對當時的人來說，是個充滿異國氛圍的的食材與調味料，只要和其扯上關係的，幾乎都稱爲洋食。

一錢洋食的起源並不明確，雖然東京的「咚咚燒」、北九州的「扁平燒」與神戶的「肉天」作法也很相似，但被稱爲洋食的只有西日本，據推斷應該是發祥於大阪或是京都。戰後因食材供應平穩，一錢洋食的配料逐趨豪華，份量也跟著加大，還相繼出現不少打著「十圓燒」和「五十圓燒」名號的店舖。於是便演化成目前大家熟悉的御好燒，因此一錢洋食可說是御好燒的根源，從廣島風御好燒堆疊的料理方式也可看出端倪。隨著時代的變遷，被當作主食的御好燒成爲各地的主流，一錢洋食便逐漸式微。

所幸，目前在京都還是吃得到一錢洋食，特別是位於祇園、店名同爲「壹錢洋食」，是觀光客必訪的名店之一。該店的創始者爲了讓這輕便又美味的點心延續下去，便融合現代的風味，讓更多人能享受傳統的一錢洋食。經過改良的一錢洋食，配料更多，像是牛肉、九條蔥、雞蛋、麵酥、蒟蒻、紅薑、柴魚等等，比過去的還要豪華一些，但分量比御好燒還含蓄一點，當作點心剛剛好。順道一提的是，該店的設計裝潢走的是復古懷舊風，有機會到京都的朋友，除了來這裡解饞，還能體驗大正、昭和的舊時氛圍喔。

單字

1. **僅《わず》か**：數量或程度相當少的。
2. **駄菓子屋《だがしや》**：以中小學生爲主要對象，販賣零食、玩具等小物的雜貨店。
3. **エキゾチック**：異國氛圍的。
4. **定《さだ》か**：清楚明確的。
5. **銘打《めいう》つ**：販賣商品時打著某個名號。
6. **証左《しょうさ》**：佐證。

45

兵庫県《ひょうごけん》のそばめし—
不思議《ふしぎ》なダブル炭水化物《たんすいかぶつ》

そばめしは兵庫県《ひょうごけん》のB級《きゅう》グルメ。お好《この》み焼《や》き店《てん》や鉄板《てっぱん》焼《や》き店《てん》、居酒《いざか》屋《や》では大抵《たいてい》メニューにあり、スーパーではレンジで温《あたた》めるだけの冷《れい》凍《とう》タイプや専用《せんよう》のソースが売《う》られている。兵庫《ひょうご》の県民食《けんみんしょく》といっても過言《かごん》ではない。

作《つく》り方《かた》は焼《や》きそばやチャーハンと同様《どうよう》で、鉄板《てっぱん》で肉《にく》やキャベツなどの具《ぐ》を炒《いた》めた後《あと》、茹《ゆ》でた中華麺《ちゅうかめん》と冷《ひ》や飯《めし》を入《い》れ、**ヘラ**[1]で麺《めん》を切《き》り刻《きざ》みながら混《ま》ぜ合《あ》わせる。麺《めん》に味《あじ》が絡《から》み、**はがし**[2]で食《た》べやすくもなるからだ。味付《あじつ》けには野菜《やさい》や果《くだ》物《もの》、様々《さまざま》な香辛料《こうしんりょう》を煮詰《につ》めた焼《や》きそばソースを使用《しよう》し、水分《すいぶん》が蒸発《じょうはつ》してソースの焦《こ》げた香《かお》りがするまで炒《いた》めるのがコツだ。

そばめしは一九五〇年代《ねんだい》に神戸《こうべ》の下町《したまち》・長田区《ながたく》のお好《この》み焼《や》き店《てん》「青森《あおもり》」で生《う》まれた。当時《とうじ》、多《おお》くのお好《この》み焼《や》き店《てん》では、常連客《じょうれんきゃく》が持《も》ち込《こ》む弁当《べんとう》の冷《ひ》や飯《めし》を店《みせ》の鉄板《てっぱん》で

温《あたた》めるサービスを提供《ていきょう》していた。ある日《ひ》、焼《や》きそばを食《た》べに「青森《あおもり》」に来《き》た工員《こういん》が、時間短縮《じかんたんしゅく》のため、冷《ひ》や飯《めし》をそばと一緒《いっしょ》に炒《いた》めてほしいと頼《たの》んだことから、この不思議《ふしぎ》なダブル炭水化物料理《たんすいかぶつりょうり》が誕生《たんじょう》した。ダブル炭《たん》水化物《すいかぶつ》は日本《にほん》で受《う》け入《い》れられてはいるが、焼《や》きそばとご飯《はん》のセットは関《かん》東《とう》でも珍《めずら》しいようで、台湾人《たいわんじん》には奇《き》異《い》に映《うつ》る。だが関西《かんさい》では焼《や》きそばも、うどんも、お好《この》み焼《や》きもご飯《はん》に合《あ》う「おかず」なのだ。

そばめしは当初《とうしょ》、一部《いちぶ》の地域《ちいき》の店《みせ》で常連客《じょうれんきゃく》だけに提供《ていきょう》されていた。その名《な》が**知《し》れ渡《わた》り**[3]始《はじ》めたのは、「青《あお》森《もり》」が一九八五年《ねん》に正式《せいしき》にメニューに載《の》せてからのことだ。その後《ご》、大《おお》手食品《てしょくひん》メーカーのニチロがそばめしの冷凍食品《れいとうしょくひん》を、大阪《おおさか》を皮切《かわき》りに全国《ぜんこく》で発売《はつばい》したところ、テレビ番組《ばんぐみ》の宣《せん》伝効果《でんこうか》もあり、何度《なんど》も生産《せいさん》が追《お》いつかなくなるほどの人気《にんき》となり、知名《ちめい》度《ど》を高《たか》めた。安《やす》くて美味《おい》しくてボリュームもあるからこそ、多《おお》くの人《ひと》が虜《とりこ》になったのだろう。

兵庫縣炒麵飯——W碳水化合物的奇妙組合

炒飯麵是兵庫縣一道普羅大衆的平價美食。除了御好燒店、鐵板燒店或居酒屋幾乎都有提供這道料理，而超市也買得到微波就可馬上食用的冷凍食品或專用的醬汁，說是兵庫縣的縣民料理一點也不爲過。

炒麵飯的做法和炒麵、炒飯類似，是將肉類或高麗菜等配料在鐵板上先行炒過，再放進煮熟的中華麵和冷飯，一邊用鐵鏟子把麵切得碎碎的，一邊拌炒，不僅容易入味，又方便用小鐵鏟食用。炒麵飯調味的關鍵在於用蔬菜、水果和多種辛香料熬製的炒麵醬汁，而且要炒到水分蒸發、醬汁散發出焦香味才行。

炒麵飯起源於五〇年代神戶長田區下町一家叫「青森」的御好燒店。當時有很多御好燒店都會提供熟客把便當的冷飯加熱的服務。據說某天有位工人到店裡吃炒麵，爲了節省時間，便要求店主把冷飯和麵一起炒，於是這道碳水化合物和碳水化合物的奇妙組合便應運而生。W碳水化合物在日本接受度很高，就關東來說，炒麵和白飯的組合或許不多見，對台灣人而言更是相當另類的吃法，但是就關西人來說，不論是炒麵、烏龍麵還是御好燒，常被定位於「菜餚」，拿來配飯剛剛好。

炒麵飯在初期只有部分區域的店家才有提供，而且僅提供給熟客，算是默默無聞。一直到一九八五年正式登上元祖「青森」的菜單之後才逐漸有知名度。日後之所以聲名大噪，是因爲大宗食品公司「Nichiro」研發成冷凍食品相繼在大阪和全國展開銷售，經由電視節目的推波助瀾，還數度掀起熱潮，賣到供不應求呢。像這種量多實在，味美價廉的料理，的確很容易收服大家的味蕾呢。

單字

1. **ヘラ**：竹子、木頭、象牙或金屬製細長扁平、用來塗抹東西的工具，此指鍋鏟。
2. **はがし**：吃文字燒專用的小鏟子。
3. **知《し》れ渡《わた》る**：衆所周知。

46

奈《な》良《ら》県《けん》の竜《たつ》田《た》揚《あ》げ—
外《そと》カリ中《なか》ふわの良《よ》きおかず

竜《たつ》田《た》揚《あ》げは醤油《しょうゆ》、みりん、生姜《しょうが》で下味《したあじ》をつけた鶏肉《とりにく》や魚肉《ぎょにく》に片栗粉《かたくりこ》をまぶして揚《あ》げた料理《りょうり》。特《とく》に鶏肉《とりにく》の竜《たつ》田《た》揚《あ》げは、外《そと》はサクサク、中《なか》はふんわりの食感《しょっかん》で、甘《あま》い肉汁《にくじる》が口《くち》の中《なか》に広《ひろ》がり、いつまでも余韻《よいん》が残《のこ》る。そんな竜《たつ》田《た》揚《あ》げは、家庭《かてい》の食卓《しょくたく》や飲食店《いんしょくてん》、弁当《べんとう》の定番《ていばん》メニューとなっている。近年《きんねん》、世界遺産《せかいいさん》・法隆寺《ほうりゅうじ》のある奈良県斑鳩町《ならけんいかるがちょう》では、この庶民料理《しょみんりょうり》をご当地《とうち》グルメとしてPRする地域《ちいき》おこしが盛《さか》んだ。なぜこの料理《りょうり》が選《えら》ばれたのかを理解《りかい》するには、竜《たつ》田《た》揚《あ》げの名前《なまえ》の由来《ゆらい》を**繙《ひもと》か**[1]ねばならない。

斑鳩町《いかるがちょう》には古《ふる》くから紅葉《こうよう》の名所《めいしょ》として知《し》られ、百人一首《ひゃくにんいっしゅ》の歌《うた》にも登場《とうじょう》する竜《たつ》田《た》川《がわ》が流《なが》れている。竜《たつ》田《た》揚《あ》げは、醤油《しょうゆ》で下味《したあじ》をつけて揚《あ》げた肉《にく》の赤褐色《せきかっしょく》と衣《ころも》の部分的《ぶぶんてき》な白色《はくしょく》が、それぞれ竜《たつ》田《た》川《がわ》に浮《う》かぶ紅葉《こうよう》と光《ひか》る**水面《みなも》**[2]に似《に》ていることから、その名《な》がついたとされる。い

つ頃《ごろ》からこの名称《めいしょう》が使《つか》われ始《はじ》めたのかは不明《ふめい》だが、昭和初期《しょうわしょき》に外食《がいしょく》メニューに登場《とうじょう》した「唐揚《からあ》げ」がヒントになったといわれている。ただ、唐揚《からあ》げの多《おお》くが鶏肉《とりにく》に小麦粉《こむぎこ》をまぶして揚《あ》げるのに対《たい》し、竜田揚《たつたあ》げは食材《しょくざい》に下味《したあじ》をつけて片栗粉《かたくりこ》で揚《あ》げる。

二〇一三年《ねん》、竜田揚《たつたあ》げを通《つう》じて斑鳩町《いかるがちょう》を全国《ぜんこく》に発信《はっしん》したい、地元《じもと》の人達《ひとたち》にもっと斑鳩町《いかるがちょう》を好《す》きになってもらいたいという思《おも》いから、斑鳩町商《いかるがちょうしょう》工会青年部《こうかいせいねんぶ》の有志《ゆうし》が「竜田揚《たつたあ》げ上《あ》げ→プロジェクト」を始《はじ》めた。このプロジェクトで各店舗《かくてんぽ》に求《もと》められた条件《じょうけん》は、（一）提供《ていきょう》する商品名《しょうひんめい》を「斑鳩名物竜田揚《いかるがめいぶつたつたあ》げ」とする（二）竜田揚《たつたあ》げには本物《ほんもの》の紅葉《もみじ》の葉《は》を添《そ》える（三）「竜田揚《たつたあ》げ」の名前《なまえ》の由来《ゆらい》を客《きゃく》に説明《せつめい》する――の三点《さんてん》で、この料理《りょうり》を全力《ぜんりょく》で広《ひろ》めようとする地元《じもと》の人々《ひとびと》の苦心《くしん》が感《かん》じられる。奈良《なら》を観光《かんこう》で訪《おとず》れた際《さい》は、このプロジェクトを食《た》べて応援《おうえん》しよう。

奈良縣竜田揚——外酥內嫩，佐餐的良伴

竜田揚是將雞肉或魚肉用醬油、味醂、生薑預先調味，然後撒上太白粉油炸的料理。特別是雞肉的竜田揚吃起來外酥內嫩，一口咬下，甜美的肉汁散發在口中，餘韻久久不散，不論是外食、便當或家庭的餐桌，常會出現這道的料理。近年來，在世界遺產法隆寺所在地的奈良縣斑鳩町，正極力把這道普羅大衆的料理當作在地美食，向外推展，以振興地方的繁榮。爲什麼會選用這道料理，就必須回溯到竜田揚這個名稱的由來。

流經奈良縣斑鳩町的竜田川是自古以來享有盛名的賞楓勝地，百人一首也出現過歌詠竜田川的詩歌。竜田揚因爲有用醬油調味，炸出來的會呈赤褐色，看起來就好像漂浮在竜田川上的楓葉，而浮現在麵衣表面的白色太白粉也恰似映照在竜田川上粼粼的波光，故將其比擬成紅葉漂流的竜田川而得名。至於從何時開始叫做竜田揚，明確時間雖無可考，據說可能是參考昭和初期開始登上外食菜單的「唐揚」。順道一提的是唐揚雖然也是炸雞，不過主要使用的是麵粉，而竜田揚則必須預先調味再使用太白粉。

二〇一三年斑鳩町商工會青年部的有志人士發起了「竜田揚發展計畫」。希望藉由竜田揚這道料理，將斑鳩町介紹給日本全國，以及讓當地人更喜歡斑鳩町，並要求店家要遵守下面的三大定義來提供這道料理：一、提供的商品名要定爲「斑鳩名物竜田揚」。二、提供時要用眞正的楓葉來做裝飾。三、提供時要跟客人說明竜田揚的名稱由來。從這三點可見當地人推動竜田揚的用心良苦、不遺餘力。有機會到奈良觀光的話，不支持一下怎行呢。

單字

1. **繙《ひもと》く**：透過書籍史料等手段調查某件事，使其眞相大白。
2. **水面《みなも》**：水面上。等同於「すいめん」。

句型

●～に対し／に対して：

相對於～

後接與前面對比的事物

名詞　に対し

動詞｛普通形｝＋の　に対し

い形容詞｛普通形｝＋の　に対し

例句：

去年《きょねん》の冬《ふゆ》が寒《さむ》かったのに対《たい》し、今年《ことし》の冬《ふゆ》は暖《あたた》かい。

相對於去年冬天很冷，今年冬天則很溫暖。

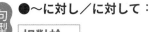

47

和歌山県《わかやまけん》の鯨《くじら》の竜田揚《たつたあ》げ——

地元《じもと》の学校給食名物《がっこうきゅうしょくめいぶつ》

竜田揚《たつたあ》げは、**下味《したあじ》**[1]をつけた魚肉《ぎょにく》や鶏肉《とりにく》に片栗粉《かたくりこ》を**まぶし**[2]て揚《あ》げた料理《りょうり》で、日本《にほん》では広《ひろ》く普及《ふきゅう》している。鯨《くじら》の竜田揚《たつたあ》げは一口大《ひとくちだい》に切《き》った鯨《くじら》の赤身肉《あかみにく》を醤油《しょうゆ》と**すりおろし**[3]生姜《しょうが》に漬け込《こ》み、片栗粉《かたくりこ》をまぶして揚《あ》げたもので、和歌山県《わかやまけん》の郷土《きょうど》料理《りょうり》として古《ふる》くから知《し》られている。**程《ほど》よく**[4]揚《あ》げられたカリカリの衣《ころも》と柔《やわ》らかな肉《にく》の味《あじ》わいは冷《さ》めても美味《おい》しく、おかずにも、おつまみにもぴったりだ。

日本《にほん》では、奈良時代《ならじだい》の文献《ぶんけん》に鯨《げい》肉贈答《にくぞうとう》の記述《きじゅつ》があり、八〇〇年《ねん》には既《すで》に鯨《くじら》を捕《と》って食《た》べる文化《ぶんか》があったといわれている。ただ、組織的《そしきてき》な商業捕鯨《しょうぎょうほげい》が始《はじ》まったのは江戸時代《えどじだい》で、紀伊半島東側《きいはんとうひがしがわ》に位置《いち》する和歌山県太地町《わかやまけんたいじちょう》は、古《ふる》くから捕鯨《ほげい》の町《まち》として名《な》を馳《は》せてきた。明治時代《めいじじだい》になり、近代化《きんだいか》の波《なみ》が**押《お》し寄《よ》せる**[5]と、捕鯨《ほげい》の産業化《さんぎょうか》、機械化《きかいか》が進《すす》み、捕鯨《ほげい》を中心《ちゅうしん》とする太地町《たいじちょう》

の漁業《ぎょぎょう》は全盛期《ぜんせいき》を迎《むか》えた。

鯨肉《げいにく》は牛肉《ぎゅうにく》や豚肉《ぶたにく》、鶏肉《とりにく》と比《くら》べタンパク質《しつ》が多《おお》く、コレステロール、カロリーも低《ひく》いので、戦後《せんご》の食糧《しょくりょう》難《なん》の時代《じだい》には安価《あんか》な鯨肉《げいにく》が貴重《きちょう》なタンパク源《げん》として家庭《かてい》の食卓《しょくたく》によく並《なら》び、学校給食《がっこうきゅうしょく》の定番《ていばん》メニューでもあった。

しかし、鯨《くじら》の保護《ほご》の観点《かんてん》から捕鯨《ほげい》に反対《はんたい》する国際世論《こくさいよろん》が高《たか》まり、日本《にほん》は一九八七年《ねん》に商業捕鯨《しょうぎょうほげい》を中止《ちゅうし》。二〇一九年《ねん》に再開《さいかい》されたが、太地町《たいじちょう》の捕鯨業《ほげいぎょう》は急速《きゅうそく》に衰退《すいたい》し、全盛期《ぜんせいき》には庶民《しょみん》の食《た》べ物《もの》として広《ひろ》く普及《ふきゅう》していった鯨料理《くじらりょうり》も食卓《しょくたく》から姿《すがた》を消《け》していった。四十歳以上《よんじゅっさいいじょう》の日本人《にほんじん》で、この名《めい》物料理《ぶつりょうり》が見《み》られなくなって残念《ざんねん》という人《ひと》は多《おお》い。ただ、鯨《くじら》の竜田揚《たつたあ》げは現在《げんざい》でも和歌山《わかやま》や主要都市《しゅようとし》の専門店《せんもんてん》で食《た》べることができ、鯨《くじら》の生肉《なまにく》や加工品《かこうひん》を販売《はんばい》するスーパーマーケットもある。また、和歌山《わかやま》の多《おお》くの学校《がっこう》では今《いま》でも鯨《くじら》の竜田揚《たつたあ》げが給食《きゅうしょく》で出《だ》されており、この郷土《きょうど》の食文化《しょくぶんか》は**脈々《みゃくみゃく》**[6]と受《う》け継《つ》がれている。

和歌山縣鯨魚竜田揚——在地營養午餐的經典菜單

竜田揚是日本一種非常普遍的料理手法，作法是將預先調味的魚或雞肉沾上太白粉油炸。而鯨魚竜田揚就是把鯨魚赤身的部分切成一口的大小，用醬油和生薑泥醃至入味，再沾上太白粉油炸而成，是和歌山縣長久以來便享有盛名的鄉土料理。炸得恰到好處的竜田揚外皮非常香酥，但內側柔軟，即使冷了，味道也不會減分，不論是用來配飯或是下酒都非常適宜。

據說從西元八〇〇年起，日本就有補鯨和食用鯨魚的文化，在奈良時代的文獻當中，也出現過贈送鯨魚肉的記載。不過正式組織性的商業捕鯨卻是始於江戶時代、紀伊半島東側和歌山縣的大地町，這地方自古以來就以補鯨的城市爲名。到了明治時代因近代化的影響，捕鯨業也隨著產業化與機械化，太地町以捕鯨爲中心的水產業更是邁向全盛期。

由於鯨魚肉的蛋白質含量比牛肉、豬肉、雞肉豐富，且低膽固醇、低卡洛里，在戰後缺乏食糧的時代，價格便宜的鯨魚肉便成了珍貴的蛋白質來源，不僅是日本餐桌常見的家庭料理，也是學校營養午餐固定的菜單。

由於保育問題，國際反對捕鯨的聲浪不斷，日本在一九八七年停止了商業捕鯨，雖然在二〇一九年重啓，但大地町的捕鯨業已經急速縮小，鯨魚料理也不像全盛期間那麼普羅大衆，於是鯨魚料理便消失在餐桌上，如今有許多四十代以上的日本人提到這道經典菜餚，常會感到惋惜。不過要品嚐道地的鯨魚竜田揚，在當地或其他各大城市的專門店還是吃得到，另外也有少部分超市會銷售鯨魚生肉或加工品。爲了傳承這地方的鄉土文化，和歌山縣依然有很多學校會提供這道料理。

單字

1. **下味《したあじ》**：食材在料理前先用鹽或醬油等調味。
2. **まぶす**：用粉末塗滿表面。
3. **すりおろし**：磨碎。
4. **程《ほど》よく**：程度剛剛好、不多不少地。
5. **押《お》し寄《よ》せる**：人或事物以壓倒性的氣勢蜂擁而至。
6. **脈々《みゃくみゃく》**：綿延不絕地。

48

滋賀県《しがけん》の鮒寿司《ふなずし》——
癖《くせ》になる臭《くさ》さの珍品《ちんぴん》

　鮒寿司《ふなずし》は滋賀県《しがけん》の伝統的《でんとうてき》な郷土《きょうど》料理《りょうり》。次《つぎ》のように作《つく》られる。春《はる》に琵琶湖《びわこ》で捕獲《ほかく》した大型《おおがた》の鮒《ふな》の鱗《うろこ》と卵巣《らんそう》以外《いがい》の内臓《ないぞう》を取《と》り除《のぞ》き、浸透《しんとう》圧《あつ》を利用《りよう》して水分《すいぶん》と血《ち》を抜《ぬ》き取《と》るために、塩《しお》をまぶしてから重石《おもし》をして二《に》～三《さん》カ月《げつ》ほど塩漬《しおづ》けにする。夏《なつ》になったら取《と》り出《だ》してよく洗《あら》い、塩《しお》を混《ま》ぜたご飯《はん》と交互《こうご》に敷《し》き並《なら》べ、数《すう》カ月《げつ》か一《いち》、二年《にねん》ほど発酵《はっこう》させれば完成《かんせい》だ。

　発酵過程《はっこうかてい》で鮒《ふな》の蛋白質《たんぱくしつ》が乳酸菌《にゅうさんきん》によってアミノ酸《さん》に分解《ぶんかい》され、独特《どくとく》の臭《にお》いが生《しょう》じる。納豆《なっとう》のように強烈《きょうれつ》で、これも鮒寿司《ふなずし》の特徴《とくちょう》の一《ひと》つ。ただ、その臭《にお》いが好《す》きな人《ひと》にとってはたまらない一品《いっぴん》で、この点《てん》は台湾《たいわん》の臭豆腐《しゅうどうふ》に似《に》ている。

鮒寿司《ふなずし》の歴史《れきし》は奈良時代《ならじだい》にまで遡《さかのぼ》り、日本最古《にほんさいこ》の寿司《すし》といわれている。平安時代《へいあんじだい》に現在《げんざい》の鮒寿司《ふなずし》に似《に》たものが朝廷《ちょうてい》に献上《けんじょう》されていたという記録《きろく》もあり、保存食《ほぞんしょく》としてだけでなく、神事《しんじ》や祭《まつり》の神饌《しんせん》としても用《もち》いられてきた。なお、鮒寿司《ふなずし》の原型《げんけい》は中《ちゅう》国《ごく》やラオス、タイなどの東南《とうなん》アジアにあったとされる。これらの地域《ちいき》には古《ふる》くから淡水魚《たんすいぎょ》をご飯《はん》と塩《しお》で発酵《はっこう》させた食品《しょくひん》があり、それが弥生時代《やよいじだい》に稲作《いなさく》とともに伝《つた》わったという。

鮒寿司《ふなずし》の鮒《ふな》は発酵《はっこう》により骨《ほね》まで柔《やわ》らかくなっているので、そのまま切《き》って食《た》べることができる。魚卵《ぎょらん》は、チーズのような風味《ふうみ》で、皮《かわ》も歯《は》ごたえがあり、特《とく》に日本酒《にほんしゅ》が好《す》きな人《ひと》にお薦《すす》めだ。味《あじ》が**きつい**[1]という人《ひと》は、お茶漬《ちゃづ》けにすると**マイルド**[2]な味《あじ》わいになって食《た》べやすくなる。また、健康意識《けんこういしき》の高《たか》い現代《げんだい》では、鮒寿《ふなず》司《し》は消化《しょうか》がいい上《うえ》に、乳酸菌《にゅうさんきん》、ミネラル、ビタミンB1、カルシウムが豊富《ほうふ》なことから、美白《びはく》、美肌《びはだ》、滋養《じよう》強壮《きょうそう》と風邪《かぜ》、便秘《べんぴ》、下痢《げり》の予防《よぼう》に効《こう》果的《かてき》な健康食品《けんこうしょくひん》としても注目《ちゅうもく》を集《あつ》めている。滋賀県《しがけん》を訪《おとず》れた際《さい》は、この独特《どくとく》な風味《ふうみ》の郷土料理《きょうどりょうり》にチャレンジしてみるといいだろう。

滋賀縣鮒壽司——臭得讓人上癮的珍品

鮒壽司爲滋賀縣傳統的鄉土料理。做法是使用春天在琵琶湖捕獲的大型鮒魚，把魚鱗和卵巢以外的內臟清除乾淨，然後抹鹽蓋上重物，放置約二～三個月的時間，利用鹽的的高滲透壓去除鮒魚的血水，到了夏季再拿出來清洗乾淨，再與拌鹽的米飯交疊醃漬，使其發酵數月或一～二年即可食用。

在鮒魚發酵的過程當中，乳酸菌會將魚肉的蛋白質分解成氨基酸，因此會產生獨特的異味，據稱這味道和納豆的臭味一樣強烈，這也是鮒壽司的特徵之一。不過就像我們的臭豆腐一樣，對味的人可是非常熱愛呢。

據考察鮒壽司的製作始於奈良時代，是日本最早的壽司，平安時代也有使用和現代相近的鮒壽司向朝廷進貢的紀錄。除了拿來當作保存食，也用來當作神事或祭典的神饌。鮒壽司的根源據說是來自中國和寮國、泰國等東南亞國家。很久以前這些國家就有將米、鹽和淡水魚製作而成的加工食品。在彌生時代這種食品和稻作一起傳進日本，可見歷史的悠久。

因爲發酵熟成的關係，鮒魚的骨頭會變得很柔軟，可以切片直接吃。魚卵的部分吃起來有起士般的芳醇，魚皮部分也略帶嚼勁，特別是喜歡日本酒的朋友，很推薦這樣的吃法。若嫌味道太嗆，還可做成茶泡飯，鮒壽司的精華釋放在茶水當中，味道會溫和一些，吃起來也就更順口。鮒壽司不僅容易消化而且含豐富的乳酸菌、礦物質、維他命Ｂ１與鈣質，可期待美白、美肌、滋養強壯、預防感冒、便祕和下痢的效果，在講究養生的現代也被視爲健康食品而備受矚目。有機會前往滋賀縣的朋友，不妨挑戰看看這風味獨特的鄉土料理喔。

單字

1. **きつい**：過於刺激、強烈的。
2. **マイルド**：口感或味道溫和的。

49

三重県《みえけん》の手《て》こね寿司《ずし》——豪快《ごうかい》な漁師《りょうし》の即席料理《そくせきりょうり》

手《て》こね寿司《ずし》は三重県伊勢志摩地《みえけんいせしまち》方《ほう》の郷土料理《きょうどりょうり》。醤油《しょうゆ》と砂糖《さとう》を中心《ちゅうしん》としたタレに漬《つ》け込《こ》んだ鰹《かつお》や鮪《まぐろ》などの赤身《あかみ》の刺身《さしみ》を酢飯《すめし》にのせ、シソの葉《は》、生姜《しょうが》、ゴマ、海苔《のり》などの薬味《やくみ》を散《ち》らした一品《いっぴん》だ。

手《て》こね寿司《ずし》は、志摩地方《しまちほう》の漁師《りょうし》が忙《いそが》しい漁《りょう》の合間《あいま》に食《た》べていたものが始《はじ》まりといわれている。捕《と》ったばかりの鰹《かつお》を小《ち》さく切《き》り、醤油《しょうゆ》をかけ、手《て》で豪快《ごうかい》に酢飯《すめし》と混《ま》ぜ合《あ》わせて食《た》べていたことから、手《て》こね寿司《ずし》という名前《なまえ》がついたそうだ。**手間暇《てまひま》**[1]がかからないので、地元《じもと》の海女《あま》の定番料理《ていばんりょうり》となっていった。現在《げんざい》でも漁師《りょうし》が漁《りょう》の合間《あいま》に食《た》べているほか、大漁《たいりょう》の時《とき》の祝《いわ》いとして船主《せんしゅ》が船員《せんいん》に振《ふ》る舞《ま》うこともある。また、一般家庭《いっぱんかてい》や宴会《えんかい》の席《せき》でもよく出《だ》されており、地元住民《じもとじゅうみん》の生活《せいかつ》に定着《ていちゃく》した料理《りょうり》であることがよくわかる。

手《て》こね寿司《ずし》は当初《とうしょ》、刺身《さしみ》を酢飯《すめし》

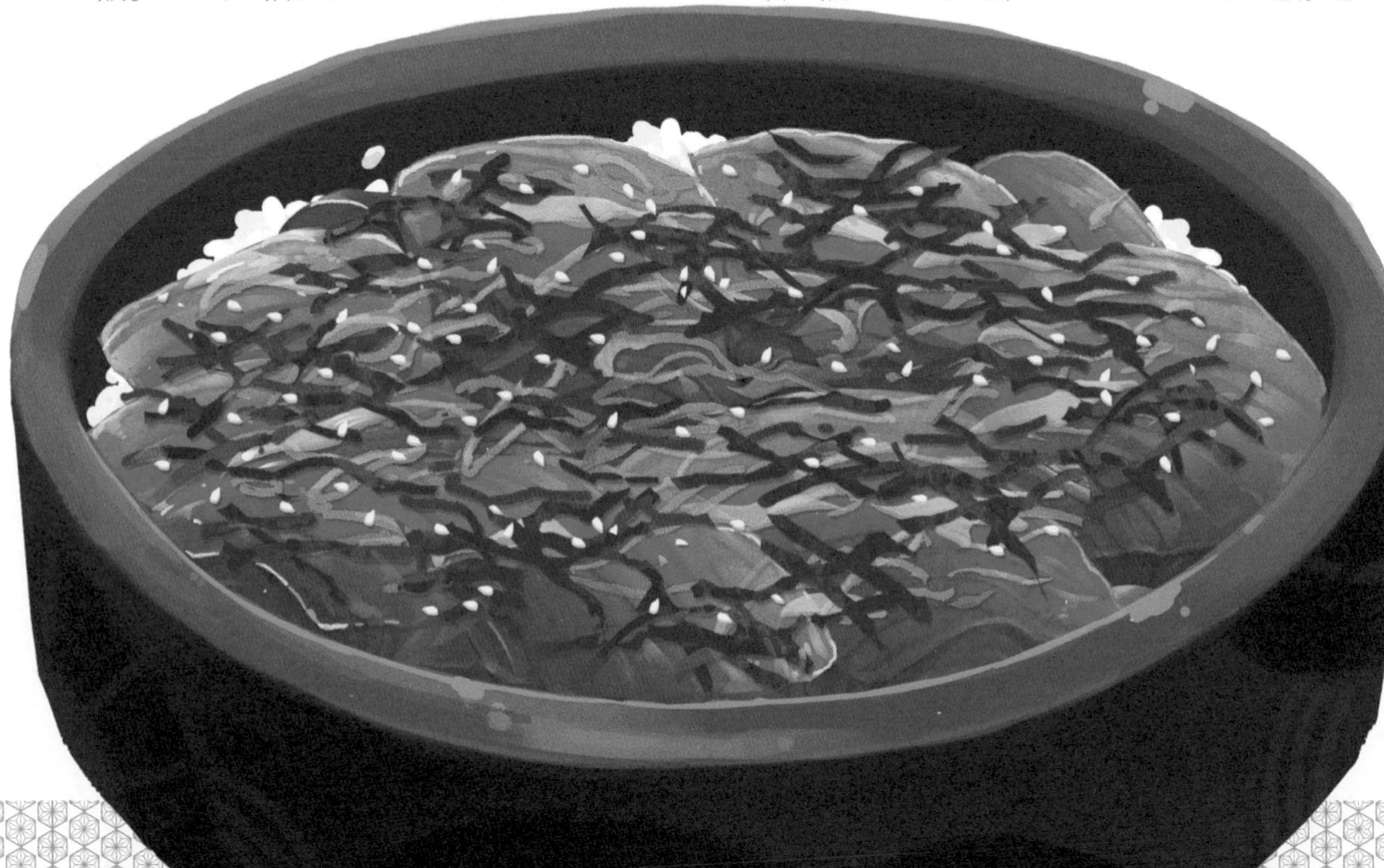

にのせるだけのシンプルなものだったが、一九五〇年代《ねんだい》から海苔《のり》などを散《ち》らすようになり、現在《げんざい》の原型《げんけい》ができ上《あ》がった。その後《ご》、この地域色《ちいきしょく》の強《つよ》い郷土料理《きょうどりょうり》は一九六〇年代《ねんだい》から注《ちゅう》目《もく》を集《あつ》め始《はじ》め、観光客《かんこうきゃく》を**呼《よ》び込《こ》む**[2]ための看板料理《かんばんりょうり》になると、伊勢市《いせし》でも普及《ふきゅう》するようになった。現在《げんざい》は、伊勢《いせ》うどんと並《なら》んで伊勢志摩《いせしま》を代表《だいひょう》する郷土料理《きょうどりょうり》として全国的《ぜんこくてき》に知《し》られている。観光地《かんこうち》の伊勢志摩《いせしま》には手《て》こね寿司《ずし》を提供《ていきょう》する店《みせ》が至《いた》る所《ところ》にあり、その人気《にんき》ぶりがうかがえる。

手《て》こね寿司《ずし》はシンプルな料理《りょうり》ではあるが、タレが十分《じゅうぶん》にしみ込《こ》んだ新《しん》鮮《せん》な刺身《さしみ》と酢飯《すめし》の相性《あいしょう》は抜群《ばつぐん》で、まさにこの世《よ》の絶品《ぜっぴん》だ。また、シソ、生姜《しょうが》などの薬味《やくみ》が醸《かも》し出《だ》す**爽《さわ》やか**[3]な香《かお》りも食欲《しょくよく》をそそる。この料理《りょうり》を**目当《めあ》て**[4]に遠方《えんぽう》からやって来《く》る人《ひと》が多《おお》いのも**得心《とくしん》**[5]がいくというものだ。伊勢志摩《いせしま》に足《あし》を運《はこ》んだ際《さい》は、**くれぐれも**[6]お食《た》べ逃《のが》しなく。

三重縣隨手捏散壽司——漁夫豪邁的速食料理

隨手捏散壽司是三重縣伊勢志摩地方的鄉土料理，做法是把鰹魚或鮪魚等赤身的生魚片，放進醬油和砂糖爲基底的醬汁裡醃至入味鋪放在醋飯上，最後再撒些紫蘇葉、生薑、芝麻、海苔等佐料。

據說這道鄉土料理是始於志摩地方的漁夫料理。在繁忙捕魚的休憩時間，當地漁夫會把剛捕獲的鰹魚切成小片，淋上醬油，再用手豪邁地和醋飯混合在一起食用，這也是隨手捏散壽司名稱的由來。因爲準備上不需要花太多功夫與時間，這道速食料理也自然而然成爲爲當地海女常用的料理。目前除了漁民們在捕魚休憩的時間食用，在大豐收的日子，船主也會準備這道隨手捏壽司來犒賞船員。另外，在當地家庭的餐桌或宴會上也能常常看到這道料理，可見已根深蒂固在當地人的生活當中。

一開始，隨手捏散壽司只是簡單的把生魚片放在醋飯上，到了五〇年代之後，才開始放上海苔等佐料，完成現在的雛型。而到了六〇年代以後，這道帶有濃厚地方色彩的鄉土料理，開始備受矚目，並且被用來當作招攬觀光客的招牌料理，結果也在伊勢市擴展開來。目前與伊勢烏龍麵並稱伊勢志摩的代表鄉土料理而享譽全國。只要來到這裡的觀光勝地，到處都可看到提供隨手捏散壽司的餐飲店，可見受歡迎的程度。

雖然這道料理相當樸素簡單，但是經過醬汁充分滋潤的新鮮生魚片和醋飯的完美結合，可是人間美味，再加上紫蘇、生薑等佐料散發的清香，的確會讓人食指大動，難怪很多人會不遠千里專程前往一飽口福。有機會造訪此地的話，一定不能錯過喔。

單字

1. **手間暇《てまひま》**：所花費的勞力與時間。
2. **呼《よ》び込《こ》む**：招攬、吸引。
3. **爽《さわ》やか**：清新的。
4. **目当《めあ》て**：行動背後的動機標的。
5. **得心《とくしん》**：打從心底認同、接受。
6. **くれぐれも**：真心誠意地發表某個心願時的開頭語。千萬、務必。

打倒可樂！

道產子「Guarana」讓飲料界天王可口可樂碰釘子？

▲巴西的神奇果實 Guarana@shutterstock

在北海道旅行時，是否注意過北海道限定的ガラナ碳酸飲料？這款飲料在北海道以外的地方是非常難入手的。對很多人而言，可樂指的就是可口可樂，但在道產子（どさんこ）的心目中，**比可樂還更可樂（コーラよりコーラらしい）**的，永遠是這款被譽爲「北海道可樂」的「ガラナ」。

1950 年代，美國可口可樂橫掃全世界，**所向披靡（向《む》かうところ敵《てき》なし）**。進軍日本之際，令日本飲料商憂心忡忡。爲求對抗，由「全國清涼飲料協同組合連合會」帶頭，提出了「打倒！コーラ」的戰略。最終引進了巴西的ガラナ，這是一種產於巴西亞馬遜河流域的神奇果實，有**提神作用（眠《ねむ》気《け》覚《ざ》まし）**。以ガラナ結合碳酸飲料後的成品，呈現有如可樂般的黑棕色。

ガラナ喝起來的味道像是可樂參了沙士，還有麥茶的味道。不論其他地方對它評價如何，ガラナ在道民心目中具有**無可取代的（かけがえのない）**地位。理由**衆說紛紜（諸說《しょせつ》ある）**，但多數認爲是北海道比本州晚了三年才允許販賣可口可樂。在道民的意識中，先出現的ガラナ就是王道。隨著道民接受度的增加，生產ガラナ的工廠也集中於道南，這讓道民更加認爲ガラナ才是代表北海道的飲料。所以是正確的戰略、幸運的**時間差（時《じ》期《き》ずれ）**、以及道民的**家鄉愛（鄉《きょう》土《ど》愛《あい》）**，共同孕育出這個奇蹟。

▲北海道限定ガラナ @shutterstock

大阪燒，廣島燒。どっち?!

大阪燒與廣島燒都是由明治時代一錢洋食演變而來。兩者基本元素均是高麗菜絲，肉片，海鮮及麵糊。但料理方法決定了兩者截然不同的面貌。

大阪燒（関西風《かんさいふう》お好《この》み焼《や》き）首先將菜絲、麵粉加水，全攪和成糊狀，倒在鐵板上，再放上自己喜愛的肉片或海鮮。要加什麼全憑**個人喜好（好《この》み）**，所以才被稱爲「お好み焼き」。

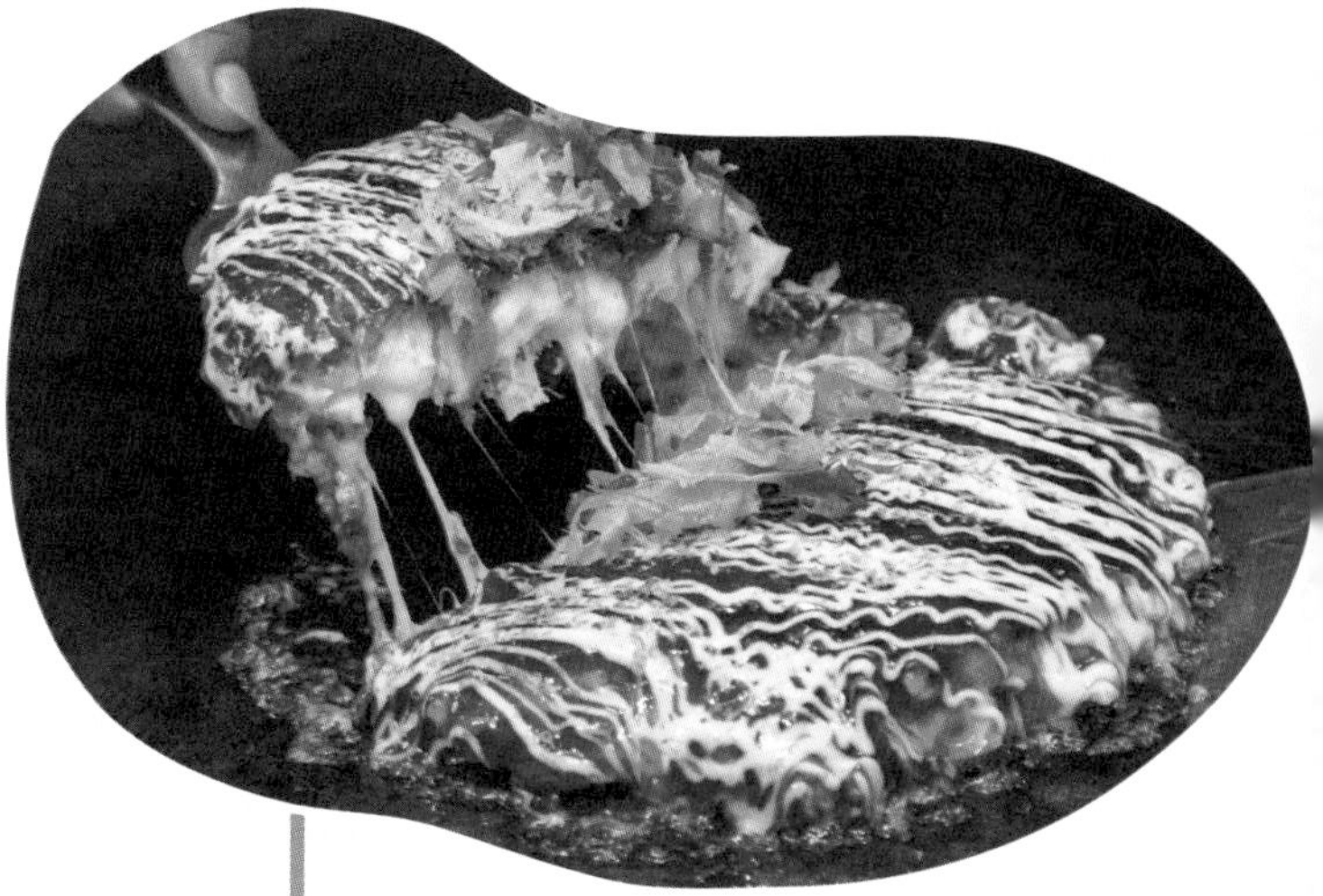

▲大阪燒 @shutterstock

底面煎熟後**翻面（ひっくり返《かえ》す）**。翻面是否完美說明了師傅的功夫。翻面後還要以鍋鏟輕輕的擠壓，將空氣擠出後，進行二度翻面，讓原本放肉片那面朝上。最後塗上專用醬汁、撒上海苔粉，即**大功告成（できあがり）**。這樣的做法，或許和大阪人較爲**性急（せっかち）**有關。爲求講究效率，出現了**「一股腦」（一気《いっき》に）**地倒在鐵板上，再「一股腦」地翻面這樣的手法，吃得出大阪人特有的豪邁及不拘小節。

廣島燒（広島風《ひろしまふう》お好《この》み焼《せ》き）是先在鐵板上煎出一層薄脆的煎餅。接著於煎餅上堆疊高麗菜絲，鋪上肉片。翻面之後，鐵板上另覓空間炒麵，將剛才完成的部分堆疊在炒麵上。然後煎蛋，再一次將包括炒麵的部分置於煎蛋上。全部完成後再翻一次面，讓原本位於最底層的煎蛋出現在最上層，之後塗上醬汁即完成。不像大阪燒有麵糊作爲媒介，而是食材的逐層堆疊，所以要翻的好，不是職人恐怕難以做到。也因爲餅皮之外還有炒麵，讓廣島燒品嘗得出職人才做得到的層次感。

▲廣島燒 @shutterstock

中国地方
ちゅうごくちほう

🎧 50

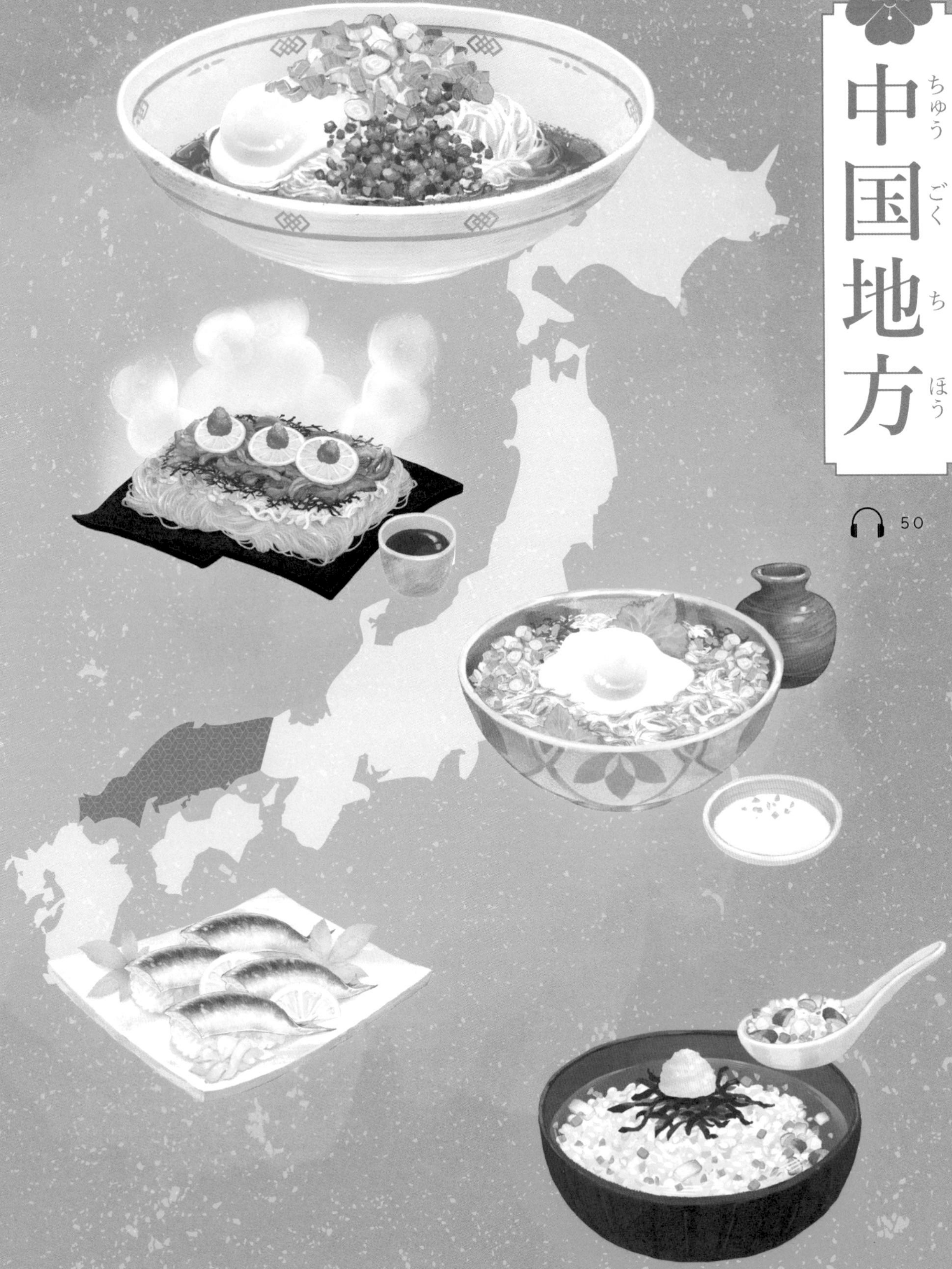

日本《にほん》の「中国《ちゅうごく》」地方《ちほう》は中央《ちゅうおう》に山《さん》地《ち》が横《よこ》たわり、日照時間《にっしょうじかん》の長《なが》い山《さん》地《ち》の南側《みなみがわ》は「山陽《さんよう》」、日照時間《にっしょうじかん》の短《みじか》い北側《きたがわ》は「山陰《さんいん》」と古《ふる》くから呼《よ》ばれている。岡山《おかやま》、広島《ひろしま》などの山《さん》陽地方《ようちほう》は瀬戸内海《せとないかい》に、鳥取《とっとり》、島根《しまね》などの山陰地方《さんいんちほう》は日本海《にほんかい》に面《めん》している。

山陽地方《さんようちほう》は日照時間《にっしょうじかん》が長《なが》く、特《とく》に瀬戸内海沿岸《せとないかいえんがん》は気候《きこう》が温暖《おんだん》で雨《あめ》が少《すく》なく、風《かぜ》も波《なみ》も穏《おだ》やかなため、このあたりは小豆島《しょうどしま》のオリーブ園《えん》、瀬戸内諸島《せとうちしょとう》のナツミカン、レモン、広島沿岸《ひろしまえんがん》のカキ、アナゴなど、地中海地域《ちちゅうかいちいき》に似《に》た特徴《とくちょう》が多《おお》く見《み》られる。また、山陽地方《さんようちほう》の有名《ゆうめい》な酒蔵《さかぐら》で作《つく》られる日本酒《にほんしゅ》は、地元《じもと》のグルメの美味《おい》しさを引《ひ》き上《あ》げる役《やく》割《わり》を果《は》たしている。一方《いっぽう》、山陰地《さんいんち》方《ほう》は日照時間《にっしょうじかん》が短《みじか》く、冬《ふゆ》はシベリアから南下《なんか》する寒気《かんき》が日本海側《にほんかいがわ》に流《なが》れ込《こ》むため寒冷《かんれい》で雪《ゆき》が多《おお》いが、親潮《おやしお》の恩恵《おんけい》を受《う》け、カニの水揚《みずあ》げ量《りょう》は日本一《にほんいち》で、松葉《まつば》ガニも全国的《ぜんこくてき》に知名度《ちめいど》が高《たか》い。また、和牛《わぎゅう》の名《めい》産地《さんち》も多《おお》い。

山口県《やまぐちけん》は山陽《さんよう》と山陰《さんいん》が合流《ごうりゅう》し、関門海峡《かんもんかいきょう》から九州《きゅうしゅう》に通《つう》じている。そんな山口《やまぐち》といえば、フグだ。下《しもの》関《せき》のフグは美味《おい》しいだけでなく、歴史《れきし》にも重要《じゅうよう》な一頁《いちページ》を刻《きざ》んでいる。李鴻章《りこうしょう》が下関条約《しものせきじょうやく》に調印《ちょういん》したのは下関《しものせき》の老舗《しにせ》フグ料理店《りょうりてん》「春帆楼《しゅんぱんろう》」であり、ここにおいて台湾《たいわん》が独自《どくじ》の道《みち》を歩《あゆ》むことが決《き》まったのだ。

中國地方

日本的「中國」地方橫亙著山脈，山之南面日照時間較長，自古稱爲「山陽」。山之北面日照時間較短，故稱爲「山陰」。山陽地方（岡山、廣島）濱瀨戶內海，山陰地方（鳥取、島根）則濱日本海。

瀨戶內海沿岸風平浪靜，氣候溫暖，晴多雨少。山陽地方原本日照就多，再受惠於這樣的好天候，以致出現不少地中海特色。小豆島的橄欖樹果園、瀨戶內諸島嶼的夏蜜柑及檸檬、廣島沿岸的牡蠣及穴子（註）。山陽地方的知名酒藏，所產的日本酒讓在地美味更升級。山陰地方日照已短，每年冬季南下的西伯利亞冷氣團直接吹向所瀕臨的日本海，以致冬季寒冷多雪。然而拜親潮所賜，山陰的螃蟹捕獲量全國第一，松葉蟹也是全國知名。此外，還是許多知名和牛的產地。

山陽與山陰交會於山口縣，與九州隔著關門海峽相望。說到山口，想到的就是河豚。下關的河豚不但美味，還在歷史中佔有重要的一頁。春帆樓的河豚饗宴招待了來日和談的李鴻章，也讓台灣在歷史進程中走向了自己的道路。

註 穴子即是星鰻。以星鰻做成的穴子飯是宮島地方的在地美食。

51

広島県《ひろしまけん》の汁《しる》なし担々麺《たんたんめん》——

辛《から》い物好《ものず》きにはたまらない七《なな》つの味《あじ》

B

広島県《ひろしまけん》の汁《しる》なし担々麺《たんたんめん》の元祖店《がんそてん》は広島市《ひろしまし》の「きさく」といわれている。広島《ひろしま》のご当地《とうち》グルメといえば、広島焼《ひろしまや》きやカキを思《おも》い浮《う》かべる人《ひと》が多《おお》いと思《おも》うが、十数年前《じゅうすうねんまえ》から広島《ひろしま》で**頭角《とうかく》を現《あらわ》し**[1]てきたのは、中国《ちゅうごく》・四川発祥《しせんはっしょう》の汁《しる》なし担々麺《たんたんめん》だ。日本《にほん》の担々麺《たんたんめん》はスープに入《はい》ったものが一般的《いっぱんてき》だが、四川《しせん》では汁《しる》のない担々麺《たんたんめん》が主流《しゅりゅう》で、「きさく」の店主《てんしゅ》が四川出身《しせんしゅっしん》の留学生《りゅうがくせい》に作《つく》ってもらったものを食《た》べたところ、その美味《おい》しさに驚《おどろ》き、店《みせ》で提供《ていきょう》するようになった。その後《ご》、メディアに**取《と》り上《あ》げ**[2]られ、広《ひろ》く知《し》られるようになっていった。

汁《しる》なし担々麺《たんたんめん》は、器《うつわ》にラー油《ゆ》、山椒《さんしょう》、醤油《しょうゆ》と少量《しょうりょう》のスープを入《い》れ、味《あじ》が絡《から》みやすい細麺《ほそめん》か中細麺《ちゅうぼそめん》を盛《も》った後《あと》、肉《にく》そぼろ、青《あお》ネギ、温《おん》泉卵《せんたまご》などをのせれば完成《かんせい》だ。シンプルな料理《りょうり》だが、**しびれ**[3]、辛味《からみ》、甘味《あまみ》、塩味《しおみ》、酸味《さんみ》、苦味《にがみ》、香《かお》りの

七《なな》つの味《あじ》を同時《どうじ》に楽《たの》しめるので、満《まん》足感《ぞくかん》は十分《じゅうぶん》だ。特《とく》に、断続的《だんぞくてき》に舌《した》に襲《おそ》いかかる唐辛子《とうがらし》の辛《から》さと山椒《さんしょう》のしびれはクセになる味《あじ》わいで、料理《りょうり》自《じ》体《たい》も箸《はし》が止《と》まらなくなるほど美味《おい》しい。

汁《しる》なし担々麺《たんたんめん》は、器《うつわ》の底《そこ》の汁《しる》がなくなるまで二十《にじゅう》～三十回《さんじゅっかい》ほどかき混《ま》ぜてから食《た》べるのが**通**《つう》[4]な食《た》べ方《かた》だ。また、辛《から》さは選《えら》べるが、最初《さいしょ》は店《みせ》が推奨《すいしょう》する辛《から》さにするといいだろう。店《みせ》の味《あじ》の特徴《とくちょう》がよく分《わ》かるからだ。さらに、麺《めん》を食《た》べ終《お》わった後《あと》、ご飯《はん》を具《ぐ》と調味料《ちょうみりょう》が残《のこ》った器《うつわ》に入《い》れて食《た》べるのもお薦《すす》めだ。地元《じもと》で「担《たん》担《たん》ライス」などと呼《よ》ばれている食《た》べ方《かた》で、違《ちが》った美味《おい》しさを二度《にど》堪能《たんのう》できる。

広島市内《ひろしましない》で汁《しる》なし担々麺《たんたんめん》を提供《ていきょう》している専門店《せんもんてん》は二十軒以上《にじゅっけんいじょう》あり、東《とう》京《きょう》などの主要都市《しゅようとし》に支店《してん》もある。また、ファンの多《おお》い料理《りょうり》なので、即席《そくせき》タイプの商品《しょうひん》も販売《はんばい》されている。辛《から》いのが好《す》きな人《ひと》はぜひ。

廣島縣乾拌擔擔麵——綜合七味令嗜辣者為之神往的在地美食

縣乾拌擔擔麵的起源據說是廣島市一家名叫「喜作」的麵店店主，說到廣島縣的在地美食，相信很多人會馬上聯想到廣島燒或是牡蠣。不過在十多年前卻有一道來自中國四川的美食在廣島展露頭角，那就是乾拌擔擔麵。日本一般普及的是帶湯的擔擔麵，但是在擔擔麵發祥地的四川省最常見的卻是不帶湯汁的乾拌擔擔麵。因爲「喜作」店主吃了來自四川廣島的留學生所做的擔擔麵驚爲天人，而開始提供這道料理，之後經由媒體介紹，便逐漸擴展出知名度。

乾拌擔擔麵的做法是先在碗底放上辣油、山椒、醬油和少量的高湯，然後放進容易和調味料結合在一起的細麵或中細麵，最後再擺上肉燥、青蔥、溫泉蛋等配料。做法看似簡單，卻綜合了麻、辣、甜、鹹、酸、苦、香七味，充分滿足食客的味蕾。特別是其中辣椒的辣和山椒的麻，會帶給唇舌間歇不斷的震撼與衝擊，很容易讓人上癮。當然除了麻和辣，食材本身的美味，也會讓人捨不得停下筷子。

乾拌擔擔麵內行人的吃法是在食用前將麵與配料充分攪拌約二～三〇次，直到碗底湯汁消失爲止。雖然店家都會提供各種辣度，初次品嘗的話，建議選擇店家推薦的辣度，如此可方便了解該店的特色。還有吃完麵之後，可將剩餘的配料和調味料，加上白飯一起食用，當地人稱爲「擔擔飯」，二度美味，滿足加倍。

目前廣島市內有二〇多家提供乾拌擔擔麵的專門店。除了廣島當地，東京等大城市也有分店進出。因爲上癮者衆，坊間也買得到速食型態的乾拌擔擔麵，絕對是嗜辣者不可錯過的體驗。

單字

1. **頭角《とうかく》を現《あらわ》す**：嶄露頭角。
2. **取《と》り上《あ》げる**：當作議題來取材、討論。
3. **しびれ**：麻痺的感覺，此指味覺上的麻辣。
4. **通《つう》**：某方面的專家。

52

岡山県《おかやまけん》の ママカリ寿司《ずし》—

隣《となり》にご飯《はん》を借《か》りに行《い》くほど美味《おい》しい

ママカリは岡山県沿岸《おかやまけんえんがん》の特産《とくさん》魚《ぎょ》。特《とく》に潮流《ちょうりゅう》が速《はや》い瀬戸内海《せとないかい》のママカリは脂《あぶら》の乗《の》りが良《よ》いことから、古《ふる》くから地元《じもと》の人《ひと》に親《した》しまれてきた。岡山《おかやま》を代表《だいひょう》する郷土《きょうど》食材《しょくざい》の一《ひと》つでもある。

ママカリというのは岡山独自《おかやまどくじ》の呼《よ》び方《かた》で、正式《せいしき》には「サッパ」という。ママカリは漢字《かんじ》では「飯《まま》借《かり》」と書《か》く。「ママ」はご飯《はん》を意《い》味《み》する「まんま」の方言《ほうげん》で、「カリ」は「借《か》りる」の意味《いみ》。美味《おい》しく過《す》ぎて自宅《じたく》のご飯《はん》だけでは足《た》りず、隣《となり》の家《いえ》からご飯《はん》を借《か》りてきてでも食《た》べたいということからその名《な》がついた。「サッパ」は関東《かんとう》での呼《こ》称《しょう》で、味《あじ》の「さっぱり」に由来《ゆらい》する。主《おも》に西日本《にしにほん》で食《しょく》されており、関《かん》東《とう》では雑魚《ざこ》扱《あつか》いされることが多《おお》い。

ママカリはニシン科《か》の魚《さかな》で、体《たい》長《ちょう》は十《じゅう》〜十五《じゅうご》センチと小《ちい》さい。骨《ほね》が多《おお》いのが特徴《とくちょう》だが、味《あじ》はさっぱりとしていて、カルシウム、ビタ

ミンも豊富《ほうふ》だ。ただ、**日《ひ》持《も》ち**[1]しにくいので、酢《す》漬《づ》けにして、ママカリ寿司《ずし》のような料理《りょうり》にするのに向《む》いている。酢《す》漬《づ》けにする場合《ばあい》は、頭《あたま》、鱗《うろこ》、内臓《ないぞう》を取《と》り除《のぞ》き、洗《あら》ってから一《いち》時間《じかん》ほど塩漬《しおづ》けにし、その後《あと》で調味《ちょうみ》料《りょう》を混《ま》ぜ合《あ》わせた二杯酢《にはいず》に半日《はんにち》から一日《いちにち》漬《つ》ける。

岡山《おかやま》では昔《むかし》、波風《なみかぜ》の**穏《おだ》やか**[2]な**晴《は》れ渡《わた》っ**[3]た日《ひ》や、祭《まつ》りや祝《いわ》い事《ごと》の際《さい》に、海《うみ》にママカリを釣《つ》りに行《い》き、釣《つ》れたママカリで寿司《すし》を作《つく》る習慣《しゅうかん》があった。食生活《しょくせいかつ》の多様化《たようか》により、ママカリ寿司《ずし》を作《つく》る家庭《かてい》は減《へ》ってきているが、岡山《おかやま》の名物料理《めいぶつりょうり》であることに変《か》わりはない。県内《けんない》の寿司屋《すしや》で食《た》べられるほか、駅《えき》の弁当屋《べんとうや》でも販売《はんばい》されている。ママカリは初夏《しょか》と深秋《しんしゅう》が旬《しゅん》だ。初夏《しょか》のママカリは皮《かわ》も骨《ほね》も軟《やわ》らかく、深秋《しんしゅう》のママカリは脂《あぶら》が乗《の》っていて、それぞれ違《ちが》った味《あじ》わいを楽《たの》しめる。ママカリ寿司《ずし》を堪能《たんのう》するなら、これらの時期《じき》がお薦《すす》めだ。

岡山縣借飯魚壽司——好吃到要跟隔壁借飯

借飯魚是岡山縣沿海的特產，特別瀨戶內海沿岸一帶，因爲水流湍急，在這環境下生長的借飯魚，特別肥美，自古以來就深受當地人的喜愛，爲岡山縣代表的鄉土料理之一。

借飯魚是岡山縣特有的稱呼，正式名稱爲「壽南小沙丁魚」。之所以稱爲借飯魚是因爲「ママカリ」的漢字是「飯借」，「ママ」同「まんま」是飯的方言。而「カリ」則是「借《か》りる」，即借的意思，因爲太好吃，好吃到把家裡的飯吃光光，還要到隔壁借飯繼續吃，故得名。在關東，壽南小沙丁魚則稱爲「サッパ」，是因爲吃起來味道很「さっぱり」（清爽）。不過被拿來食用的主要是西日本，在關東多被當作雜魚來看待。

借飯魚是體長約十～十五公分、鯡魚科的小魚，特徵是小骨頭很多，但味道清爽，且富含鈣質和維他命。因鮮度保存不易，較適合用醋醃製，做成像借飯魚壽司這樣的料理。作法是將魚頭、魚鱗和內臟清除乾淨，撒上食鹽醃製約一小時，然後浸泡在加有調味料的二杯醋中約半天至一天，再做成壽司。

很早以前，在風平浪靜、晴空萬里的日子，或是祭典喜慶等重要節日，岡山人就有專程到海邊釣借飯魚，做借飯魚壽司的習慣，雖然因爲食物的多樣化，現今自己做借飯魚壽司的家庭越來越少，但借飯魚壽司仍是岡山縣人氣的名物料理，不論是岡山縣內的壽司店或是車站的便當店還是吃得到、買得到。初夏和深秋是借飯魚的旺季，初夏期間借飯魚的魚皮和魚骨非常柔軟，深秋時分則帶有肥美的油脂，各有不同的風味，很推薦大家在這兩個季節品嘗看看。

單字

1. **日《ひ》持《も》ち**：食物能長期保鮮不易腐壞。
2. **穏《おだ》やか**：安靜平穩的樣子。
3. **晴《は》れ渡《わた》る**：晴空萬里。

句型

●～てでも：即使採用～這樣極端的手段，也想要達成某個目的。表達強烈的願望。

動詞｛て形｝　てでも

例句：

さすがに長《なが》い時間《じがん》待《ま》ってでも食《た》べたい人気《にんき》グルメです。　不愧是讓人花長時間等待也想吃的人氣美食。

53

鳥取県《とっとりけん》のカニトロ丼《どん》——

氷温熟成《ひょうおんじゅくせい》でマグロのトロのような甘《あま》みと香《かお》り

B

台湾《たいわん》では、日本《にほん》でカニを食《た》べるなら北海道《ほっかいどう》という人《ひと》が大半《たいはん》だと思《おも》うが、日本《にほん》のカニ愛好家《あいこうか》にとってのパラダイスは実《じつ》は本州西部《ほんしゅうせいぶ》の鳥《とっ》取県《とりけん》だ。カニの水揚《みずあ》げ量《りょう》は北海道《ほっかいどう》の四倍《よんばい》で日本一《にほんいち》。「蟹取県《かにとりけん》」という別名《べつめい》があるほどだ。鳥取県《とっとりけん》では松葉《まつば》ガニが有名《ゆうめい》だが、一年中水揚《いちねんじゅうみずあ》げされるベニズワイガニも**引《ひ》けを取《と》らない**[1]。漁獲量《ぎょかくりょう》が多《おお》く、価格《かかく》が手頃《てごろ》なため「庶民《しょみん》のカニ」として親《した》しまれており、松葉《まつば》ガニに負《ま》けない美味《おい》しさも**兼《か》ね備《そな》える**[2]。そんなベニズワイガニを使用《しよう》した鳥取《とっとり》県境港市《けんさかいみなとし》の名物《めいぶつ》がカニトロ丼《どん》だ。

カニトロ丼《どん》は境港市《さかいみなとし》にある「御《お》食事処弓《しょくじどころゆみ》ヶ浜《はま》」という店《みせ》が発祥《はっしょう》で、商標登録《しょうひょうとうろく》もされている。氷温熟成《ひょうおんじゅくせい》したカニ肉《にく》を温《あたた》かいご飯《はん》の上《うえ》にのせ、刻《きざ》み海苔《のり》をトッピングし、とろろと特製《とくせい》の酢醤油《すじょうゆ》をかけて食《た》べる。摂氏《せっし》マイナス一度《いちど》～零度《れいど》の氷《ひょう》温熟成《おんじゅくせい》で鮮度《せんど》を保《たも》ち、旨味《うまみ》を最大《さいだい》

限《げん》に引《ひ》き出《だ》したカニ肉《にく》は、マグロのトロのような独特《どくとく》な甘《あま》みと香《かお》りで、口《くち》の中《なか》で溶《と》けるような食感《しょっかん》も堪能《たんのう》できる。また、地元《じもと》の日南町産《にちなんちょうさん》コシヒカリを使用《しよう》したご飯《はん》は一粒《ひとつぶ》一粒《ひとつぶ》が立《た》っていて、香《かお》りもいい。とろろと混《ま》ぜ合《あ》わせて食《た》べると**口《くち》当《あ》たり**[3]は滑《なめ》らかで、豊《ゆた》かな香《かお》りが口《くち》の中《なか》に広《ひろ》がる。まさに贅沢《ぜいたく》の極《きわ》みだ。

　カニトロ丼《どん》が**脚光《きゃっこう》を浴《あ》びる**[4]契機《けいき》となったのは、二〇一三年《ねん》に行《おこな》われた「第四回全国《だいよんかいぜんこく》ご当地《とうち》どんぶり選手権《せんしゅけん》」だ。見事《みごと》に予選《よせん》を**勝ち抜《ぬ》き**[5]、決勝大会《けっしょうたいかい》で七位《なない》に入賞《にゅうしょう》。これをきっかけに、全国的《ぜんこくてき》にメディアに取《と》り上《あ》げられるようになり、知名度《ちめいど》が高《たか》まった。なお、境港市《さかいみなとし》の物産店《ぶっさんてん》では、カニトロ丼《どん》の冷凍《れいとう》パックも販売《はんばい》されているので、家族《かぞく》や友人《ゆうじん》へのお土産《みやげ》にぴったりだ。今度《こんど》日本《にほん》にカニを食《た》べに行《い》く時《とき》は、ぜひ鳥取県《とっとりけん》という選択肢《せんたくし》もお忘《わす》れなく。

鳥取縣蟹肉山藥丼——冰溫熟成宛如鮪魚腹肉的甜香

　說到前往日本吃螃蟹，相信大部分的國會人馬上聯想到北海道，其實位居本州西部的鳥取縣才是日本螃蟹愛好者的天堂。其產量不僅是北海道的四倍，還高居全國之冠，因此又有「蟹取縣」的暱稱。一般來說，鳥取縣生產的螃蟹當中，大家比較熟悉松葉蟹，其實一年四季都有供應的紅楚蟹也毫不遜色。鳥取縣紅楚蟹的產量多、價格便宜，因此有「平民蟹」的暱稱，雖然被稱爲平民蟹，但美味的程度卻不亞於松葉蟹。鳥取縣境港市的名物蟹肉山藥丼，就是利用紅楚蟹製作而成。

　蟹肉山藥丼源自境港市內一家叫「御食事処《ごしょくじどころ》弓《ゆみ》ヶ《が》浜《はま》」的餐廳，而且還有註冊商標。作法是將冰溫熟成後的蟹肉鋪在溫熱的飯上，然後撒上海苔絲，享用時再淋上山藥泥和特製的醋醬油。經過零下一度至零度冰溫熟成的蟹肉，不僅能保持原有的鮮度，還能將蟹肉的鮮甜提至極致，吃起來就像鮪魚腹肉般有獨特的甜香，而且入口卽化。再加上使用的是當地日南町特產的越光米，煮出來的米飯粒粒分明香氣四溢，經過攪拌，細滑的山藥泥也讓白飯蟹肉的口感變得滑溜滑溜，吃下一口，馥郁的芳香在口中散開，是再奢侈不過了。

　蟹肉山藥丼開始備受矚目的契機是在二〇一三年舉辦的「第四回全國當地丼飯選手權」。不僅漂亮地通過預賽，還在決賽以第七名佳績入賞，經由全國各地媒體的報導，而擴展出知名度。除了在元祖店享用之外，境港市的物產店也有銷售冷凍包裝，很適合買回去餽贈親友。最後提醒大家，想吃螃蟹，別再一窩蜂往北海道擠，鳥取縣也是極佳的選擇喔。

單字

1. **引《ひ》けを取《と》らない**：不輸給別人。
2. **兼《か》ね備《そな》える**：兩者兼具。
3. **口《くち》当《あ》たり**：口感。
4. **脚光《きゃっこう》を浴《あ》びる**：原指演員站上舞台，引伸爲受到世人關注。
5. **勝《か》ち抜《ぬ》く**：經過不斷努力獲得最終勝利。

54

島根県《しまねけん》のうずめ飯《めし》——

贅沢《ぜいたく》を隠《かく》した一品《いっぴん》

　うずめ飯《めし》は島根《しまね》県《けん》津和野町《つわのちょう》で生《う》まれた郷土料理《きょうどりょうり》。一見《いっけん》するとただのお茶漬《ちゃづ》けだが、実《じつ》は意外《いがい》な秘密《ひみつ》が隠《かく》された絶品料理《ぜっぴんりょうり》で、初《はじ》めて食《た》べる時《とき》にその美味《おい》しさに衝撃《しょうげき》を受《う》ける人《ひと》は多《おお》い。うずめ飯《めし》は、一九三九年《ねん》に宮内庁《くないちょう》が行《おこな》った郷土料理調査《きょうどりょうりちょうさ》において日本五《にほんご》大名飯《だいめいはん》の一《ひと》つに選定《せんてい》されたほか、有名《ゆうめい》グルメ漫画《まんが》『美味《おい》しんぼ』に登場《とうじょう》したこともあり、その実力《じつりょく》のほどが**うかがえる**[1]。

　うずめ飯《めし》は、醤油味《しょうゆあじ》のだし汁《じる》で煮上《にあ》げたニンジン、シイタケ、かまぼこ、豆腐《とうふ》などの具材《ぐざい》（豚肉《ぶたにく》や魚肉《ぎょにく》を加《くわ》える地域《ちいき》もある）を器《うつわ》の底《そこ》に敷《し》き、上《うえ》からご飯《はん》をのせ、わさびと海苔《のり》をトッピングし、最後《さいご》に鰹《かつお》と昆布《こんぶ》のだし汁《じる》をかけて食《た》べる。この料理《りょうり》の**決《き》め手《て》**[2]は、水《みず》がきれいな山間《やまあい》で栽培《さいばい》された**知《し》る人《ひと》ぞ**

知《し》る[3]絶品《ぜっぴん》わさびで、辛《から》さの中《なか》に感《かん》じるほのかな甘《あま》みが料理全体《りょうりぜんたい》を引《ひ》き立《た》てる役割《やくわり》を果《は》たしている。また、煮込《にこ》んだ後《あと》も食感《しょっかん》を残《のこ》した具材《ぐざい》はあっさりとした味《あじ》わいで、香《かお》り高《だか》いだし汁《じる》と見事《みごと》に調和《ちょうわ》している。

うずめ飯《めし》という名称《めいしょう》は、具材《ぐざい》をご飯《はん》の下《した》に埋《うず》めてあることに由来《ゆらい》し、その起源《きげん》は江戸時代《えどじだい》にまで遡《さかのぼ》る。当《とう》時《じ》は身分制度《みぶんせいど》が**根強《ねづよ》く**[4]、庶民《しょみん》が力《ちから》をつけ過《す》ぎることを防《ふせ》ぎたかった藩《はん》主《しゅ》は倹約令《けんやくれい》を敷《し》き、庶民《しょみん》が贅沢《ぜいたく》な食《しょく》材《ざい》を使用《しよう》することなどを禁止《きんし》した。その結果《けっか》、庶民《しょみん》は贅沢《ぜいたく》な具材《ぐざい》を食《た》べていることが見《み》つからないよう、ご飯《はん》の下《した》に埋《うず》めるようになった。こうして生《う》まれたのがうずめ飯《めし》だ。

うずめ飯《めし》は現在《げんざい》でも津和野町《つわのちょう》の人々《ひとびと》に愛《あい》されている。家族《かぞく》、友人《ゆうじん》の集《あつ》まりや宴会《えんかい》などで出《だ》されており、地元自慢《じもとじまん》の郷土料理《きょうどりょうり》といえるだろう。美味《おい》しさを隠《かく》したこの伝統料理《でんとうりょうり》は津和野町《つわのちょう》をはじめ、浜田市《はまだし》、益田《ますだ》市《し》にある多《おお》くの飲食店《いんしょくてん》でも堪能《たんのう》できる。一口《ひとくち》食《た》べると、その美味《おい》しさに**目《め》を見張《みは》る**[5]はずだ。

島根縣埋飯——暗藏玄機深藏不露的好料

埋飯是誕生於島根縣津和野町的鄉土料理。乍看之下雖像茶泡飯，實際上卻是暗藏玄機深藏不露的美饌，初次品嘗的人，往往爲之驚艷。埋飯曾在一九三九年宮內廳實施的鄉土料理調查中，被遴選爲日本五大名飯之一。而大家極爲熟悉的美食漫畫「美味《おい》しんぼ」（美味大挑戰）也曾經介紹過，可見實力不同凡響。

埋飯是在碗底放上經過醬油調味、高湯熬煮的紅蘿蔔、香菇、魚板、豆腐等配料（有些地方也會加豬肉或魚肉），然後蓋上白飯，再放些芥末與海苔，最後淋上柴魚昆布高湯的料理。所有的配料中，芥末算是埋飯的關鍵性角色，利用當地山間潔淨水源栽培的芥末是內行人都知道的絕品，嗆辣中微微帶著甘甜，有畫龍點睛之妙。經過熬煮仍帶有食材口感的配料吃起來非常清爽，搭配帶有香味的高湯，非常和諧，絲毫不衝突。

之所以叫埋飯，是因爲將配料埋在白飯的下面。至於理由則得回溯到江戶中期。當時因爲身分制度還根深蒂固，爲避免庶民強過於強大，統治的藩主便下達儉約令，要求庶民力求樸實節儉的生活，像是限制庶民們使用奢侈的食材等等。庶民想吃的時候，便把當時被視爲珍貴的食材藏在白飯下面以掩人耳目，這便是埋飯的由來。

直到現在埋飯依然深受津河野町當地人的喜愛，像是親朋好友的聚會或是酒宴都會提供這道料理，可說是津河野町自豪的鄉土料理。若想試試看這個深藏不露的好味道，目前津和野町和濱田市、益田市有很多飲食店提供這道傳統的鄉土料理。當一湯匙舀下，相信能帶給大家很多驚喜喔。

單字

1. **うかがえる**：能夠窺見、足以得到某結論。
2. **決《き》め手《て》**：決定性關鍵。
3. **知《し》る人《ひと》ぞ知る**：雖不是廣為人知，但知道的人就相當瞭解。
4. **根強《ねづよ》く**：不可動搖的。
5. **目《め》を見張《みは》る**：因為驚訝、生氣、感動等原因而睜大雙眼的樣子。比喻感受或情緒之強烈。

55

山口県《やまぐちけん》の瓦《かわら》そば―
ジュージュー音《おと》まで楽《たの》しめる逸品《いっぴん》

瓦《かわら》そばは、熱《ねっ》した瓦《かわら》の上《うえ》に茹《ゆ》でた茶《ちゃ》そば、味付《あじつ》けをした細切《こまぎ》れの牛肉《ぎゅうにく》、錦糸卵《きんしたまご》、ネギ、レモン、もみじおろし、海苔《のり》などの多種多様《たしゅたよう》な具材《ぐざい》をのせ、鰹《かつお》・昆布《こんぶ》だしと醤《しょう》油《ゆ》のつゆで食《た》べる料理《りょうり》。もともとは山口県下関市豊浦町《やまぐちけんしものせきしとようらちょう》にある川棚《かわたな》温泉《おんせん》の名物料理《めいぶつりょうり》として広《ひろ》まっていたが、今《いま》では山口県《やまぐちけん》を代表《だいひょう》するご当地《とうち》グルメとなっている。

瓦《かわら》そばは一九六一年《ねん》に川棚温泉《かわたなおんせん》の旅館《りょかん》「たかせ」で誕生《たんじょう》した。一八七七年《ねん》の西南戦争《せいなんせんそう》の際《さい》、熊本《くまもと》城《じょう》を囲《かこ》む薩摩軍《さつまぐん》の兵士《へいし》たちが野戦《やせん》の合間《あいま》に瓦《かわら》を使《つか》って茹《ゆ》でた麺《めん》や野《や》草《そう》などを焼《や》いて食《た》べていたという話《はなし》を参考《さんこう》にして、「たかせ」の経《けい》営者《えいしゃ》が宿泊者向《しゅくはくしゃむ》けの料理《りょうり》として開《かい》発《はっ》したとされる。これが大変評判《たいへんひょうばん》となり、川棚温泉《かわたなおんせん》の他《ほか》の旅館《りょかん》やホテルでも提供《ていきょう》され始《はじ》め、川棚温泉《かわたなおんせん》の名物料理《めいぶつりょうり》となった。さらには、下関市《しものせきし》をはじめ、山口県内各地《やまぐちけんないかくち》に

も広《ひろ》まり、スーパーマーケットでは蒸《む》した茶《ちゃ》そばとつゆのセットが販売《はんばい》されているほどだ。また、**ホットプレート**[1]やフライパンを使用《しよう》して自《じ》宅《たく》で調理《ちょうり》する家庭《かてい》も多《おお》く、**もはや**[2]県民食《けんみんしょく》となっている。

瓦《かわら》そばは人気《にんき》ドラマ『逃《に》げるは恥《はじ》だが役《やく》に立《た》つ』にも登場《とうじょう》したので、**見覚《みおぼ》え**[3]のある人《ひと》もいるだろう。瓦《かわら》そばの最大《さいだい》の特徴《とくちょう》はその名《な》の通《とお》り、熱《ねっ》した瓦《かわら》の上《うえ》に具材《ぐざい》を盛《も》り付《つ》ける点《てん》にある。瓦《かわら》には遠赤外線効果《えんせきがいせんこうか》があり、保温性《ほおんせい》に優《すぐ》れているので、最後《さいご》まで熱々《あつあつ》の状態《じょうたい》で味《あじ》わえる。また、瓦《かわら》に触《ふ》れた部分《ぶぶん》の茶《ちゃ》そばの**お焦《こ》げ**[4]のようなパリパリとした食感《しょっかん》と香《かお》りが楽《たの》しめるのも特徴《とくちょう》で、だしと醤油《しょうゆ》のつゆも特別《とくべつ》な味《あじ》わいを演出《えんしゅつ》している。さらに、瓦《かわら》そばから鳴《な》り響《ひび》くジュージューという音《おと》と具材《ぐざい》の色鮮《いろあざ》やかさは耳《みみ》と目《め》にも心地《ここち》いい。山口《やまぐち》県《けん》に行《い》ったら絶対《ぜったい》に外《はず》せない逸品《いっぴん》といえるだろう。

山口縣瓦片蕎麥麵——在瓦片上嘶嘶作響的好料

瓦片蕎麥麵是將煮熟的抹茶蕎麥麵，放在燒熱的瓦片上，再放上經過調味的牛肉絲、蛋絲，以及青蔥、檸檬片、辣椒蘿蔔泥、海苔等多樣的配料，食用時沾柴魚昆布高湯醬油的料理。原爲山口縣下關市豐浦町川棚溫泉的名物料理，現已成爲代表山口縣的在地美食。

瓦片蕎麥麵誕生於一九六一年川棚溫泉的一家名叫「高瀬」的旅館。據說是旅館的主人從一八七七年西南戰爭薩摩士兵圍攻熊本城時，在空檔時間，利用瓦片將煮熟的麵和雜草烤來吃的故事獲得靈感，進而研發提供給住宿旅客享用的料理。因爲口碑極佳，川棚溫泉的其他旅館和飯店也隨著跟進，而演變成當地的名物料理。目前除了下關市，也傳遍山口縣內各地。因爲極爲普遍，在縣內各地超市也有銷售蒸好的蕎麥麵和高湯組合，很多家庭會利用鐵板或平底鍋自行調理，目前已成爲山口縣民餐桌上常見的料理。

如果有追過人氣日劇「逃《に》げるは恥《はじ》だが役《やく》に立《た》つ」（月薪嬌妻）的朋友，應該不會陌生，劇中也曾出現過這道料理。正如其名，瓦片蕎麥麵最大的特色就是使用燒熱的瓦片來盛裝，因爲瓦片具有遠紅外線的效果，保溫性特佳，在從頭到尾食用的過程都能保持料理熱呼呼的狀態。此外，和瓦片直接接觸的蕎麥麵，因加熱的關係，吃起來就像鍋巴般，不僅帶有焦香，口感還脆脆的，搭配濃郁的高湯醬油，別有一番風味。當然除了味覺上的滿足，瓦片上吱吱作響的聲效，色彩繽紛的配料，也能讓聽覺與視覺獲得極大的滿足，的確是來到山口縣絕對不可宜錯過的逸品。

單字

1. **ホットプレート**：電熱式鐵板。
2. **もはや**：早已經。
3. **見覚《みおぼ》えのある**：記憶中曾經見過的感覺。
4. **お焦《こ》げ**：食物焦黑的部分。

四《し》国《こく》地《ち》方《ほう》

56

四国地方《しこくちほう》は、瀬戸内海《せとないかい》と太平洋《たいへいよう》の恵《めぐ》みを受《う》けている。瀬戸内海《せとないかい》に面《めん》する愛媛《えひめ》と香川《かがわ》には、瀬戸内海《せとないかい》を回遊《かいゆう》する高級魚《こうきゅうぎょ》を食材《しょくざい》とする料理《りょうり》が多《おお》い。例《たと》えば、愛媛県《えひめけん》の鯛《たい》めしは、鯛一匹《たいいっぴき》を丸《まる》ごとご飯《はん》と一緒《いっしょ》に炊《た》き込《こ》む料理《りょうり》で、鯛《たい》の旨味《うまみ》がご飯《はん》にしみ込《こ》んだ贅沢《ぜいたく》な味《あじ》わいから、「魚米之郷《ぎょまいのさと》」（物産《ぶっさん》が豊富《ほうふ》な地域《ちいき》）という言葉《ことば》の意味《いみ》が十分《じゅうぶん》に伝《つた》わってくる。また、太平洋《たいへいよう》に面《めん》した高知《こうち》と徳島《とくしま》の沿岸《えんがん》では黒潮《くろしお》の恩恵《おんけい》により生《い》きのいい鰹《かつお》が捕《と》れる。高知県《こうちけん》には、伝統《でんとう》の「一本釣《いっぽんづ》り」漁法《ぎょほう》で漁獲《ぎょかく》した旬《しゅん》の鰹《かつお》を使用《しよう》した有名《ゆうめい》な郷土料理《きょうどりょうり》「藁焼《わらや》き鰹《かつお》たたき」が存在《そんざい》する。

四国《しこく》は魚介類《ぎょかいるい》だけでなく、他《ほか》の多《おお》くのグルメ食材《しょくざい》の重要《じゅうよう》な産地《さんち》でもある。例《たと》えば、香川《かがわ》と徳島《とくしま》は今《いま》でも、「竹糖《ちくとう》」というサトウキビを原料《げんりょう》とする、高級和菓子《こうきゅうわがし》に使用《しよう》される砂糖《さとう》「和三盆《わさんぼん》」の最《もっと》も重要《じゅうよう》な産地《さんち》だ。また、瀬戸内海一帯《せとないかいいったい》は晴天《せいてん》が多《おお》く、降水量《こうすいりょう》が少《すく》ない気候《きこう》のため、昔《むかし》から大量《たいりょう》の水《みず》を必要《ひつよう》とする稲作《いなさく》に代《か》わって乾燥《かんそう》に強《つよ》い小《こ》麦《むぎ》の栽培《さいばい》が続《つづ》いており、良質《りょうしつ》の小《こ》麦《むぎ》が大量《たいりょう》に生産《せいさん》されることから、うどんがある意味《いみ》、讃岐《さぬき》（香川《かがわ》県《けん》）ひいては四国《しこく》グルメの代名詞《だいめいし》的存在《てきそんざい》となった。そして小豆島《しょうどしま》の醤油《しょうゆ》は、画竜点睛《がりゅうてんせい》の如《ごと》く、四国《しこく》のうどんの味《あじ》わいを一層高《いっそうたか》める役割《やくわり》を果《は》たしている。

四國地方

四國得天獨厚，享有瀨戶內海及太平洋之恩惠。濱臨瀨戶內海的愛媛及香川，常以洄游於瀨戶內海的高級魚種爲食材。愛媛縣的鯛魚飯，將整條鯛魚與米飯一起炊煮，讓魚肉的鮮甜直接灌入飽滿的米飯中。如此奢華的美味，充分詮釋了何謂「魚米之鄉」。濱臨太平洋的高知及德島，受惠於流經沿岸的黑潮，可輕易捕獲活跳跳的鰹魚。高知縣的漁民在鰹魚季節，以「一本釣り」（註1）的絕活捕獲大群的鰹魚，也造就出遠近馳名的高知縣鄉土美食「藁焼き鰹たたき」（註2）。

味之外，四國也是許多美食原料的重要產地。製作高級和菓子的砂糖「和三盆」，以名爲「竹糖」的甘蔗爲原料。香川與德島迄今仍是最重要的產地。瀨戶內海一帶晴日多降雨少，於是先民捨棄需要大量用水的稻田改種耐乾旱的小麥。每年產出的大量優質小麥，使得うどん某種程度上就是讚岐（香川縣），甚至整個四國的美食代名詞。小豆島的醬油，則猶如畫龍點睛般地，讓うどん的美味更上一層樓。

註1 一本釣り：出海的漁船不以魚網撈捕，漁民在船上人手一釣竿。釣竿上有一至數個魚鉤。比起漁網捕撈，以此方式捕獲的鰹魚，可保持魚身完整及表皮的美麗。

註2 藁焼き鰹たたき：鰹魚以稻草包裹，直接在大火上燒烤。之後去除稻草部分，切片如生魚片的方式食用。稻草香氣伴著魚肉，表層微熟，但內部仍維持生魚片獨有的鮮甜。是高知有名的鄉土料理。

57

香川県《かがわけん》の骨付鳥《ほねつきどり》—

豪快《ごうかい》にかぶりつきたい美味《おい》しさ

骨付鳥《ほねつきどり》は香川県《かがわけん》でうどんの次《つぎ》に有名《ゆうめい》なご当地《とうち》グルメ。発祥《はっしょう》は同県《どうけん》丸亀市《まるがめし》で、骨《ほね》付《つ》き鶏《どり》のもも肉《にく》を塩《しお》、胡椒《こしょう》、ニンニクで味《あじ》付《つ》けし、オーブンで焼《や》き上《あ》げる。焼《や》きたての皮《かわ》はカリッと香《こう》ばしく、身《み》もジューシーで、**かぶりつく**[1]のが一番《いちばん》。冷《ひ》えたビールとの相性《あいしょう》が抜群《ばつぐん》で、豪快《ごうかい》に骨付鳥《ほねつきどり》にかぶりつき、ビールを**ぐびっ**[2]と飲《の》むとたまらない。

骨付鳥《ほねつきどり》は丸亀市《まるがめし》にある「一鶴《いっかく》」という店《みせ》が発祥《はっしょう》。肉《にく》が貴重《きちょう》だった戦後《せんご》、店主《てんしゅ》が米国《べいこく》の映画《えいが》で女優《じょゆう》がフライドチキンにかぶりつく姿《すがた》を見《み》て、羨《うらや》ましくなると同時《どうじ》に、「あんな豪快《ごうかい》な料理《りょうり》をお客《きゃく》さんにも味《あじ》わってほしい」と思《おも》い、試行錯誤《しこうさくご》の**末《すえ》**[3]、骨付鳥《ほねつきどり》を完成《かんせい》させた。

骨付鳥《ほねつきどり》には肉質《にくしつ》がしっかりして歯《は》ごたえのある親鶏《おやどり》と、肉質《にくしつ》が柔《やわ》らかくジューシーな若鶏《わかどり》の二種類《にしゅるい》

がある。親鶏《おやどり》は少《すこ》し硬《かた》いが、噛《か》めば噛《か》むほど旨味《うまみ》が出《で》てくる**通好《つうごの》み**[4]の味《あじ》わいで、若鶏《わかどり》は柔《やわ》らかくて噛《か》みやすい**万民受《ばんみんう》け**[5]のタイプだ。骨付鳥《ほねつきどり》は鶏飯《とりめし》、鶏《にわとり》のスープ、鶏《にわとり》の皮《かわ》の酢《す》の物《もの》やおにぎり、キャベツと一緒《いっしょ》に食《た》べるのがお薦《すす》めで、皿《さら》に残《のこ》った肉汁《にくじる》におにぎりやキャベツをつけたり、肉汁《にくじる》を鶏飯《とりめし》にかけたりして食《た》べれば、無駄《むだ》なく味《あじ》わい尽《つ》くすことができる。

骨付鳥《ほねつきどり》は、丸亀市《まるがめし》では日頃《ひごろ》のおかずやおつまみとしてはもちろん、クリスマスなどの特別《とくべつ》な日《ひ》にも食《しょく》されているほど人気《にんき》の料理《りょうり》だ。丸亀市《まるがめし》を「骨付鳥市《ほねつきどりし》」と改名《かいめい》したいほど好《す》きな人《ひと》もいるらしい。なお、丸亀市《まるがめし》には骨付鳥《ほねつきどり》を提供《ていきょう》する専門店《せんもんてん》や居酒屋《いざかや》が五十軒《ごじゅっけん》以上《いじょう》もあるので便利《べんり》だ。また、骨付鳥《ほねつきどり》のPRキャラ「とり奉行《ぶぎょう》骨付《ほねつき》じゅうじゅう」をデザインしたハンカチ、携帯電話《けいたいでんわ》のストラップ、タオル、クッションなどのかわいい周辺《しゅうへん》グッズも観光協会《かんこうきょうかい》から販売《はんばい》されているので、お土産《みやげ》にいかがだろうか。

香川縣帶骨烤雞腿——適合豪邁大口咬下的美味

帶骨烤雞腿是香川縣知名度僅次於烏龍麵的在地美食。源自香川縣丸龜市的帶骨烤雞腿是以鹽、胡椒、蒜頭調味，再用烤爐慢慢炙烤的美味。剛烤出爐熱呼呼的帶骨烤雞腿，不僅外皮香脆還帶有豐富的肉汁，最適合大口咬下，和沁涼的啤酒堪稱絕配，一口雞腿，一口啤酒，既豪邁又過癮。

帶骨烤雞腿起源於丸龜市內一家叫「一鶴」的飲食店。當時還是戰後肉類相當珍貴的時代，該店的老闆看到美國電影中女星大口咬下炸雞的一幕，便心生羨慕，也想要提供給顧客這種可以大口咬肉的料理，經過不斷的摸索，這道帶骨烤雞腿終於問世。

帶骨考雞腿主要有兩種，一種是肉質緊緻、帶有咬勁的母雞，一種是肉質柔軟多汁的雛雞。前者雖然有點硬，但是越嚼越有味，據說內行人特別喜歡這一味。後者因爲軟嫩好咬，則老少咸宜。在享受帶骨烤雞腿的同時，也很推薦和雞肉飯、雞湯、雞皮醋物、飯糰、高麗菜等配菜一起做搭配。爲了避免浪費盤底留下的肉汁，可利用飯糰或高麗菜沾食或直接以淋在的雞肉飯上。

除了平時配飯下酒，每逢聖誕節等特別的節日，丸龜市民也會準備帶骨烤雞腿來過節，可見當地人的喜好度。據說有些人甚至喜歡到想把丸龜市的名稱改成「帶骨烤雞市」呢！目前丸龜市內約有五十多家專門店或居酒屋提供帶骨烤雞腿，很方便享用。另外，觀光協會還推出以帶骨雞腿爲形象的造型人物「とり奉行《ぶぎょう》骨付《ほねつき》じゅうじゅう」（雞奉行帶骨啾啾），有手帕、手機吊飾、毛巾、靠墊等可愛的周邊商品，可以帶回去當作伴手禮喔。

單字

1. **かぶりつく**：大口豪邁地咬下。
2. **ぐびっ**：形容一口氣把酒灌下喉嚨的聲音。
3. **末《すえ》**：事情進行到最後的結果。
4. **通好《つうごの》み**：符合精通此道之人的喜好。
5. **万民受《ばんみんう》け**：符合大眾喜好。「万民」指全國人民，在此指大衆。

58

愛《え》媛《ひめ》県《けん》の焼豚玉子飯《やきぶたたまごめし》—
元《もと》まかない料理《りょうり》のグルメチャンピオン

焼豚玉子飯《やきぶたたまごめし》は愛《え》媛《ひめ》県《けん》今治《いまばり》市《し》のご当《とう》地《ち》グルメ。その名《な》の通《とお》り、ご飯《はん》にチャーシューと半熟《はんじゅく》の目玉焼《めだまや》きをのせ、チャーシューのタレをかけた料理《りょうり》だ。元々《もともと》は五十年《ごじゅうねん》以上前《いじょうまえ》に今治《いまばり》市内《しない》で営業《えいぎょう》していた中華料理店《ちゅうかりょうりてん》「五番閣《ごばんかく》」の**まかない**[1]料理《りょうり》だったらしい。その店《みせ》で働《はたら》いていた料理《りょうり》人《にん》が一九七〇年《ねん》に独立《どくりつ》して「白楽《はくらく》天《てん》」を開業《かいぎょう》し、正式《せいしき》なメニューとして提供《ていきょう》するようになった。**ボリューム**[2]たっぷりな上《うえ》に安《やす》くて美《お》味《い》しいことから、当初《とうしょ》は近所《きんじょ》の高《こう》校《こう》の男子生徒《だんしせいと》の間《あいだ》で人気《にんき》となっていた。また、注文《ちゅうもん》してから数十秒《すうじゅうびょう》で提供《ていきょう》される早《はや》さも、**せっかち**[3]で待《ま》つのが嫌《きら》いな今治人《いまばりじん》にとっては魅力的《みりょくてき》で、やがて広《ひろ》く食《しょく》されるようになった。焼豚玉子飯《やきぶたたまごめし》を通《つう》じて今治市《いまばりし》の魅力《みりょく》を世界《せかい》に発信《はっしん》しよう

という市民《しみん》有志《ゆうし》の「今治《いまばり》焼豚《やきぶた》玉子《たまご》飯《めし》世界《せかい》普及《ふきゅう》委員会《いいんかい》」も**発足《ほっそく》**[4]しており、この料理《りょうり》が地元《じもと》でいかに愛《あい》されているかが分《わ》かる。

焼豚《やきぶた》玉子《たまご》飯《めし》を美味《おい》しく食《た》べるにはコツがある。まず、箸《はし》でなくスプーンを使《つか》うこと。次《つぎ》に、スプーンで半《はん》熟《じゅく》の黄身《きみ》を**くずし**[5]、ご飯《はん》、チャーシュー、タレと混《ま》ぜ合《あ》わせることだ。味《あじ》のしみ込《こ》んだ柔《やわ》らかいチャーシュー、とろとろの卵《たまご》、ちょうどいい甘辛《あまから》さで肉《にく》の香《かお》りも香《こう》ばしいタレが口《くち》の中《なか》で一体《いったい》となり、至極《しごく》の味《あじ》わいを楽《たの》しめる。

焼豚《やきぶた》玉子《たまご》飯《めし》はシンプルな料理《りょうり》ではあるが、B-1グランプリで二度《にど》の優勝《ゆうしょう》を含《ふく》め何度《なんど》も入賞《にゅうしょう》しており、その実力《じつりょく》のほどがうかがえる。また、「秘密《ひみつ》のケンミンSHOW」などの番組《ばんぐみ》で紹介《しょうかい》されたこともあるため、この料理《りょうり》を目当《めあ》てに今治市《いまばりし》を訪《おとず》れる人《ひと》は多《おお》い。今治市《いまばりし》では六十軒《ろくじゅっけん》以上《いじょう》の店《みせ》が焼豚《やきぶた》玉子《たまご》飯《めし》を提供《ていきょう》しており、どの店《みせ》もチャーシューの厚《あつ》さや使用《しよう》する部位《ぶい》、卵《たまご》、タレに独自《どくじ》のこだわりと工夫《くふう》がある。様々《さまざま》な味《あじ》わいを食《た》べ比《くら》べてみるといいだろう。

愛媛縣燒豚玉子飯——源自員工餐的冠軍美食

燒豚玉子飯是愛媛縣今治市的在地美食。就如其名，是在白飯上放上叉燒、半熟的荷包蛋，最後再淋上叉燒滷汁的料理。據說原爲五十多年前今治市內一家叫「五重閣」（已停止營業）的中華料理店所製作的員工餐。一九七〇年該店的廚師獨立另外開了一家叫「白樂天」的中華料理店之後，開始放進菜單商提供給大衆。由於鄰近學校的關係，再加上份量十足、價格便宜、美味，一開始在男高中生之間非常流行。還有今治人是出了名的急性子，不喜歡等待，因此這道製作時間不消數十秒的超特急美味也很快的擄獲了大衆的芳心。此外，在地的有志人士還組成了「金治燒豚玉子飯世界普及委員會」，想透過燒豚玉子飯將今治市介紹給全世界，可見當地人對這道料理的鍾愛。

要享受燒豚玉子飯的美味，可是有竅門。首先，要使用湯匙，而非筷子。再來就是用湯匙將半熟荷包蛋的弄開，讓半熟的蛋黃流散出來，最後再將整碗飯與配料、滷汁攪拌在一起即可。軟嫩煮得非常入味的叉燒、半熟滑溜的雞蛋、甜鹹適中又帶肉香的滷汁在口中融爲一體，的確是人間的美味。

別小看這道看似簡單的燒豚玉子飯，在B-1在地美食冠軍賽不僅多次入賞，還曾經獲得二次優勝，可見實力的強大。也因爲屢獲佳績，以及「秘密的縣民SHOW」等節目的介紹，有很多人爲了品嘗這道料理而專程來訪。目前在今治市內約有六十多家店鋪提供燒豚玉子飯。對於叉燒的厚度和使用的部位、蛋、滷汁，各家有不同的堅持與功夫，多樣的風味，不妨比較看看。

單字

1. **まかない**：食堂等飲食店利用提供給客人之外剩餘的食材做的員工料理。
2. **ボリューム**：份量。
3. **せっかち**：性急的。
4. **発足《ほっそく》**：機構或組織發起活動。
5. **くずす**：破壞原本完整安定的結構。

59

徳島県《とくしまけん》の豆天玉焼《まめてんたまや》き——

甘味《あまみ》を加《くわ》えたお好《この》み焼《や》き

B

お好《この》み焼《や》きといえば、広島風《ひろしまふう》や関西風《かんさいふう》のが有名《ゆうめい》だが、実《じつ》は徳島県《とくしまけん》にも「豆天玉焼《まめてんたまや》き」という名《な》のお好《この》み焼《や》きがある。徳島風《とくしまふう》お好《この》み焼《や》きと呼《よ》ばれることもある。関西《かんさい》に近《ちか》い徳島県《とくしまけん》では、お好《この》み焼《や》きも関西風《かんさいふう》に近《ちか》いものが主流《しゅりゅう》で、生地《きじ》やキャベツ、卵《たまご》（玉子《たまご》）などの基本《きほん》的《てき》な具材《ぐざい》を使用《しよう》する点《てん》や、作《つく》り方《かた》も関西風《かんさいふう》に似《に》ているが、関西風《かんさいふう》との最大《さいだい》の違《ちが》いは、金時豆《きんときまめ》の甘煮《あまに》と小《こ》エビの天《てん》ぷらを入《い》れる点《てん》だ。「お好《この》み焼《や》きに甘《あま》い豆《まめ》なんて……」と思《おも》うかもしれないが、金時豆《きんときまめ》の甘《あま》さとお好《この》み焼《や》きソースの甘辛《あまから》さが案外《あんがい》合《あ》っていて、違和感《いわかん》は全《まった》くない。また、小《こ》エビの天《てん》ぷらも新《あら》たな食感《しょっかん》を生《う》み出《だ》している。**一風変《いっぷうか》わった**[1]組《く》み合《あ》わせではあるが、一《いち》度《ど》食《た》べると癖《くせ》になる味《あじ》わいだ。

一説《いっせつ》によれば、塩《しお》づくりが盛《さか》んだった徳島《とくしま》では、逆《ぎゃく》に甘《あま》いものが貴重《きちょう》で好《この》まれ、ちらし寿司《ずし》に甘《あま》く

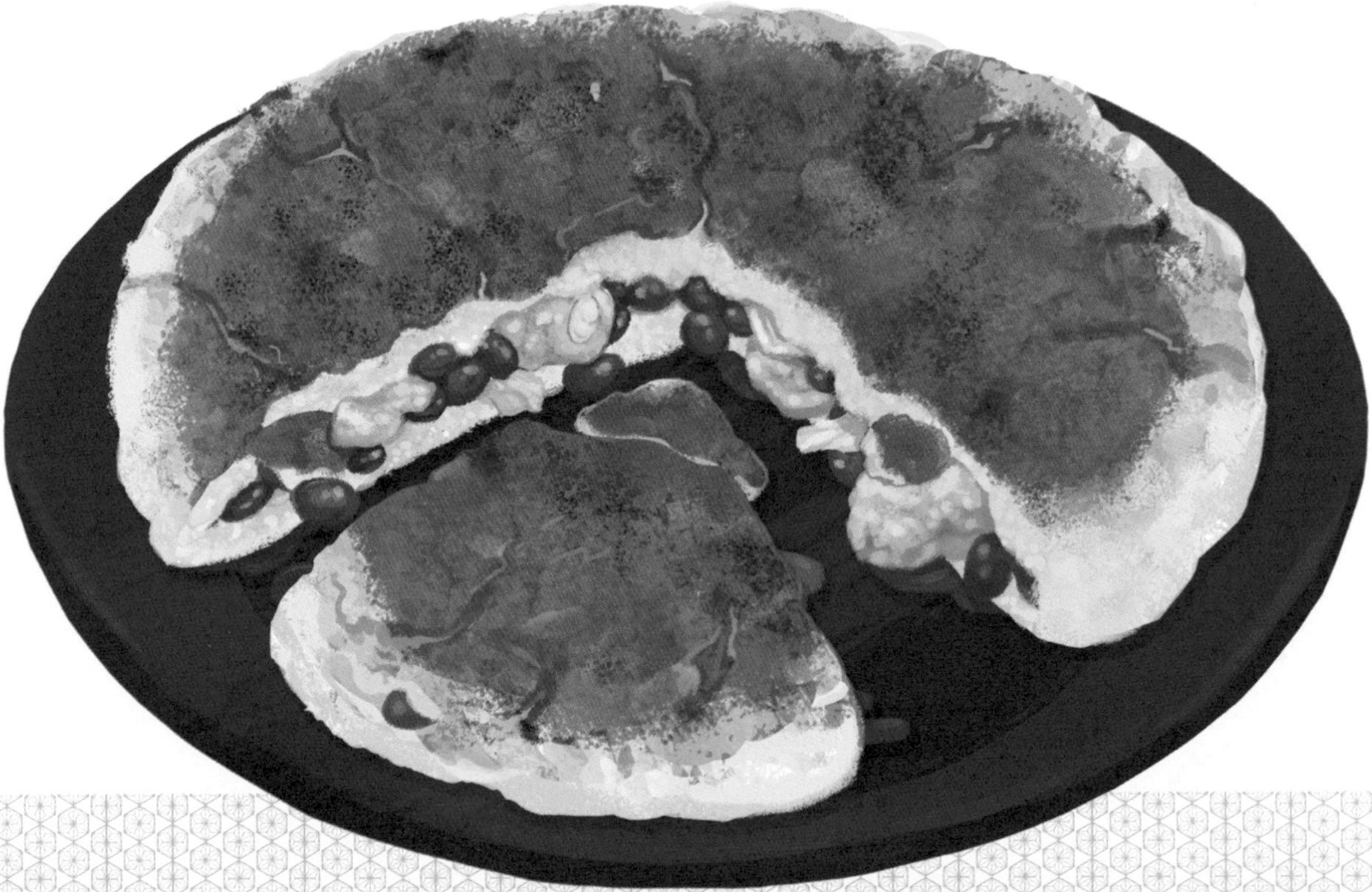

煮《に》た金時豆《きんときまめ》を加《くわ》えたり、赤飯《せきはん》にごま塩《しお》でなく砂糖《さとう》をかけたりしていて、関西《かんさい》から伝《つた》わってきたお好《この》み焼《や》きにも自然《しぜん》と金時豆《きんときまめ》の甘煮《あまに》を入《い》れるようになったという。また、小《こ》エビの天《てん》ぷらを加《くわ》えたのは、まだ肉《にく》や魚介《ぎょかい》などの豪華《ごうか》な食材《しょくざい》がなかった、お好《この》み焼《や》きの前身《ぜんしん》である洋食焼《ようしょくや》きの時代《じだい》に、贅沢感《ぜいたくかん》を出《だ》すためだったとされる。

豆天玉焼《まめてんたまや》きは戦後間《せんごま》もない頃《ころ》に徳《とく》島市《しまし》で誕生《たんじょう》した。今《いま》ではすっかり徳《とく》島市《しまし》のご当地《とうち》グルメとなっており、市内《しない》の多《おお》くのお好《この》み焼《や》き屋《や》で提供《ていきょう》されている。知名度上昇《ちめいどじょうしょう》に伴《ともな》い、遠方《えんぽう》から**はるばる**[2]食《た》べにくる人《ひと》も増《ふ》えている。また、二〇一三年《ねん》には、豆《まめ》天玉焼《てんたまや》きをPRすることでまちおこしを図《はか》る団体《だんたい》「とくしま豆天玉連《まめてんたまれん》」が徳島商工会議所青年部《とくしましょうこうかいぎしょせいねんぶ》によって設《せつ》立《りつ》された。徳島市《とくしまし》を観光《かんこう》で訪《おとず》れた際《さい》は、この独特《どくとく》な料理《りょうり》を味《あじ》わってみるといいだろう。

德島縣豆天玉御好燒——加上甜蜜滋味的御好燒

說到御好燒，一般大衆熟悉的是廣島風或關西風的御好燒。其實在德島縣，也有被稱爲「豆天玉燒」的御好燒，也有人稱之爲德島風御好燒。德島因爲鄰近關西，御好燒的型態以關西風爲主流，除了麵糊、高麗菜、「玉」（蛋）等基本配料，做法也很類似。而兩者最大的不同是豆天玉燒還加了用糖熬煮的金時「豆」和小蝦「天」婦羅。又甜又鹹，沒吃過的人難免心裡冒問號，這樣搭配好吃嗎？不過讓人意外的是甘甜的金時豆和御好燒鹹甜的醬汁的非常協調，絲毫沒有違和感，而小蝦的天婦羅，也豐富了御好燒的口感，這另類的結合，吃過的人都很難抗拒其魅力。

之所以會加上甘甜的金時豆，據說是因爲德島縣盛產鹽，在地人反而偏好較珍貴的甜食，像是散壽司就會刻意加上甜的金時豆，而紅豆飯，也是撒糖來取代芝麻鹽。於是這道由關西傳來的御好燒，自然而然也受到德島人喜好甜食的影響，加入了金時豆的甘煮。至於小蝦天婦羅，是因爲在御好燒的前身、洋食燒的時代，沒有肉或魚貝類等豪華的配料，爲了增添一些奢侈感，而放入小蝦天婦羅。

豆天玉御好燒的起源是在戰後不久的德島市，目前已成爲德島市的在地美食。市內有很多御好燒店，都有提供這道料理。由於認知度逐漸提高，有越來越多的饕客爲了一親芳澤，不惜遠道而來。爲了將豆天玉燒和地方活性化連結在一起，德島商工會議所的青年部還在二〇一三年設立了「德島豆天玉連」極力推廣，以圖地方振興。若有機會前往德島市觀光，不妨試試這另類的滋味。

單字

1. **一風《いっぷう》変《か》わった**：獨樹一幟的。
2. **はるばる**：千里迢迢、遠道而來地。

句型

●～によれば：根據

根據某種情報來源表示。內容不代表說話者自身判斷，而是轉述情報，後面常接表示推測的表現，如「らしい」、「という」。

名詞　によれば／によると

例句

噂《うわさ》によれば、このキャンプ場《じょう》には幽霊《ゆうれい》が出《で》るらしい。

傳聞這個露營區會有幽靈出沒。

60

高知県《こうちけん》の鍋焼《なべや》きラーメン——

日本一《にほんいち》熱《あつ》いラーメン

高知県《こうちけん》須崎市《すさきし》の名物《めいぶつ》、鍋焼《なべや》きラーメンは、鶏《とり》ガラスープに親鶏《おやどり》の肉《にく》、卵《たまご》、ちくわ（すまき）などを加《くわ》えたもの。一般的《いっぱんてき》なラーメンと具《ぐ》が違《ちが》う上《うえ》、土鍋《どなべ》を使用《しよう》するのが最大《さいだい》の特徴《とくちょう》で、最後《さいご》まで熱々《あつあつ》が続《つづ》く。

発祥《はっしょう》は戦後間《せんごま》もなく須崎市《すさきし》の**路《ろ》地裏《じうら》**[1]に開業《かいぎょう》した「谷口食堂《たにぐちしょくどう》」。具《ぐ》が普通《ふつう》のラーメンと違《ちが》うのは、食糧難《しょくりょうなん》だった当時《とうじ》、店主《てんしゅ》が**身近《みぢか》**[2]な安《やす》い食材《しょくざい》で考案《こうあん》したからだ。また、土鍋《どなべ》を使用《しよう》するのは、出前《でまえ》の途中《とちゅう》に冷《さ》めないようにと保温性《ほおんせい》の高《たか》い土鍋《どなべ》（最初《さいしょ》はホーロー鍋《なべ》）を用《もち》い始《はじ》めたためだ。

鍋焼《なべや》きラーメンは長《なが》い間《あいだ》、地元《じもと》でしか知《し》られていなかったが、二〇〇二年《ねん》に商工会議所《しょうこうかいぎしょ》などの有《ゆう》志《し》により「鍋焼《なべや》きラーメンプロジェクトX」が発足《ほっそく》し、地域《ちいき》おこしのためのPRが始《はじ》まってから、市外《しがい》でも知名度《ちめいど》が高《たか》まっていった。同《どう》

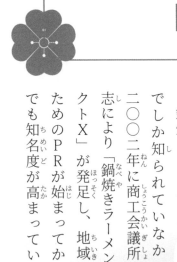

プロジェクトでは須崎《すさき》の鍋焼《なべや》きラーメンの七《なな》つの定義《ていぎ》として（一）スープは親鶏《おやどり》の鶏《とり》がら醤油《しょうゆ》ベースであること（二）麺《めん》は細麺《ほそめん》ストレートで少《すこ》し硬《かた》めに提供《ていきょう》されること（三）具《ぐ》は親鶏《おやどり》の肉《にく》・ねぎ・生卵《なまたまご》・ちくわ（すまき）などであること（四）器《うつわ》は土《ど》鍋《なべ》（ホーロー、鉄鍋《てつなべ》）であること（五）スープが沸騰《ふっとう》した状態《じょうたい》で提供《ていきょう》されること（六）たくわん（古漬《ふるづ》けで酸味《さんみ》のあるものがベスト）が提供《ていきょう》されること（七）全《すべ》てに「**おもてなし**[3]の心《こころ》」を**込《こ》める**[4]こと——を制定《せいてい》。市内《しない》で提供《ていきょう》する店《みせ》は三十軒《さんじゅっけん》以上《いじょう》あり、大半《たいはん》は店頭《てんとう》に共通《きょうつう》の幟《のぼり》を掲《かか》げているので分《わ》かりやすい。

食《た》べ方《かた》は地元《じもと》の流儀《りゅうぎ》を参考《さんこう》にするといい。例《たと》えば、溶《と》き卵《たまご》を加《くわ》えると、スープと麺《めん》がさらに濃厚《のうこう》な味《あじ》わいになる。また、**猫舌《ねこじた》**[5]の人《ひと》は鍋蓋《なべぶた》に卵《たまご》を溶《と》き、すき焼《や》きのように麺《めん》をつけて食《た》べたり、鍋《なべ》の中《なか》で卵《たまご》が固《かた》まってから食《た》べたりするといいだろう。麺《めん》をご飯《はん》にのせたり、最後《さいご》にご飯《はん》を入《い》れて雑炊《ぞうすい》にしたりしても美味《おい》しい。

高知縣鍋燒拉麵——日本最燙的拉麵

高知縣須崎市的名物鍋燒拉麵是利用雞骨高湯、母雞肉、蛋、竹輪或圓形魚板所製作的拉麵。除了配料和一般拉麵不太一樣，最大的特色就是用沙鍋來裝盛，因此從上桌到最後享用的過程，都能保持熱騰騰的溫度。

鍋燒拉麵是戰後不久須崎市巷弄中一家名叫「谷口食堂」的拉麵店所創作的料理。當時因食糧不足的關係，店主只能利用周邊便宜現成的食材，所以配料和一般的拉麵不同。至於沙鍋則是在開始外送時，因考量送抵的時間拉麵會冷掉，便改用保溫性佳的沙鍋（最初是琺瑯鍋），好讓顧客能享受熱騰騰的拉麵。

有頗長一段時間鍋燒拉麵只有當地人才知道，直到二〇〇二年因商工會議所等有志人士發起「鍋燒拉麵企劃X」，積極推廣以圖地方振興，才逐漸對外打開知名度。該企劃還將須崎鍋燒拉麵定了如下七個定義：（一）湯頭使用母雞雞骨熬製，並以醬油調味。（二）使用直的細麵，並且煮硬一點。（三）使用母雞肉、蔥、生蛋、竹輪或圓形魚板等配料。（四）容器要使用沙鍋。（五）麵湯要以沸騰的狀態提供。（六）提供黃蘿蔔醬瓜。（七）要具備款待的心。目前市內約有三十多家飲食店提供鍋燒拉麵店，大部分在店頭都有掛上共通的旗幟很好辨認。

若有機會品嚐鍋燒拉麵，不妨參考在地人的吃法，像是把生蛋打散，讓湯頭和麵吃起來滋味更加濃郁。怕燙的人還可以像吃壽喜燒般，將生蛋放在鍋蓋打散沾麵吃，或是把蛋放到最後，待凝固再食用。另外，把麵放在飯上一起吃，或是最後將白飯放進麵湯中做成雜炊也很美味喔。

單字

1. **路地裏《ろじうら》**：巷弄深處。
2. **身近《みぢか》**：自己生活周遭的、唾手可得的。
3. **おもてなし**：表示鄭重的「お」加上「もてなし」所組成，意指充滿誠意的款待。
4. **込《こ》める**：充分注入某種情感、心意，或將物品塞滿或置入另一物品中。
5. **猫舌《ねこじた》**：舌頭怕燙，或指舌頭怕燙的人。

九州と沖縄地方
きゅう しゅう おき なわ ち ほう

🎧 61

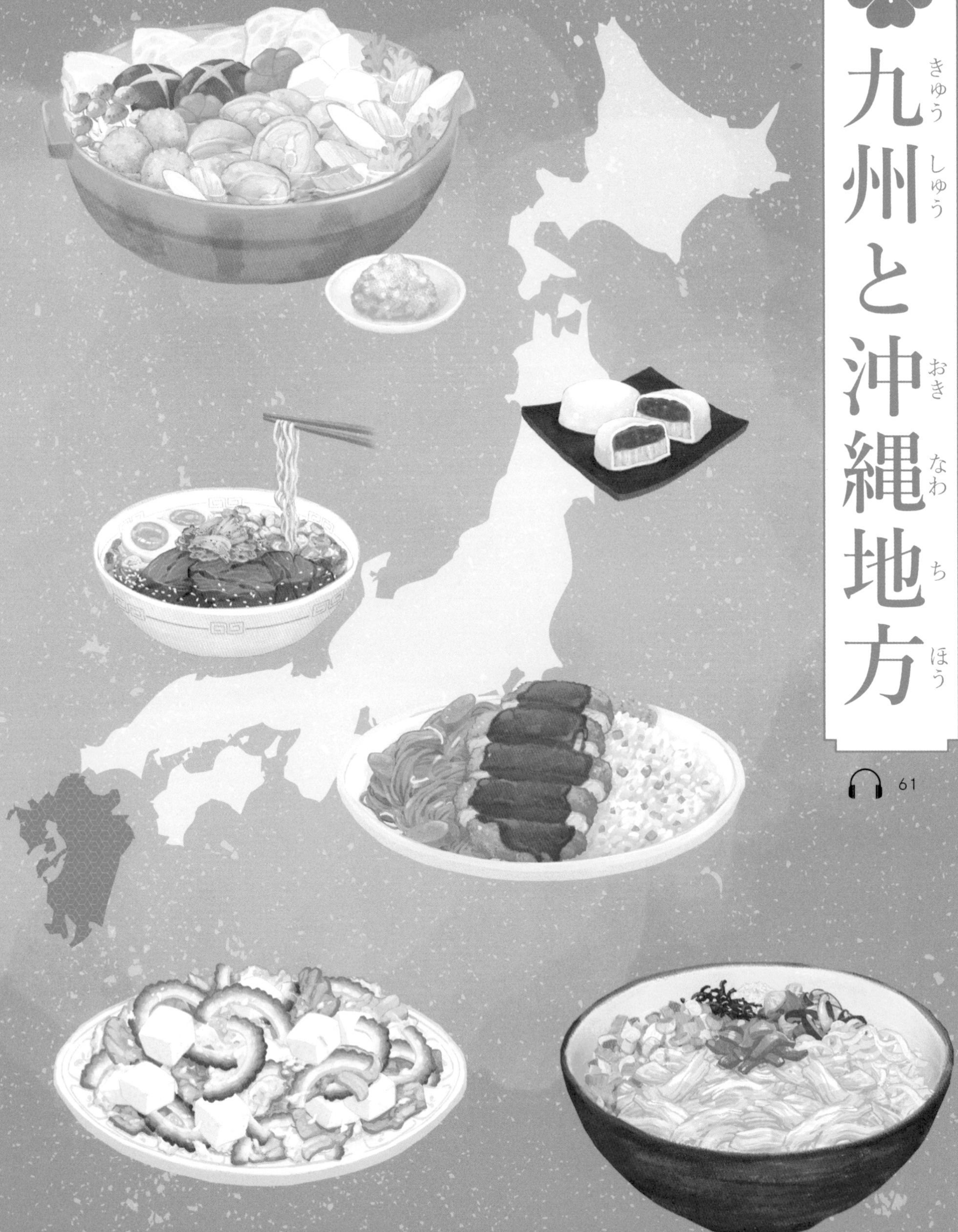

台湾《たいわん》と同《おな》じくらいの面積《めんせき》で地理《ちり》的環境《てきかんきょう》も似《に》ている九州《きゅうしゅう》は、北《ほく》、中《ちゅう》、南部《なんぶ》で違《ちが》いがある。古代《こだい》の朝《ちょう》鮮《せん》などの大陸文化《たいりくぶんか》や南蛮文化《なんばんぶんか》の玄《げん》関口《かんぐち》だった北部《ほくぶ》では、外来料理《がいらいりょうり》を取《と》り入《い》れ、土着化《どちゃくか》させてきた。北《ほく》部発祥《ぶはっしょう》の白濁《はくだく》した豚骨《とんこつ》スープは、豚骨《とんこつ》を煮込《にこ》んでスープを作《つく》る中国《ちゅうごく》人《じん》の習慣《しゅうかん》がルーツではあるが、地《じ》元民《もとみん》による見事《みごと》なアレンジがなければ、日本《にほん》のラーメンの代表的《だいひょうてき》スープになれなかったかもしれない。

一方《いっぽう》、中南部《ちゅうなんぶ》には熊本阿蘇産《くまもとあそさん》の馬刺《ばさ》し、宮崎産《みやざきさん》の地鶏《じどり》、鹿児島産《かごしまさん》の黒豚肉《くろぶたにく》など良質《りょうしつ》の肉《にく》の産地《さんち》が沢《たく》山《さん》ある。いずれも新鮮《しんせん》さと品質《ひんしつ》にこだわって生産《せいさん》された肉《にく》なので、さっと調理《ちょうり》するだけで食卓《しょくたく》に出《だ》すことができる。なお、鹿児島《かごしま》の黒《くろ》豚肉《ぶたにく》の一番《いちばん》の食《た》べ方《かた》は、濃厚《のうこう》な旨《うま》味《み》をそのまま味《あじ》わえるしゃぶしゃぶだ。

沖縄《おきなわ》のグルメは台湾人《たいわんじん》に馴染《なじ》みのある要素《ようそ》が多《おお》い。例《たと》えば、沖縄《おきなわ》そばには、豚《ぶた》ばら肉《にく》やスペアリブの台湾風角煮《たいわんふうかくに》に似《に》たものが入《はい》っている。沖縄《おきなわ》が一《ひと》つの国《くに》として独立《どくりつ》していた頃《ころ》、北京《ぺきん》への使節《しせつ》が福州《ふくしゅう》から上京《じょうきょう》し、受《う》け取《と》った回賜品《かいしひん》を持《も》ち帰《かえ》る中《なか》で、沖縄《おきなわ》の食習慣《しょくしゅうかん》がいつの間《ま》にか変《か》わっていったのだ。沖《おき》縄《なわ》の異国情緒《いこくじょうちょ》ある料理《りょうり》は、日本人《にほんじん》にとって新鮮《しんせん》で面白《おもしろ》いだけでなく、和食《わしょく》の範囲《はんい》を広《ひろ》げ、和食《わしょく》をより豊《ゆた》かなものにしている。

九州沖縄地方篇

九州的大小與地理環境與台灣相仿，北中南三區各有不同。古代的朝鮮、大陸文化，近代的南蠻文化都經由北九州進入日本。故北九州一直有接受外來美食並轉化成本土美味的能力。豚骨白濁湯頭是發源自北九州的美味，其實源頭是華人以豬大骨熬湯的習慣。但若不是在地人的精湛演繹，或許無法茁壯成現代日本拉麵的典範。

九州中南部，是許多優質肉品的生產基地。熊本阿蘇產的馬刺（註），宮崎產的地雞，鹿兒島產的黑毛豬肉……。每一味都是講究新鮮及高品質，經簡單調理即可上桌。鹿兒島的黑毛豬肉最棒的吃法，就是用涮涮鍋川燙，因爲如此才不致遮掩住那股濃到化不開的鮮甜。

沖繩的美食中保有較多台灣人熟悉的元素。例如沖繩そば中，總是有類似台式滷肉的豬五花或排骨。當沖繩還是獨立國家時，派遣至北京的使節會先由福州登陸，使節將受到的招待帶回故鄉後，不知不覺中也改變了沖繩的飲食習慣。對於日本人而言，這樣的異國風不但新鮮有趣，更是擴張了和食的界線，豐富了和食內容。

註馬刺：將馬肉切成如生魚片般的薄片，沾上醬油及芥末生吃。

62

福岡県《ふくおかけん》の水炊《みずた》き——コラーゲンたっぷりの美容鍋《びようなべ》

福岡県《ふくおかけん》博多《はかた》の郷土料理《きょうどりょうり》である水《みず》炊《た》きは、東京《とうきょう》の軍鶏鍋《しゃもなべ》、京都《きょうと》のかしわ鍋《なべ》、秋田《あきた》のきりたんぽ鍋《なべ》と並《なら》ぶ四大鶏鍋料理《よんだいとりなべりょうり》の一《ひと》つに挙《あ》げられている。皮《かわ》や骨付《ほねつ》きの鶏肉《とりにく》のぶつ切《ぎ》りを水《みず》からじっくり煮込《にこ》み、白《はく》濁《だく》させたスープが特徴《とくちょう》で、他《ほか》の調《ちょう》味料《みりょう》は使用《しよう》しない。店《みせ》によっては味《あじ》を安定《あんてい》させるため、鶏《とり》がらや手《て》羽先《ばさき》でだしをとってから、鶏肉《とりにく》、鶏肉団子《とりにくだんご》、キャベツ、シュンギク、シイタケなどを加《くわ》えることもある。余計《よけい》な水分《すいぶん》でスープのコクと甘《あま》みが**薄《うす》まら**[1]ないよう、ハクサイでなくキャベツを使用《しよう》するのも特徴的《とくちょうてき》だ。他《ほか》の調味料《ちょうみりょう》は使《つか》わないので、ポン酢《ず》や柚子胡椒《ゆずこしょう》（柚子《ゆず》の皮《かわ》、塩《しお》、唐辛子《とうがらし》を合《あ》わせたペースト状《じょう》の調味料《ちょうみりょう》）につけて食《た》べる。具《ぐ》を食《た》べ終《お》えたら、残《のこ》っただし汁《じる》にちゃんぽん麺《めん》やうどんを入《い》れて**締《し》める**[2]のが地元流《じもとりゅう》だ。**ちなみに**[3]、水炊《みずた》きは関西《かんさい》でもよく食《た》べられているが、

関西《かんさい》の水炊《みずた》きが昆布《こんぶ》だしとハクサイを用《もち》い、さっぱりとした味《あじ》わいなのに対《たい》し、博多水炊《はかたみずた》きは濃厚《のうこう》な味《あじ》わいだ。また、関西《かんさい》では雑炊《ぞうすい》で締《し》めることが多《おお》い。

博多水炊《はかたみずた》きは、一八九七年《ねん》に香《ほん》港《こん》に渡《わた》り、英国人《えいこくじん》の家庭《かてい》に**住《す》み込《こ》ん**[4]で料理《りょうり》の勉強《べんきょう》をしていた林田平三郎《はやしだひらざぶろう》が、コンソメと中国《ちゅうごく》のチキンスープをヒントに一九〇五年《ねん》に完成《かんせい》させ、博多《はかた》に専門店《せんもんてん》「水月《すいげつ》」を開《ひら》いたのが始《はじ》まりとされる。その後《ご》、一九一〇年《ねん》に博多《はかた》で創業《そうぎょう》し、白濁《はくだく》した鶏《とり》のスープで人気《にんき》を得《え》た料亭《りょうてい》「新《しん》三浦《みうら》」が、東京《とうきょう》、大阪《おおさか》、京都《きょうと》などにも店《みせ》を出《だ》し、博多水炊《はかたみずた》きの名《な》を地《ち》に広《ひろ》めた。

水炊《みずた》きは、今《いま》では日本《にほん》のほぼどの地域《ちいき》にも専門店《せんもんてん》があるほど普及《ふきゅう》している。スーパーで売《う》られている鍋《なべ》つゆを使用《しよう》して自宅《じたく》で作《つく》る家庭《かてい》も多《おお》く、冬《ふゆ》の定番《ていばん》の家庭料理《かていりょうり》にもなっている。台湾《たいわん》にも博多水炊《はかたみずた》きと**銘《めい》打《う》つ**[5]専門店《せんもんてん》があるので、興味《きょうみ》のある人《ひと》はチェックしてみてほしい。

福岡縣水炊雞肉鍋——富含膠原蛋白的美容聖品

與東京軍雞鍋、京都雞肉鍋、秋田的烤米棒鍋並稱日本四大雞肉鍋料理的水炊雞肉鍋是福岡縣博多的鄉土料理。水炊雞肉鍋的特色是將連皮帶骨的雞肉切塊從水開始慢慢熬煮成白濁狀，而且不使用其他調味料。有些專門店爲了讓味道更穩定，會用雞骨或雞翅先取高湯，再加入雞肉、雞肉丸子、高麗菜、春菊、香菇等配料。比較特別的是爲了避免釋出過多水分，稀釋湯頭的濃度和甜味，使用的是高麗菜，而非白菜。由於不添加任何調味料，食用時要沾椪醋或是柚子胡椒（用柚子皮、鹽、辣椒製成的糊狀調味料）。配料吃完後，當地還習慣利用剩餘的湯汁來煮強棒麵或烏龍麵做終結。順道一提的是關西也流行水炊雞肉鍋，不同的是關西是使用昆布高湯和白菜，味道較清爽，博多則較濃郁，而且關西風最後常以雜炊來做終結。

博多水炊雞肉鍋據說是林田平三郎在一八九七年前往香港英國家庭學習料理之後，參考法式清湯與中國雞湯，在一九〇五年所完成的料理，當時開設於博多的專門店「水月」爲創始店。接著一九一〇年在博多創業，以白濁的雞湯享有人氣的料亭「新三浦」，還相繼在東京、大阪、京都等大城市開店，博多雞肉水炊鍋的名氣便開始廣傳日本各地。

目前不僅是博多，日本各地幾乎都有專門店可吃得到雞肉水炊鍋，因爲超市還有銷售現成的高湯，一般家庭也常常自行料理，每到寒冬，這道料理就成了日本家庭餐桌定番的料理。目前台灣也有打著博多水炊雞肉鍋名號的專門店，有興趣的朋友，可以就近參考看看喔。

單字

1. **薄《うす》まる**：濃度降低。
2. **締《し》める**：在此指享用各種料理後，最後以某樣食物做完美收尾。例如日本經常在火鍋後，用剩餘湯底放入烏龍麵、或加白飯打蛋花做成粥，享受最後餘韻，也經常在酒後用拉麵當做收尾。
3. **ちなみに**：順帶一提。
4. **住《す》み込《こ》む**：傭人、打工者、或學徒，居住在屋主家中工作。
5. **銘《めい》打《う》つ**：打著某個名號。

63

長崎県《ながさきけん》のトルコライス——

三種類《さんしゅるい》の味《あじ》を一皿《ひとさら》で

B

長崎《ながさき》の名物料理《めいぶつりょうり》トルコライスはチャーハン、スパゲッティ、豚《とん》カツを一皿《ひとさら》に盛《も》り合《あ》わせた料理《りょうり》で、一《ひと》皿《さら》で三種類《さんしゅるい》の味《あじ》を楽《たの》しめることから、大人《おとな》のお子様《こさま》ランチとも呼《よ》ばれる。ただ、国《くに》のトルコとはあまり関係《かんけい》がない。トルコ料理《りょうり》にこのような料理《りょうり》はなく、豚肉《ぶたにく》を禁忌《きんき》とするイスラム教徒《きょうと》の多《おお》いトルコ人《じん》が豚《とん》カツを食《た》べるはずがない。名《めい》称《しょう》の由来《ゆらい》は諸説《しょせつ》あるが、特《とく》に説得《せっとく》力《りょく》があるのは、三種類《さんしゅるい》の料理《りょうり》を「トリコロール」（三色旗《さんしょくき》）に**なぞらえ**[1]、トリコがトルコに**訛《なま》っ**[2]てトルコライスになったという説《せつ》だ。また、チャーハンが中国《ちゅうごく》、スパゲッティがイタリア、上《うえ》にのっている豚《とん》カツが東洋《とうよう》と西洋《せいよう》の交《まじ》わるトルコに見立《みた》てられ、その名《な》がついたという説《せつ》もある。

トルコライスはチャーハンとスパゲッティを半々《はんはん》に盛《も》り、その中《ちゅう》央《おう》に豚《とん》カツソースやデミグラス

ソースをかけたサクッと香《こう》ばしい豚《とん》カツをのせるのが定番《ていばん》だが、最近《さいきん》ではチャーハンの代《か》わりにチキンライス、オムライス、カレーライスを、ケチャップで味付《あじつ》けしただけのスパゲッティの代《か》わりに具《ぐ》ありのナポリタンやミートソーススパゲッティを盛《も》り付《つ》ける店《みせ》が増《ふ》えた。また、豚《とん》カツでなくハンバーグ、エビフライ、コロッケ、フィッシュフライ、フライドチキンやステーキをのせる店《みせ》もある。種類《しゅるい》が豊富《ほうふ》なので、味《あじ》にうるさい人《ひと》でも自分好《じぶんごの》みのトルコライスが見《み》つかるだろう。

長崎市《ながさきし》ではトルコライスをPRするため、二〇一〇年《ねん》に九月十六日《くがつじゅうろくにち》が「トルコライスの日《ひ》」に制定《せいてい》されたが、その後《ご》、トルコ大使館《たいしかん》から九月《くがつ》十六日《じゅうろくにち》は追悼《ついとう》の日《ひ》だとの指摘《してき》を受《う》け、廃止《はいし》された。それでも知名度《ちめいど》の高《たか》いトルコライスは地元《じもと》で愛《あい》され、県外《けんがい》から観光《かんこう》や出張《しゅっちょう》で来《き》た人《ひと》にとっても魅力的《みりょくてき》な料理《りょうり》となっている。機《き》会《かい》があればぜひ一度《いちど》味《あじ》わってみてほしい。

長崎縣土耳其飯——三種願望一次滿足

被長崎縣民視爲經典料理的土耳其飯是將炒飯、義大利麵與日式炸豬排共同盛放在一個盤子的料理，有大人的兒童套餐之暱稱，可說是三種願望一次滿足。雖名爲土耳其飯，但與土耳其並無明確的關係。除了土耳其料理當中，沒有類似的料理，特別是炸豬排，對大部分信奉回教的土耳其人來說豬肉是禁忌，因此不可能拿來食用。名稱的由來有多種說法，比較具有說服力的是將這三種料理比喻成「トリコロール」（tricolore：三色旗），取其諧音「トルコ」，就成了土耳其飯。另外還有一種說法，就是把炒飯比喻成中國，義大利麵爲義大利，而放在義大利麵和炒飯上的炸豬排就剛好是地處東西交界，爲兩國跨橋的土耳其，故得名。

土耳其飯的基本構成爲炒飯、義大利麵各半，然後在正中央放上炸得非常香酥、並淋上炸豬排醬或多蜜醬的日式炸豬排。最近有不少店家推陳出新，還把炒飯改成雞肉炒飯、蛋包飯、咖哩飯，而義大利麵則從番茄醬義大利麵，演化到加料的日式拿坡里義大利麵或是義大利肉醬麵。而取代炸豬排的花樣更多，像是漢堡、炸蝦、可樂餅、炸魚排、炸雞排，甚至有的店家還放牛排，內容琳瑯滿目，即使是挑食的人也能找到自己對味的土耳其飯。

爲了促銷土耳其飯，在二〇一〇年起長崎市還曾將每年的九月十六日定爲「土耳其飯日」，後來因爲土耳其大使館以該日爲追悼之日爲由表示非議才取消。享有極高知名度的土耳其飯，不僅深受在地人的喜愛，就連縣外來此觀光或出差的人都想一親芳澤，若有機會，很建議大家品嘗看看。

單字

1. **なぞらえる**：仿照。
2. **訛《なま》る**：發音產生變化。通常指地方特有、與標準語不同的發音。

64

熊本県《くまもとけん》のいきなり団子《だんご》——

急《きゅう》な来客《らいきゃく》でもすぐに出《だ》せる菓子《かし》

土

「いきなり団子《だんご》」は熊本県《くまもとけん》に古《ふる》くから伝《つた》わる郷土菓子《きょうどがし》。「いきなり」は熊本《くまもと》の方言《ほうげん》で「簡単《かんたん》、手《て》軽《がる》」を意味《いみ》し、**いきなり**[1]（短時間《たんじかん》で）作《つく》れる、いきなり（突然《とつぜん》）客《きゃく》が来《き》てもすぐに出《だ》せることが名称《めいしょう》の由来《ゆらい》とされる。また、熊本県《くまもとけん》の一部地域《いちぶちいき》では今《いま》でも片付《かたづ》けが苦手《にがて》な人《ひと》のことを「いきなりな人《ひと》」といい、「いきなり」が「**ざっと**[2]している」を意味《いみ》することからその名《な》がついたとする説《せつ》もある。

いきなり団子《だんご》は厚《あつ》さ約一《やくいっ》センチの**輪《わ》切《ぎ》り**[3]にしたサツマイモと小豆《あずき》餡《あん》を小麦粉《こむぎこ》で作《つく》った生地《きじ》に包《つつ》んで蒸《む》したもの。見《み》た目《め》は「大福《だいふく》」に似《に》ている。少《すこ》し塩気《しおけ》のある生地《きじ》、柔《やわ》らかいサツマイモ、程《ほど》よい甘《あま》さの小豆《あずき》餡《あん》が**織《お》り成《な》す**[4]味《あじ》は絶妙《ぜつみょう》で、食感《しょっかん》も豊《ゆた》か、さらに満腹感《まんぷくかん》もある。また、サツマイモはカロチン、ビタミン、ミネラルを豊富《ほうふ》に含《ふく》むのでヘルシーでもある。

熊本県《くまもとけん》はサツマイモの生産《せいさん》が盛《さか》んで、いきなり団子《だんご》は元々《もともと》は農家《のうか》が繁《はん》忙期《ぼうき》に手軽《てがる》に小腹《こばら》を満《み》たすためのおやつだったが、江戸《えど》時代《じだい》に阿蘇山《あそさん》の麓《ふもと》に立《た》ち寄《よ》った城主《じょうしゅ》がいきなり団子《だんご》を食《た》べ、その美味《おい》しさに驚《おどろ》き、**褒《ほ》め称《たた》え**[5]たことから広《ひろ》く知《し》られるようになった。熊本県《くまもとけん》では自宅《じたく》で作《つく》る家《か》庭《てい》も多《おお》い。また、メディアに紹介《しょうかい》されたことで県外《けんがい》でも知名度《ちめいど》が高《たか》まり、熊本県《くまもとけん》を代表《だいひょう》する菓子《かし》として地《じ》元《もと》ではもちろん、日本《にほん》の各主要都市《かくしゅようとし》で開催《かいさい》される熊本物産展《くまもとぶっさんてん》でも販売《はんばい》されている。

戦後《せんご》の食糧難《しょくりょうなん》の時代《じだい》、いきなり団《だん》子《ご》にはサツマイモしか入《はい》っていなかったが、今《いま》では小豆餡《あずきあん》が加《くわ》わり、様々《さまざま》なアレンジもされている。例《たと》えば、生地《きじ》にヨモギや黒糖《こくとう》を練《ね》り込《こ》んだものや、小豆餡《あずきあん》の代《か》わりに白餡《しろあん》や紫芋餡《むらさきいもあん》を使用《しよう》したものもあり、色々《いろいろ》な種類《しゅるい》の味《あじ》を楽《たの》しめる。いきなり団《だん》子《ご》はもちろん蒸《む》したてが一番《いちばん》だが、冷蔵《れいぞう》、冷凍物《れいとうもの》も十分《じゅうぶん》美味《おい》しいので、お土産《みやげ》にもぴったりだ。

熊本縣速成麻糬——可以即刻做出來款待客人的點心

「いきなり団子《だんご》」（速成麻糬）是熊本縣自古相傳的鄉土點心。「いきなり」爲熊本方言，意指「簡單、輕便」，名稱的由來據說是因爲「いきなり」（短時間）就能做好，即使有客人「いきなり」（突然）來訪，也能馬上做出來款待。另外還有個說法就是熊本縣部分區域，至今仍稱不會整理打掃的人爲「いきなりな人《ひと》」，這裡的「いきなり」即「ざっとしている」（草率、隨便）之意，故得名。

速成麻糬的作法是先用麵粉做成麵皮，再把切成約一公分厚圓片的番薯與紅豆餡包起來蒸熟，外型看起來很像「大福《だいふく》」（豆餡麻糬）。帶有淡淡鹹味的麵皮，搭配鬆軟的番薯與甜而不膩的紅豆餡，不僅味道絕佳，口感也非常豐富，還能獲得飽足感。此外，因番薯富含紅蘿蔔素、維他命、礦物質，也非常有益健康。

熊本縣盛產番薯，速成麻糬原是農忙期間，農民用來塡肚子的輕便點心。到了江戶時代因城主在阿蘇山的山腳與速成番薯邂逅之後，驚爲天人讚賞有加，才開始廣爲人知，現在熊本縣內很多家庭都會製作。由於媒體的加持，知名度更是遍及縣外，已躍昇爲熊本縣的代表點心，除了本地，在日本各大都市的熊本物產展也都有銷售。

戰後因食糧不足的關係，速成麻糬只有麵皮包番薯，現在不僅加上紅豆餡，還有多樣的變化，例如麵皮加上艾草、黑糖，或是將紅豆餡改成白豆餡或是紫色番薯餡，口味更是多元。熱騰騰剛出爐的速成麻糬，滋味固然上乘，但是冷凍或冷藏的口味也不遜色，很適合帶回家當作伴手禮喔。

單字

1. **いきなり**：突然的、唐突冒昧的。
2. **ざっと**：草率的。
3. **輪《わ》切《ぎ》り**：圓筒狀切片。
4. **織《お》り成《な》す**：多樣事物交織而成。
5. **褒《ほ》め称《たた》える**：讚揚。

65

宮崎県《みやざきけん》の肉巻《にくま》きおにぎり——

行列《ぎょうれつ》に並《なら》んででも食《た》べたいグルメ

B

肉巻《にくま》きおにぎりは宮崎県発祥《みやざきけんはっしょう》のご当地《とうち》グルメで、醤油《しょうゆ》ベースのタレに漬《つ》け込《こ》んだ豚肉《ぶたにく》を炊《た》きたてのご飯《はん》に巻《ま》き、オーブンでじっくり焼《や》いたもの。カリッと焼《や》き上《あ》がった豚肉《ぶたにく》、ご飯《はん》が豚肉《ぶたにく》に触《ふ》れた部分《ぶぶん》にできる香《こう》ばしいおこげ、中《なか》の柔《やわ》らかいご飯《はん》が織《お》り成《な》す食感《しょっかん》と味《あじ》は**格別**《かくべつ》[1]だ。あっさりとしたレタスなどの生野菜《なまやさい》で巻《ま》いて食《た》べると、タレと豚肉《ぶたにく》の味《あじ》わいがさらに引《ひ》き立《た》ち、その旨《うま》さに驚《おどろ》く人《ひと》は多《おお》い。ファストフードとはいえ味《あじ》は全《まった》く**手抜《てぬ》き**[2]がなく、食事《しょくじ》やおやつ、飲酒後《いんしゅご》の締《し》めとして食《しょく》されている。

肉巻《にくま》きおにぎりは一九九〇年代《ねんだい》に宮崎市内《みやざきしない》の居酒屋《いざかや》で賄《まかな》い料理《りょうり》として出《だ》されていた。好評《こうひょう》のため常《じょう》連客《れんきゃく》へ提供《ていきょう》したところ、宮崎《みやざき》で評《ひょう》判《ばん》になり、その後《ご》、東京《とうきょう》、大阪《おおさか》、

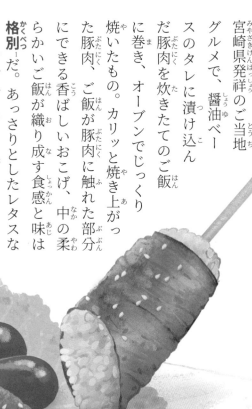

名古屋《なごや》、福岡《ふくおか》などに進出《しんしゅつ》し、メディアに紹介《しょうかい》されたことで全国的《ぜんこくてき》に知名《ちめい》度《ど》を高《たか》めた。多《おお》くの店《みせ》では大行列《だいぎょうれつ》に並《なら》ばないと買《か》えない時期《じき》もあった。それほど人気《にんき》を集《あつ》めたのは、素材《そざい》へのこだわりがあるからにほかならない。豚肉《ぶたにく》は肉質《にくしつ》が柔《やわ》らかく、脂《あぶら》に甘《あま》みがある宮崎特産《みやざきとくさん》の豚肉《ぶたにく》を、ご飯《はん》は宮崎《みやざき》の豊《ゆた》かな自然環境《しぜんかんきょう》で育《そだ》ったヒノヒカリを使用《しよう》。店《みせ》が苦心《くしん》して開発《かいはつ》したタレも、この料理《りょうり》の旨《うま》さを**ぐっと**[3]引《ひ》き上《あ》げている。**おまけに**[4]ボリュームは十分《じゅうぶん》、しかも手軽《てがる》に食《た》べられるときたら、この料理《りょうり》にグルメ客《きゃく》が心《こころ》を奪《うば》われても不思議《ふしぎ》ではない。

肉巻《にくま》おにぎりは当初《とうしょ》、通常《つうじょう》のおにぎりのように三角形《さんかっけい》だったが、食《た》べやすくするために俵型《たわらがた》に変更《へんこう》された。味《あじ》は最《もっと》もシンプルなプレーンの他《ほか》、チーズ、ネギ、明太子《めんたいこ》マヨネーズ、わさび、キムチなど色々《いろいろ》ある。改良《かいりょう》を重《かさ》ねられてきた肉巻《にくま》きおにぎりは宮崎《みやざき》を代表《だいひょう》するグルメとなり、地元《じもと》の居酒屋《いざかや》、専門店《せんもんてん》や、ホテルの朝食《ちょうしょく》でも提供《ていきょう》されている。この独特《どくとく》なおにぎり。宮崎《みやざき》を訪《おとず》れた際《さい》は**食《た》べ逃《のが》し**[5]なく。

宮崎縣肉捲飯糰——即使大排長龍也想吃的美食

肉捲飯糰是發源於宮崎縣的在地美食，作法是將豬肉片浸泡在以醬油爲基底的醬汁中，再包上剛煮好的米飯，用烤箱慢慢烤熟。烤到恰到好處的肉捲飯糰，外皮焦脆，和豬肉接觸的米飯部分還會形成鍋巴略帶焦香，加上中間鬆軟的米飯，不論是口感還是滋味都非常的特別。食用時再包上清爽的萵苣等生菜，更能提顯醬汁和豬肉的美味，一口咬下，往往讓人驚豔。雖被視爲速食，但口味一點也不含糊，除了當作正餐、點心，也常被用來當作酒後的終結。

肉捲飯糰原是九〇年代宮崎市內一家居酒屋的員工料理，因好評開始提供給常客，不久便在宮崎傳開。日後因肉捲飯糰相繼進出東京、大阪、名古屋、福岡等各大城市，和媒體的介紹，知名度更遍及日本全國。有段時間很多專門店還要大排長龍才買得到呢。據悉能夠如此廣博人氣，不外乎是用料講究。像是宮崎縣特產的豬肉，不僅肉質柔軟，油脂還非常甜美。而宮崎縣好山好水培育出來的日光米、店家精心研發的獨門醬汁，都讓這道速食美味大大加分。加上份量實在，輕便易食，能擄獲饕客的芳心一點也不意外。

肉捲飯糰在最初製作時和一般的飯糰一樣是三角形，爲了方便食用，而改成圓筒型。而口味方面也從最樸素的原味，多了起士、蔥味、明太子美乃滋、芥末、泡菜等多種選擇。經過不斷的改良進化，肉捲飯糰已成宮崎縣代表美食，當地除了居酒屋、專門店，住宿飯店的早餐也會提供這道料理，有機會前往宮崎觀光的話，一定不能錯過這與衆不同的飯糰喔。

單字

1. **格別《かくべつ》**：特別的。
2. **手《て》抜《ぬ》き**：偷工減料。
3. **ぐっと**：大幅地。
4. **おまけに**：再加上。
5. **食《た》べ逃《のが》す**：沒吃到、沒把握吃的機會。

66

大分県《おおいたけん》の別府冷麺《べっぷれいめん》——
和風仕立《わふうじた》ての朝鮮系冷麺《ちょうせんけいれいめん》

B

冷麺《れいめん》は岩手県《いわてけん》の盛岡《もりおか》だけでなく、大分県《おおいたけん》の温泉地《おんせんち》、別府《べっぷ》でも盛《さか》んに食《た》べられている。

別府冷麺《べっぷれいめん》は朝鮮《ちょうせん》（平壌《ピョンヤ》）系《けい》の冷《れい》麺《めん》で、小麦粉《こむぎこ》、蕎麦粉《そばこ》、澱粉《でんぷん》から作《つく》った麺《めん》と和風《わふう》だしスープが特徴《とくちょう》。ひんやりスープとツルッと歯《は》ごたえのある麺《めん》、程良《ほどよ》い酸味《さんみ》と辛味《からみ》のキムチなどが完璧《かんぺき》に調和《ちょうわ》し、癖《くせ》になる味《あじ》わいを生《う》み出《だ》している。地元《じもと》では食事《しょくじ》や酒《さけ》の締《し》めとしてだけでなく、二日酔《ふつかよ》い覚《ざ》ましとしても食《しょく》されている。冷麺専門《れいめんせんもん》店《てん》、ラーメン店《てん》、食堂《しょくどう》、焼肉店《やきにくてん》、居酒屋《いざかや》で夏《なつ》に限《かぎ》らず冬《ふゆ》も提供《ていきょう》されており、いかに市民《しみん》の暮《く》らしに根《ね》付《づ》いているかが分《わ》かる。

なぜ別府《べっぷ》は冷麺《れいめん》が盛《さか》んなのだろう。別府冷麺《べっぷれいめん》は戦後《せんご》に中国東北部《ちゅうごくとうほくぶ》

から**引《ひ》き揚《あ》げ**[1]てきた料理人《りょうりにん》が別府《べっぷ》に開《ひら》いた店《みせ》が発祥《はっしょう》という。朝鮮《ちょうせん》との国境《こっきょう》が近《ちか》い中国東北部《ちゅうごくとうほくぶ》には朝鮮系《ちょうせんけい》の民族《みんぞく》が多《おお》く、朝鮮《ちょうせん》の食文化《しょくぶんか》が広《ひろ》がっていたのだ。原型《げんけい》は朝鮮系《ちょうせんけい》だったが、日本人《にほんじん》の舌《した》に合《あ》うように鰹《かつお》・昆《こん》布《ぶ》だしスープといった和《わ》の要素《ようそ》が取《と》り入《い》れられた。

府《ぷ》冷麺《れいめん》はモチモチとして歯《は》ごたえのある太麺《ふとめん》を使用《しよう》し、キャベツのキムチを添《そ》えるタイプと、ツルツルとした**喉越《のどご》し**[2]の良《よ》い細麺《ほそめん》を使用《しよう》し、白菜《はくさい》キムチを添《そ》えるタイプの二系列《にけいれつ》に大別《たいべつ》され、前者《ぜんしゃ》は冷麺専門店《れいめんせんもんてん》で、後者《こうしゃ》は焼肉店《やきにくてん》で出《だ》されることが多《おお》い。ただ、和風《わふう》だしスープや牛肉《ぎゅうにく》チャーシューを用《もち》いる点《てん》は同《おな》じだ。なお、別府市内《べっぷしない》の多《おお》くの店《みせ》は自家製《じかせい》の麺《めん》を使用《しよう》しており、製麺機《せいめんき》から生《なま》麺《めん》が絞《しぼ》り出《だ》されてくる光景《こうけい》を**目《め》にする**[3]ことができる。

別府市《べっぷし》では二〇〇九年《ねん》から「別府《べっぷ》冷麺《れいめん》プロジェクト」を開始《かいし》し、マップを作成《さくせい》したり、ウェブサイトを開《かい》設《せつ》したりしてＰＲを図《はか》っている。また、九州《きゅうしゅう》には別府冷麺《べっぷれいめん》を販売《はんばい》するコンビニもあり、**売《う》れ行《ゆ》き**[3]は好調《こうちょう》のようだ。別府《べっぷ》を訪《おとず》れた際《さい》は、温泉《おんせん》に浸《つ》かった後《あと》に冷麺《れいめん》を食《た》べて**涼《すず》ん**[4]でみてはいかが？

大分縣別府冷麵——換上和服的朝鮮冷麵

說到冷麵，除了岩手縣的盛岡冷麵，大分縣的溫泉鄉別府也盛行吃冷麵。別府冷麵是屬於朝鮮（平壤）系冷麵，特色是使用麵粉、蕎麥粉、澱粉製作的麵，與和風高湯。冰得透心涼的麵湯、滑溜有嚼勁的麵條、酸辣適中的泡菜與配料，這三者完美的結合，讓人一吃就上癮。不論是當做正餐、酒後的終結，甚至是隔天宿醉的解酒湯，當地人都會想到這道料理。除了冷麵專門店，一般的拉麵店、食堂、燒肉店、居酒屋也有提供冷麵，而且不只夏季，冬天也吃得到冷麵。可見冷麵已根深蒂固在市民的生活當中。

爲什麼別府盛行吃冷麵？據說是戰後從中國東北撤退的一位廚師，在別府開了第一家冷麵店爲起源。中國東北因鄰近朝鮮國境，境內朝鮮民族也多，因此朝鮮的飲食文化在中國東北相當普及。別府冷麵的原型雖爲朝鮮冷麵，不過還是經過改良，像是結合柴魚昆布高湯等和風元素，以迎合日本人的口味。

別府冷麵可分成兩大系統，一爲粗麵，具彈性吃起來較有嚼勁，多搭配高麗菜做成的泡菜，二爲中細麵，吃起來滑溜順喉，多搭配白菜做成的泡菜，前者在冷麵專門店居多，後者較常見於燒肉系的店鋪。共通的是以和風爲基底的高湯及牛肉叉燒等配料。另外，別府市內的各家店鋪多使用自家製麵，因此常常可看到店家用製麵機壓麵的光景。

別府市從二〇〇九年開啓了「別府冷麵計畫」，在製作地圖、開設網站等推廣的工作上不遺餘力，目前九州地區的便利商店也都有銷售別府冷麵，據說成也相當醒目。有機會前往別府的話，泡完溫泉不要忘記吃碗別府冷麵來降溫喔。

單字

1. **引《ひ》き揚《あ》げる**：返回原本所處之地、歸鄉。
2. **喉越《のどご》し**：食物通過喉嚨的觸感。
3. **目《め》にする**：映入眼簾。
4. **売《う》れ行《ゆ》き**：商品販賣的狀況。
5. **涼《すず》む**：乘涼、消暑。

67

佐賀県《さがけん》の シシリアンライス—

B

豊富《ほうふ》な具材《ぐざい》で栄養満点《えいようまんてん》

シシリアンライスは佐賀県《さがけん》佐賀市《さがし》の名物料理《めいぶつりょうり》。ご飯《はん》の上《うえ》に醤油《しょうゆ》、みりん、ニンニクで作《つく》ったタレで炒《いた》めた薄切《うすぎ》り肉《にく》と、タマネギ、レタス、トマト、キュウリなどの生野菜《なまやさい》を盛《も》り付《つ》け、マヨネーズをかけて食《た》べる。具材《ぐざい》が豊富《ほうふ》なので、どこから食《た》べるかによって違《ちが》った味《あじ》わいを楽《たの》しめる。食感《しょっかん》も多様《たよう》で、栄養《えいよう》も十分《じゅうぶん》だ。店《みせ》によっては独自性《どくじせい》を出《だ》すために、温泉卵《おんせんたまご》を加《くわ》えたり、佐賀牛《さがぎゅう》、地元産《じもとさん》の野菜《やさい》などこだわりの具材《ぐざい》を使用《しよう》したりしているところもある。一見《いっけん》すると沖縄名物《おきなわめいぶつ》「タコライス」のようだが、味《あじ》は全《まった》く別物《べつもの》で、しかもシシリアンライスのほうが野菜《やさい》の量《りょう》が多《おお》く種類《しゅるい》も豊富《ほうふ》だ。身近《みぢか》な食材《しょくざい》で簡単《かんたん》に作《つく》れるので、家庭料理《かていりょうり》としても認知度《にんちど》が高《たか》まり人気《にんき》が出《で》てきている。

シシリアンライスは一九七五年《ねん》に佐賀市中心街《さがしちゅうしんがい》のある喫茶店《きっさてん》で誕生《たんじょう》したという。元々《もともと》は**ありあわせ**[1]の材《ざい》料《りょう》で作《つく》る賄《まかな》い料理《りょうり》だったが、従業員《じゅうぎょういん》から好評《こうひょう》だったので、正式《せいしき》なメニューとして提供《ていきょう》するようになったらしい。名前《なまえ》の由来《ゆらい》については、考《こう》案者《あんしゃ》がファンだった映画《えいが》『ゴッドファーザー』の舞台《ぶたい》シチリア島《とう》に**ちなん**[2]で命名《めいめい》されたといわれている。また、隣《となり》の長崎県《ながさきけん》のトルコライスに同《おな》じ欧州《おうしゅう》の地名《ちめい》で対抗《たいこう》したという説《せつ》もある。

佐賀市《さがし》ではこの料理《りょうり》を地域《ちいき》おこしに活《い》かそうと有志団体《ゆうしだんたい》がPR活動《かつどう》に**取《と》り組《く》ん**[3]でおり、シシリアンライスのイメージキャラクターやテーマソングもある。また、佐賀市観光協《さがしかんこうきょう》会《かい》は「シシ」の**語《ご》呂《ろ》合《あ》わせ**[4]から、四月四日《しがつよっか》を「シシリアンライスの日《ひ》」と定《さだ》めており、市民《しみん》がこの料理《りょうり》に大《おお》きな期待《きたい》を**寄《よ》せ**[5]ていることが分《わ》かる。なお、佐賀市《さがし》にはシシリアンライスを提供《ていきょう》する喫茶店《きっさてん》やレストランが三《さん》、四十軒《よんじゅっけん》ある。栄養満点《えいようまんてん》のこの料理《りょうり》。興味《きょうみ》のある人《ひと》はぜひ一度《いちど》自分《じぶん》で作《つく》ってみてほしい。

佐賀縣西西里飯——配料十足營養滿分

西西里飯是佐賀縣佐賀市的名物料理。基本作法是在白飯放上用醬油、味醂、蒜頭的醬汁炒熟的肉片，和洋蔥、萵苣、番茄、小黃瓜等生菜，最後再淋上美乃滋。因爲配料十足，下湯匙的地方不同，味道也不一樣，吃起來不僅口感豐富，也非常營養營養。有些店家爲了凸顯自家的風格，會很講究配料或在配料上做變化，例如加上溫泉蛋、使用地產的佐賀牛或蔬菜。乍看之下西西里飯雖然有點像是沖繩流行的「タコライス」（墨西哥飯），但味道完全不同，蔬菜的量和種類也多。因爲作法非常簡單，材料唾手可得，常被拿來當作家庭料理，不僅知名度高，也很有人氣。

西西里飯據說是起源於一九七五年佐賀市中心的一家咖啡廳。原本是利用店內現成的材料做成的員工餐，因爲深受員工的喜愛，便放上菜單提供民眾享用。至於名稱的由來，據說是因爲創始者喜歡「教父」這部電影，便參考電影外景所在地的西西里島，命名爲西西里飯。也有一說是爲了對抗隔壁長崎縣的土耳其飯，同樣取名爲歐洲的地名西西里。

爲了地方振興，佐賀市的有志團體還目標藉由這道料理，積極進行推展活動。像是推出西西里醬的造型人物，或編制應援西西里飯的主題曲。另外，佐賀市觀光協會也配合原文「シシリアンライス」中「シシ」的發音，將四月四日制定爲「西西里飯日」，由此可見佐賀市民對西西里飯寄予的期望和重視。目前在佐賀市內，有三、四十家咖啡廳或餐廳提供這道料理。若有興趣的話，也很推薦大家自己做做看，吃起來可是營養滿分喔。

單字

1. **ありあわせ**：非刻意準備的現成、現有的素材。
2. **ちなむ**：與某事物有關連、因～而生。常以「～にちなんで／ちなんだ」型態出現。
3. **取《と》り組《く》む**：全力投注於某事。
4. **語《ご》呂《ろ》合《あ》わせ**：諧音文字遊戲。
5. **寄《よ》せる**：衆多事物聚集在一處。

68

鹿児島県《かごしまけん》の鶏飯《けいはん》——
ルーツは役人《やくにん》をもてなす高級料理《こうきゅうりょうり》

B 土

鶏飯《けいはん》は鹿児島県《かごしまけん》奄美群島《あまみぐんとう》の郷土《きょうど》料理《りょうり》。蒸《む》した鶏肉《とりにく》、錦糸卵《きんしたまご》、シイタケ、パパイヤ漬《づ》け、タンカンの皮《かわ》、ネギ、海苔《のり》、ゴマ、紅生姜《べにしょうが》などをご飯《はん》にのせ、地鶏《じどり》を丸《まる》ごと煮《に》込《こ》んだスープをかけて食《た》べる。最《もっと》も特徴的《とくちょうてき》な具材《ぐざい》はパパイヤ漬《づ》けとタンカンの皮《かわ》で、いずれも奄美大《あまみおお》島《しま》の特産《とくさん》だ。

鶏飯《けいはん》の旨《うま》さの秘訣《ひけつ》は丸鶏《まるどり》のエキスが濃縮《のうしゅく》されたスープにある。コクのある濃厚《のうこう》な味《あじ》だが、前述《ぜんじゅつ》した具材《ぐざい》と**合《あ》わさる**[1]と油《あぶら》っこくないさっぱりした味《あじ》わいになり、何度《なんど》もおかわりする人《ひと》が多《おお》い。朝食《ちょうしょく》、昼食《ちゅうしょく》としてだけでなく、お酒《さけ》の締《し》めにもぴったり[2]だ。日本各地《にほんかくち》に郷土《きょうど》料理《りょうり》として存在《そんざい》する「鶏飯《とりめし》」と同字異音《どうじいおん》であるため混同《こんどう》されやすいが、「鶏飯《とりめし》」が丼物《どんぶりもの》や炊《た》き込《こ》みご飯《はん》の形式《けいしき》なのに対《たい》し、鹿児島《かごしま》県《けん》の鶏飯《けいはん》は茶《ちゃ》漬《づ》けに近《ちか》い。

鶏飯《けいはん》は一六〇〇年代《ねんだい》に、薩摩藩《さつまはん》

の支配下《しはいか》にあった奄美《あまみ》の人々《ひとびと》が薩摩《さつま》藩《はん》の役人《やくにん》をもてなすために作《つく》られた鶏肉《とりにく》の炊《た》き込《こ》みご飯《はん》が原型《げんけい》で、庶民《しょみん》には**口《くち》にする**[3]ことができない高級《こうきゅう》料理《りょうり》だったようだ。スープをかける現在《げんざい》の茶漬《ちゃづ》けスタイルになったのは、「みなとや」という旅館《りょかん》が戦後《せんご》にアレンジを加《くわ》えたのが始《はじ》まりとされる。その後《ご》、平成上皇《へいせいじょうこう》、上皇后《じょうこうごう》が一九六八年《ねん》に奄美大島《あまみおおしま》を訪問《ほうもん》された際《さい》、この料理《りょうり》をお召《め》し上《あ》がりになり、絶賛《ぜっさん》されたことから、鶏飯《けいはん》は奄《あま》美大島《みおおしま》を代表《だいひょう》する郷土料理《きょうどりょうり》となり、一般《いっぱん》の家庭《かてい》にも普及《ふきゅう》していった。

　鶏飯《けいはん》は奄美大島《あまみおおしま》だけでなく、鹿児《かご》島県《しまけん》の他《ほか》の地域《ちいき》でも広《ひろ》く食《しょく》されている。特《とく》に学校給食《がっこうきゅうしょく》によく出《で》てきて、子供《こども》たちが一番好《いちばんす》きなカレーに**劣《おと》ら**[4]ない人気《にんき》だそうだ。奄美市《あまみし》と鹿児島《かごしま》市《し》には鶏飯《けいはん》を提供《ていきょう》する専門店《せんもんてん》と飲食《いんしょく》店《てん》がたくさんあり、東京《とうきょう》、大阪《おおさか》、福《ふく》岡《おか》といった大都市《だいとし》の奄美料理店《あまみりょうりてん》や薩《さつ》摩料理店《まりょうりてん》でも味《あじ》わうことができる。

鹿兒島縣雞飯——源自款待官員的高級美食

「鶏飯《けいはん》」（雞飯）是鹿兒島縣奄美群島的鄉土料理。作法是將蒸熟的雞肉、蛋絲、香菇絲、木瓜醬菜、桶柑皮（陳皮）、蔥、海苔、芝麻、紅薑等配料放在飯上，再淋上用整隻土雞熬煮的高湯。其中最具特色的配料是木瓜醬菜和桶柑皮，兩者皆爲奄美大島的特產品。

雞飯美味的關鍵在於濃縮了整隻雞精華的高湯，味道非常香醇濃郁，雖說如此，搭配上述的配料之後，吃起來卻非常清爽，一點也不油膩，往往會讓人連吃好幾碗呢。除了當早餐、午餐，當作酒後完美的終結也非常合適。要注意的是鹿兒島的雞飯和日本其他地方存在的鄉土料理「鶏飯《とりめし》」（雞飯）同字異音很容易被搞混，「鶏飯《とりめし》」是蓋飯或菜飯型態，而鹿兒島的雞飯是類似茶泡飯的料理。

雞飯的原型據說是一六〇〇年代，在薩摩藩支配下的奄美人爲了款待薩摩藩的官員而製作的雞肉菜飯。對當時的庶民來說，是道高不可攀的高級料理。直到戰後經過一家叫「港屋」的旅館研究改良，演變成現在淋上高湯的茶泡飯形式。此外，在一九六八年現在的平成上皇與上皇后造訪該島時，還曾對這道料理讚不絕口，因爲這個契機，雞飯就成了代表奄美大島的鄉土料理，同時也在一般的家庭普遍起來。

除了奄美大島，雞飯在鹿兒島縣其他地方也很普遍，特別是學校的營養午餐常常出現這道料理，據說人氣不亞於小朋友最愛的咖哩飯。目前奄美市和鹿兒島市有很多專門店或飲食店都有提供雞飯。其他像東京、大阪、福岡等大城市的奄美料理店或薩摩料理店也吃得到喔。

單字

1. **合《あ》わさる**：搭在一起。
2. **ぴったり**：剛好吻合的、相當適合的。
3. **口《くち》にする**：放入口中、吃。
4. **劣《おと》る**：較差的。在此用「～に劣《おと》らない」的型態，意指不輸給～。

69

沖縄県《おきなわけん》のゴーヤチャンプルー

夏《なつ》バテと長生《ながい》きに役立《やくだ》つ郷土《きょうど》グルメ

ゴーヤチャンプルは沖縄県《おきなわけん》の郷土《きょうど》料理《りょうり》。作《つく》り方《かた》は簡単《かんたん》で、ゴーヤ、豆腐《とうふ》、豚肉《ぶたにく》かスパム、卵《たまご》を炒《いた》め合《あ》わせるだけ。ゴーヤの苦《にが》みと他《ほか》の材料《ざいりょう》の甘《あま》みが食欲《しょくよく》を**そそる**[1]。夏《なつ》バテにも効果的《こうかてき》で、沖縄《おきなわ》の食文化《しょくぶんか》の知恵《ちえ》が詰《つ》まっている。主役《しゅやく》のゴーヤ以外《いがい》に、沖縄特産《おきなわとくさん》の島豆腐《しまどうふ》も**欠《か》かせない**[2]。島豆腐《しまどうふ》は普通《ふつう》の豆腐《とうふ》よりしっかりしていて、炒《いた》めても崩《くず》れにくいのでチャンプルに向《む》いている。チャンプルの代表格《だいひょうかく》ゴーヤチャンプルは栄養豊富《えいようほうふ》なことから、沖縄県民《おきなわけんみん》の長寿《ちょうじゅ》の理由《りゆう》の一《ひと》つとされる。

チャンプルの語源《ごげん》はインドネシア語《ご》・マレー語《ご》の「campur《チャンプル》」との説《せつ》がある。この語《ご》は同語源《どうごげん》の「ちゃんぽん」と同様《どうよう》、「混《ま》ぜる」「混《ま》ぜた物《もの》」という意味《いみ》を持《も》ち、実際《じっさい》、インドネシア料理《りょうり》には「nasicampur《ナシチャンプル》」という、ご飯《はん》と数種《すうしゅ》類《るい》のおかずを盛《も》り合《あ》わせた料理《りょうり》が

ある。ゴーヤチャンプルは沖縄《おきなわ》の数《かず》あるチャンプル料理《りょうり》の一《ひと》つで、他《ほか》には素麺《そうめん》、青《あお》パパイヤ、もやしを使《つか》ったチャンプルなどがある。

ゴーヤチャンプルは二〇〇一年《ねん》放《ほう》送《そう》のNHK連続《れんぞく》テレビ小説《しょうせつ》「ちゅらさん」をきっかけに全国的《ぜんこくてき》に注目《ちゅうもく》を集《あつ》めた。それまでは沖縄以外《おきなわいがい》でゴーヤを目《め》にすることは少《すく》なかったが、今《いま》では沖縄《おきなわ》の代表的《だいひょうてき》な料理《りょうり》として全《ぜん》国《こく》に普及《ふきゅう》しており、暑《あつ》い夏《なつ》に食卓《しょくたく》に並《なら》ぶことも多《おお》い。ゴーヤを**日《ひ》除《よ》け**[3]植物《しょくぶつ》として育《そだ》てている人《ひと》も沢山《たくさん》いる。

「夏野菜《なつやさい》の王様《おうさま》」と呼《よ》ばれるゴーヤはビタミンが豊富《ほうふ》で、沖縄《おきなわ》に長寿《ちょうじゅ》の人《ひと》が多《おお》いのはゴーヤをよく食《た》べるからだといわれる。ゴーヤには食欲《しょくよく》を増進《ぞうしん》させる苦味成分《にがみせいぶん》が含《ふく》まれるが、苦《にが》いのが苦手《にがて》な人《ひと》は薄切《うすぎ》りにし、塩《しお》で揉《も》んで苦味《にがみ》を**和《やわ》らげる**[4]といい。台湾《たいわん》の夏《なつ》の暑《あつ》さに耐《た》えられない時《とき》には、ゴーヤチャンプルを作《つく》ってみるといいだろう。**夏《なつ》バテ**[5]対策《たいさく》になるし、寿命《じゅみょう》も延《の》びるかもしれない。

沖繩縣山苦瓜雜炒——消暑又延年益壽的鄉土美味

山苦瓜雜炒是沖繩縣的鄉土料理，作法簡單，只要把山苦瓜、豆腐、豬肉片或午餐肉、雞蛋炒在一起即可。山苦瓜的苦味與其他材料釋放出來的甜味，能刺激食慾，對預防夏季暑熱所造成身體虛弱很有幫助，可說是沖繩飲食文化呈現的智慧。除了主角山苦瓜，沖繩縣特產的「島豆腐」也是不可或缺的存在。島豆腐比一般的豆腐厚重結實，炒起來不容易碎掉，很適合拿來做雜炒。因爲營養豐富，這道典型的雜炒料理，還被公認是沖繩縣民健康長壽的原因之一。

雜炒日文「チャンプルー」的語源據說是來自印尼和馬來語的「campur」，這和同語源的日語「ちゃんぽん」同樣帶有「混和」及「混和物」的意思，實際上印尼料理中也有「nasicampur」這道飯和數種配料混合在一起的料理。山苦瓜雜炒是沖繩多樣雜炒料理的一種，其他還有素麵雜炒、青木瓜雜炒、豆菜雜炒等多樣的菜式。

山苦瓜雜炒是從二〇〇一年NHK的連續電視小說「ちゅらさん」（水姑娘）開始播放之後，才開始備受全國的矚目。除了沖繩以外，過去山苦瓜在日本並不多見。目前不僅是大家耳熟能詳的沖繩代表料理，甚至普及日本全國，一到炎熱的夏季，日本人的餐桌上常會出現這道料理。而這道料理的主角山苦瓜，也常被日本人拿來當作遮陽植物栽培。

被稱爲「夏季蔬菜之王」的山苦瓜富含維他命，沖繩長壽的人很多據說就是因爲常吃山苦瓜。山苦瓜的苦味成分有增進食慾的效用，如果怕吃苦的話，可以切成薄片再用鹽巴抓過，就能緩和苦味。台灣夏季酷暑難耐，很建議大家動手做做看，既消暑又延年益壽喔。

單字

1. **そそる**：誘發。
2. **欠《か》かせない**：不可或缺的。
3. **日《ひ》除《よ》け**：防曬。
4. **和《やわ》らげる**：使其緩和。
5. **夏《なつ》バテ**：中暑。

沖繩美食之顧名思義會錯意篇

NO. 1

「沖繩そば」——與其說是蕎麥麵不如說是烏龍麵？！

▲沖繩そば，配料爲ソーキ（豬肋排）@shutterstock

字面上是蕎麥麵但完全不含蕎麥，100%小麥粉製啦！屬於日式拉麵「中華そば」的一種，但麵體與一般拉麵相比較**粗寬且略帶捲曲（太《ふと》めでややねじれた）**，麵體製作完成後會將煮熟的麵上油、不經冷水冷卻而是自然冷卻。除了麵體，**配料（具《ぐ》・トッピング）**更獨樹一幟，最受歡迎的爲**豬肋排（ソーキ）**，以沖繩黑糖、**沖繩蒸餾酒（泡盛《おわもり》）**、醬油燉煮到連**軟骨都軟爛（とろとろやわらか）入味（味《あじ》がしみこむ）**。

NO. 2

「ちゃんぽん」——沒有麵的強棒麵還叫強棒麵？

提到「ちゃんぽん」腦裡浮現的應該是長崎名物什錦燴麵 吧？但沖繩菜單的「ちゃんぽん」不是麵食，而是類似親子丼形式的蓋飯！高麗菜、紅蘿蔔、洋蔥等大量蔬菜與**沖繩火腿肉（ランチョンミート）**燴炒後打入蛋汁、蓋在熱騰騰的白飯上。這道料理在沖繩的大衆食堂算是**招牌菜（定番《ていばん》）**。事實上，若要追究「ちゃんぽん」的語義，原本就沒有麵的含意，而是指各種食材混在一起的料理。

NO. 3

「海ぶどう」——海裡能長葡萄？

藻類的一種，由於其外觀形狀與**富有彈性的口感（プチプチとした食感《しょっかん》）**，也被稱爲**綠色魚子（グリーンキャビヤ）**，營養價值極高又美容養顏。這對台灣人而言罕見的高級食材，究竟以何種姿態展現於餐桌呢？最具代表性的吃法爲沾著三杯醋或醬油、柚子醋等直接生食。其他常見吃法，如放在海鮮丼上或山藥丼中一起食用，特別是與山藥或納豆這種**黏踢踢（ネバネバ）**的食物格外搭（相性抜群）哦！

▲海葡萄海鮮丼 @shutterstock

PART. 3

美食東西擂台

蒲《かば》焼《やき》

70

工夫が多い関東

鰻《うなぎ》の蒲焼《かばやき》は調理《ちょうり》に手間《てま》がかかり、高《たか》い技術《ぎじゅつ》が求《もと》められる。「串打《くしう》ち三年《さんねん》、割《さ》き八年《はちねん》、焼《や》き一生《いっしょう》」といわれるように、鰻《うなぎ》の蒲焼職人《かばやきしょくにん》になるには大変《たいへん》な修行《しゅぎょう》を**要《よう》する**[1]。

鰻《うなぎ》の蒲焼《かばやき》の作《つく》り方《かた》は関東《かんとう》と関西《かんさい》で異《こと》なる。関西《かんさい》では鰻《うなぎ》を腹《はら》から開《ひら》くのに対《たい》し、関東《かんとう》では背《せ》から開《ひら》く。歴史的《れきしてき》な理由《りゆう》によるものだ。古《ふる》くから商業《しょうぎょう》が**栄《さか》え**[2]ていた上方《かみがた》（関西《かんさい》）では、信用《しんよう》を**重《おも》んじる**[3]商人文化《しょうにんぶんか》から、腹《はら》を割《わ》って話《はな》すことを意味《いみ》する腹開《はらびら》きが好《この》まれた。一方《いっぽう》、武《ぶ》家社会《けしゃかい》の江戸《えど》（関東《かんとう》）では、腹《はら》を開《ひら》くこと（切腹《せっぷく》）は縁《えん》起《ぎ》が悪《わる》いとされた。

また、関東《かんとう》では開《ひら》いた鰻《うなぎ》を切《き》り分《わ》け、短《みじか》めの竹串《たけぐし》を刺《さ》した後《あと》、軽《かる》く焼《や》いてから蒸《む》し、その後《あと》で焼《や》き上《あ》げる。背《せ》開《びら》きの場合《ばあい》、腹《はら》に乗《の》っている脂《あぶら》が、蒸《む》すことで他《ほか》の身《み》に**しみわたり**[4]、**ふんわり**[5]**トロッと**[6]した食感《しょっかん》を出《だ》せるのだ。さらに、関東《かんとう》では蒲焼《かばやき》の命《いのち》ともいえるタレは濃口醤《こいくちしょう》油《ゆ》ベースで、焼《や》く時《とき》に何度《なんど》もつけて味《あじ》をしみこませる。一方《いっぽう》、関西《かんさい》では開《ひら》いた鰻《うなぎ》に長《なが》めの鉄串《てつくし》を打《う》ち、タレにつけ込《こ》んで下味《したあじ》をしっかりつけてから焼《や》く。タレは関東《かんとう》ほど濃《こ》くなく、蒸《む》さずにそのまま焼《や》き上《あ》げるので、カリッとした食感《しょっかん》になる。

鰻《うなぎ》の

V

焼きに技ありの関西

蒲燒鰻：功夫繁複的関東 vs. 燒烤技巧関西

蒲燒鰻工序繁複，對技術之要求極高，要成爲這行的職人，有道是串鰻三年，剖鰻八年，烤鰻則需窮盡一生。這樣的功夫，豈是其他庶民美食足以比肩？

蒲燒鰻的做法，關東與關西各有不同。先從剖鰻說起。關西是從魚肚剖開，關東則是從魚背剖開。上方（關西）自古商業發達，商人講究誠信，最好能與對方剖心置腹。江戶（關東）則是武士之都，剖腹（＝切腹）對武士而言十分忌諱。因著這一層歷史因素，鰻魚的剖法自然互不相同。

料理上，關東與關西也有各自的講究。關東將剖開的鰻魚再切成塊，用較短的竹籤串起來烤個片刻後，再拿去蒸，蒸過後再取出烤至全熟。剖背法使油脂完整保存於魚腹，經過「蒸」這道工序將腹部油脂逼出，呈現肥嫩鬆軟口感。醬汁是蒲燒的靈魂，關東以濃口醬油爲基底，烤的過程中數度淋在鰻魚上，邊烤邊入味。關西將剖開的鰻魚以較長鐵籤整條串起後，浸於醬汁中，吸飽了醬汁再烤。醬汁不若關東濃郁，且中途不蒸，直接將生鰻烤到完工，呈現酥脆口感。

單字

1. **要《よう》する**：須要、必須具備有。
2. **栄《さか》える**：昌盛繁榮。
3. **重《おも》んじる**：珍惜重視。
4. **しみわたる**：滲透到每個角落。
5. **ふんわり**：輕柔蓬鬆的樣子，在此形容口感。
6. **トロット**：柔軟黏稠的口感。

子《ざ》

S

71

野菜が主役の宇都宮

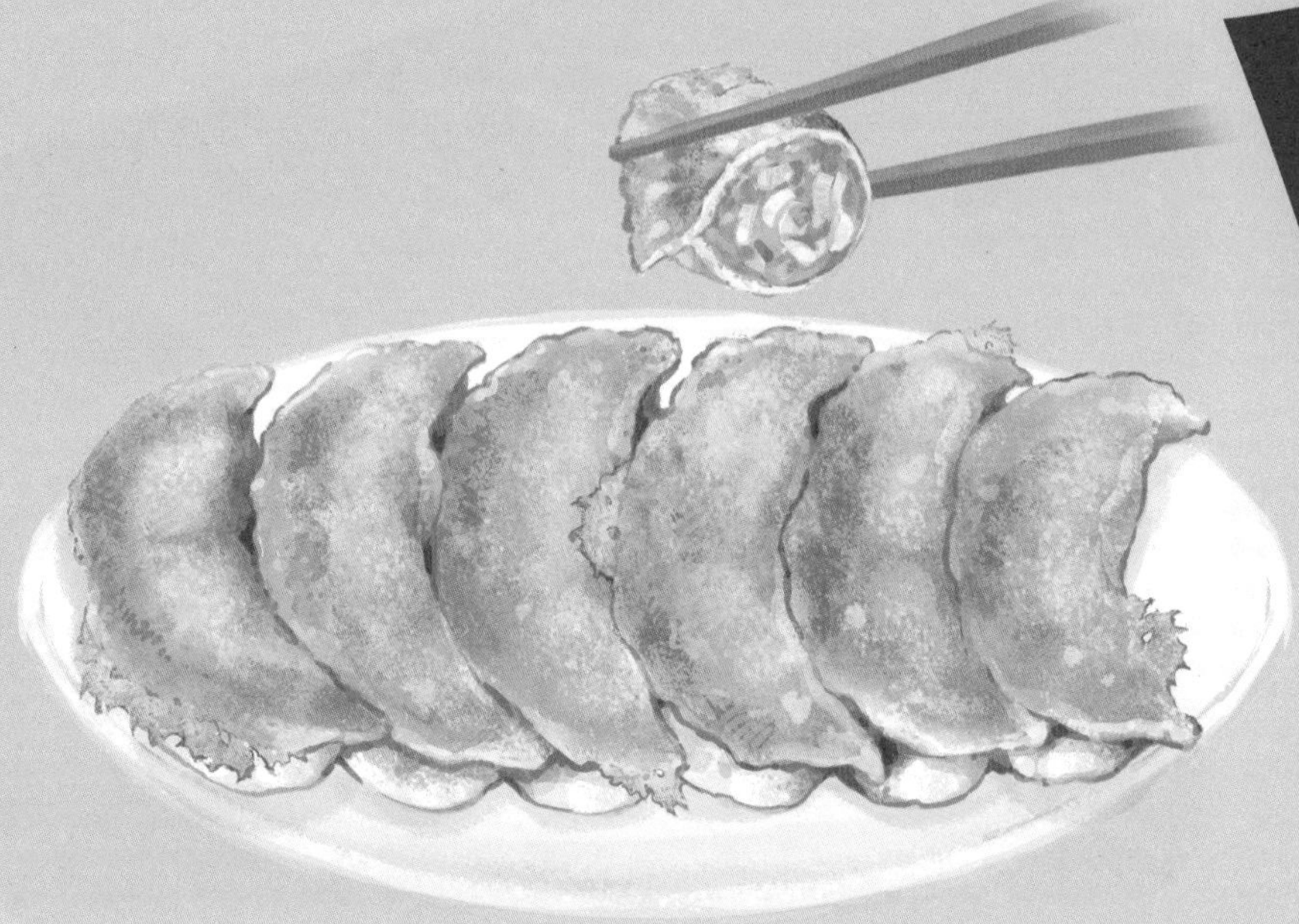

戦後《せんご》、故郷《こきょう》に戻《もど》った軍人《ぐんじん》が、**生計《せいけい》を立《た》てる**[1]ため、中《ちゅう》国《ごく》で覚《おぼ》えた餃子《ぎょうざ》の作《つく》り方《かた》を基《もと》に、「焼《や》き餃子《ぎょうざ》」という中《ちゅう》華《か》料理《りょうり》を考案《こうあん》した。種類《しゅるい》によって味《あじ》わいが違《ちが》うこの料《りょう》理《り》。二大発祥地《にだいはっしょうち》の宇都宮《うつのみや》と浜松《はままつ》の焼《や》き餃子《ぎょうざ》からその違《ちが》いを探《さぐ》ろう。

宇都宮《うつのみや》の餃子《ぎょうざ》は野菜《やさい》が多《おお》いのが特徴《とくちょう》。主《おも》にハクサイを使用《しよう》し、野菜《やさい》と肉《にく》の割合《わりあい》は最大《さいだい》で八対二《はちたいに》。味《あじ》わいはあっさりめで、肉《にく》は**むしろ**[2]味《あじ》を出《だ》すために入《い》れているようだ。焼《や》き上《あ》がったら皿《さら》に一列《いちれつ》に並《なら》べる。見《み》た目《め》も味《あじ》わいも中華式《ちゅうかしき》の「鍋貼《グオティエ》」に近《ちか》い。

浜松《はままつ》の餃子《ぎょうざ》は肉《にく》が多《おお》く、肉《にく》と野菜《やさい》の割合《わりあい》は七対三《ななたいさん》にも上《のぼ》る。肉汁《にくじゅう》のジューシーさが特徴《とくちょう》で、餡餅《シェンビン》にやや似《に》ている。野菜《やさい》は餡《あん》の甘《あま》みと**瑞々《みずみず》しさ**[3]を引《ひ》き立《た》てるキャベツを使用《しよう》。丸鍋《まるなべ》で焼《や》き、そのまま皿《さら》の上《うえ》に**ひっくり返《かえ》し**[4]て円形《えんけい》に盛《も》る。後味《あとあじ》がさっぱりするようにモヤシが一《ひと》つまみ添《そ》えらえる。

日本人《にほんじん》がどちらの餃子《ぎょうざ》に**軍配《ぐんばい》を上《あ》げ**[5]ようと、台湾人《たいわんじん》としては、ニラが入《はい》っていなかったら**肝心《かんじん》**[6]な臭《くさ》みが足《た》りないと思《おも》ってしまう（笑）なお、台湾《たいわん》では厚皮《あつかわ》の鍋貼《グオティエ》は主食《しゅしょく》になるが、日本《にほん》では薄皮《うすかわ》の焼《や》き餃子《ぎょうざ》は普通《ふつう》おかずだ。なので、日本人《にほんじん》が焼《や》き餃子《ぎょうざ》と一緒《いっしょ》にご飯《はん》やラーメンを食《た》べていても別《べつ》に不思議《ふしぎ》ではない。

餃《ぎょう》

肉が主役の浜松

餃子：菜為主角的宇都宮 vs. 肉為主角的浜松

終戰後回鄉的軍人爲了謀生，活用在中國學到的餃子作法，從而催生出「燒餃子」這樣的中華料理。迄今，燒餃子已成全民美食，甚至紅到海外變成外國人印象中的「日本料理」。但若要論及口感上的差異，還是得從宇都宮及濱松兩大發源地去追尋。

宇都宮的特色是內餡「菜多」。多選用白菜，菜肉比最多到八比二，因此吃起來比較清爽，碎肉的角色反而像是提味。煎好後會一個個地排列在盤子。不論外觀或口感，都比較接近中式鍋貼。

濱松的則是內餡「肉多」，菜肉比可達三比七。因爲肉多，自然有著肉汁飽滿的特點，有點類似餡餅的口感。選用高麗菜，更凸顯內餡的甘甜豐潤。圓鍋煎好後整盤倒扣在盤子成圓狀排列。爲了解膩，會附上一撮豆芽菜。

無論日本人覺得孰勝孰負，對台灣人而言，燒餃子的內餡缺了韭菜，就是吃不出餃子該有的一種……臭味（笑）。不過在台灣，厚皮的鍋貼是當主食，在日本薄皮的燒餃子則常是佐餐菜餚。因此看到日本人用燒餃子配白飯或拉麵，也就見怪不怪了。

單字

1. **生計《せいけい》を立《た》てる**：在金錢面上支撐起生活所需。
2. **むしろ**：倒不如說是。
3. **瑞々《みずみず》しさ**：形容詞「瑞々《みずみず》しい」的名詞化。「瑞々《みずみず》しい」意指非常新鮮的樣子。
4. **ひっくり返《かえ》す**：上下翻轉過來。
5. **軍配《ぐんばい》を上《あ》げる**：將某一方評判爲勝者。
6. **肝心《かんじん》**：最重要的。

日本庶民美食：Nippon 所藏日語嚴選講座 /
EZ Japan 編輯部著；冨永圭太譯 . -- 初版 . --
臺北市：日月文化，2020.12
面；　公分 . -- (Nippon 所藏；13)

ISBN 978-986-248-927-7（平裝）

1. 飲食風俗　2. 日本
538.7831　　109016839

Nippon 所藏／13

日本庶民美食：Nippon所藏日語嚴選講座

作　　者：EZ Japan編輯部、林潔珏、游翔皓
翻　　譯：冨永圭太
主　　編：尹筱嵐
編　　輯：尹筱嵐
配　　音：今泉江利子、吉岡生信
校　　對：尹筱嵐
版型設計：謝捲子
封面設計：謝捲子
插　　畫：馮思芸
內頁排版：簡單瑛設
行銷企劃：陳品萱

發 行 人：洪祺祥
副總經理：洪偉傑
副總編輯：曹仲堯
法律顧問：建大法律事務所
財務顧問：高威會計師事務所

出　　版：日月文化出版股份有限公司
製　　作：EZ叢書館
地　　址：臺北市信義路三段151號8樓
電　　話：(02) 2708-5509
傳　　真：(02) 2708-6157
客服信箱：service@heliopolis.com.tw
網　　址：www.heliopolis.com.tw
郵撥帳號：19716071日月文化出版股份有限公司

總 經 銷：聯合發行股份有限公司
電　　話：(02) 2917-8022
傳　　真：(02) 2915-7212

印　　刷：中原造像股份有限公司
初　　版：2020年12月
初版6刷：2023年9月
定　　價：400元
I S B N：978-986-248-927-7